Un país posible

Un país posible

Manual de reformas políticamente viables

Coordinado por
TONI ROLDÁN, JORGE GALINDO,
LUCAS GORTAZAR Y TERESA RAIGADA

EDICIONES DEUSTO

Deusto es un sello editorial de Centro de Libros PAPF, SLU.
Av. Diagonal, 662-664
08034 Barcelona
www.planetadelibros.com

Primera edición: octubre de 2023
Depósito legal: B. 15.175-2023
ISBN: 978-84-234-3641-5
Preimpresión: Realización Planeta
Impreso por Romanyà Valls, S. A.

Impreso en España - *Printed in Spain*

PEFC Certificado
Este libro procede de bosques gestionados de forma sostenible
PEFC
PEFC/14-38300305
www.pefc.es

El papel utilizado para la impresión de este libro está calificado como **papel ecológico** y procede de bosques gestionados de manera **sostenible**.

Sumario

Parte III
Una infraestructura de protección adaptada a los nuevos desafíos

Introducción

Un país posible: razones y políticas

Las sacudidas sucesivas que han sufrido las economías occidentales en los últimos quince años están obligando a los gobiernos a lo largo y ancho del planeta a reconsiderar su manera de producir, de relacionarse y de crecer. En España, el reto principal al que nos enfrentamos es el de la baja productividad, y una de las principales causas de ese problema es que estamos en un mal equilibrio educativo y de conocimiento.

Un país posible tiene como objetivo ofrecer un camino de reformas concretas, realistas, basadas en la evidencia y políticamente viables para salir de este mal equilibrio en el que nos encontramos. Para ello, no basta con implementar reformas efectivas y duraderas en el ámbito de la formación, la educación o la universidad, sobre las que podrás leer a continuación. También es imprescindible transformar los mecanismos que obstaculizan la igualdad de oportunidades, que son muchos en España.

En esta introducción encontrarás un diagnóstico de las claves que explican el cambio de paradigma en la economía y la geopolítica global, la situación de la economía española en ese contexto, un análisis de las luces y sombras de la última legislatura, un repaso de las recientes reformas en el ámbito de la educación y el conocimiento (el talón de Aquiles de la economía española), una reivindicación de las «políticas pequeñas» y una propuesta no exhaustiva, basada en muchas de las propuestas detalladas en los capítulos de este libro, para un plan Biden de infraestructuras humanas.

Camino de un mundo nuevo

Una buena parte de los economistas que firmamos este libro estudiamos la carrera en un momento —la década de 1990 o principios de la de 2000— en el que parecía que habíamos encontrado respuestas (casi) definitivas a buena parte de los problemas económicos. Las recetas que se ofrecían en los manuales de economía y en los decálogos de recomendaciones de los organismos internacionales reflejaban amplios consensos en política económica: políticas de estabilización para controlar la inflación, desregulación financiera, independencia de los bancos centrales, políticas fiscales responsables, reguladores independientes para defender la competencia, liberalización y mercados abiertos al comercio internacional. Con eso y un poco de suerte las cosas no podían ir demasiado mal.

Esas recetas, agrupadas en lo que acabó por etiquetarse como Consenso de Washington, vinieron a sustituir las políticas económicas estrella que habían marcado el período anterior: política industrial agresiva, promoción de campeones nacionales o controles (o sustitución) de importaciones. El cambio al nuevo paradigma económico redujo la volatilidad macroeconómica de la década de 1970 y las economías avanzadas entraron en un período largo de crecimiento estable y sostenido, conocido como la Gran Moderación.[1]

Entonces, los economistas se frotaban las manos con las aparentemente infinitas posibilidades de las nuevas tecnologías de la información y la comunicación para lograr permanentes me-

1. Término acuñado en 2002 por James Stock y Mark Watson en su artículo «Has the business cycle changed and why?». Lo popularizó Ben Bernanke (en ese momento, miembro de la Junta de Gobernadores de la Reserva Federal) en su discurso para la Asociación Económica del Este en 2004.

joras de productividad.[2] Por su parte, algunos politólogos y filósofos estrella predicaban el fin de la historia y el triunfo irreversible de las economías abiertas y la democracia liberal.[3] Se creía que la expansión imparable de internet a cada rincón del planeta impulsaría un avance inexorable de las libertades y derechos en todo el mundo.

Sin embargo, como sabes, la historia resultó bien distinta.

Aquellos años también dieron lugar a enormes desequilibrios. La agresiva desregulación financiera culminó en el estallido de la mayor crisis financiera global en casi un siglo, poniendo en jaque a la todavía joven Unión Monetaria Europea (UME). La reducción de la percepción de riesgo en los países del sur de Europa e Irlanda con su adhesión al euro propició una avalancha de crédito que generó profundos desequilibrios, particularmente en la deuda pública y privada, y en el sector de la construcción. El duro impacto social derivado de las políticas de ajuste fiscal y las exigencias de devaluación interna que trajo la crisis pusieron al límite las costuras políticas del euro.

El éxito de China, por su parte, al combinar una incorporación masiva a las cadenas de producción globales con políticas agresivas de dirigismo industrial empezó a generar inquietud. Por un lado, las prácticas desleales de competencia comenzaron a activar las alarmas de empresas y gobiernos occidentales. Por otro, la deslocalización de muchas empresas y la erosión de los tejidos industriales en los países avanzados causadas por el *China shock* suscitaron un creciente desasosiego en las clases medias de muchas regiones avanzadas.[4] En Estados Unidos, la gran economía desarrollada, comenzaron a publicarse libros como *Deaths of despair and the future of capitalism* que ilustraban un desplome de la esperanza de vida, en gran medida expli-

2. Baldwin, R., *The Great Convergence: Information technology and the new globalization*, Harvard University Press, Estados Unidos, 2016.

3. Fukuyama, F., *El fin de la historia y el último hombre*, Planeta, Barcelona, 1992.

4. Acemoglu, D., *et al.*, «Import competition and the great US employment sag of the 2000s», *Journal of Labor Economics*, 34, S1 (2016), pp. S141-S198.

cado por las «muertes por desesperación» de hombres blancos desahuciados.[5]

De fondo, una revolución tecnológica empezaba a provocar cambios cada vez más palpables. En primer lugar, en las industrias con mayor incidencia de tareas rutinarias, susceptibles de ser automatizadas por un algoritmo, comenzaban a reemplazar a los trabajadores por máquinas.[6] Los mercados laborales en algunos países avanzados comenzaban a mostrar un agujero en su centro, el *hollowing out* de la clase media, cuyos oficios —como contables, transportistas y operarios— corrían un serio riesgo de ser sustituidos por máquinas.[7] En lo que respecta a la desigualdad global, el espectacular avance de las clases medias de los grandes países emergentes contrastaba con los tímidos progresos alcanzados por la clase media en los países avanzados.[8]

En segundo lugar, la irrupción de nuevas industrias, vinculadas a la inteligencia artificial, la robótica, la nanotecnología, el 5G, la realidad aumentada o la ciberseguridad, abrían un nuevo mundo de posibilidades para el crecimiento económico. Sin embargo, para no quedarse atrás en esa nueva carrera, ya no parecía suficiente permitir la liberalización de los mercados y dejar a la competencia hacer su magia. Era necesario reaccionar de forma estratégica, y hacerlo rápido.

Eso resultaba ser especialmente cierto para el continente europeo: de las cincuenta empresas mundiales más importantes medidas por capitalización bursátil a inicios de 2023 —una lista que ahora está dominada por grandes tecnológicas—, Europa sólo tiene una que pueda ser considerada como estratégica en es-

5. Case, A.; y Deaton, A., *Muertes por desesperación y el futuro del capitalismo*, Deusto, Barcelona, 2020.

6. Autor, D. H., «Why are there still so many jobs? The history and future of workplace automation», *Journal of Economic Perspectives*, 29, 3 (2015), pp. 3-30.

7. Alichi, A.; Mariscal, R.; y Muhaj, D., «Hollowing out: The channels of income polarization in the United States», Working Paper del FMI, Western Hemisphere Department, 2017.

8. Milanovic, B., *Desigualdad mundial. Un nuevo enfoque para la era de la globalización*, Fondo de Cultura Económica, México, 2017.

tos ámbitos.[9] Los datos de futuro tampoco son alentadores: en los últimos años, el flujo de nuevas salidas a Bolsa apoyadas por capital riesgo (el principal mecanismo de crecimiento para empresas innovadoras nacientes) ha sido abrumadoramente superior en Estados Unidos y China en comparación con Europa.[10]

En paralelo, líderes mesiánicos y partidos populistas de corte muy variado empezaron a ganar terreno en todos los rincones del planeta.[11] Desde el Brasil de Bolsonaro hasta Duterte en Filipinas, pasando por el ascenso de partidos antisistema en los principales países europeos, el Brexit en el Reino Unido, el triunfo de Trump en Estados Unidos o de Modi en la India; nuevos líderes ponían en cuestión los consensos fundamentales de las democracias liberales y, también, los cimientos de las políticas económicas del consenso anterior.

Al *shock* de China, la crisis financiera, la creciente desigualdad y la aceleración del cambio tecnológico se le sumaba el efecto de las economías de aglomeración provocado por la globalización. *La insurrección de los lugares que no importan*[12] era el reflejo de la frustración y el enfado de aquellos que, por razones geográficas, se estaban quedando atrás en el proceso de la globalización. Demasiada gente parecía estar preguntándose qué había para ellos en el nuevo orden global.

Mientras se cocinaba este contexto, llegó la pandemia. La COVID-19 exigió que los gobiernos asumieran un repentino y total protagonismo en la respuesta a la crisis. Los Estados se vieron obligados a desempeñar el papel de garantes de última instancia para evitar la ruptura de la cadena de pagos de la economía y garantizar el sostenimiento de las rentas de los ciudadanos.[13]

9. Datos de Statista, «Biggest companies in the world by market cap», 2023.

10. Rolle, C., «China tops IPO exits in 2022», *Preqin*, 2022.

11. Véase *El retorno de los chamanes*, de Víctor Lapuente, o *Identidad: la demanda de dignidad y las políticas de resentimiento*, de Fukuyama.

12. Rodríguez-Pose, A., «The rise of populism and the revenge of the places that don't matter», *LSE Public Policy Review*, 1, 1 (2020), pp. 1-9.

13. Saez, E.; y Zucman, G., *Keeping business alive: The Government will pay*, UC Berkeley, Estados Unidos, 2020.

Todo esto, mientras la economía permanecía en un estado de hibernación sanitaria.[14]

Lo más positivo de la pandemia fue la rápida reacción de la Unión Europea y los extraordinarios avances logrados en la gobernanza común. De la noche a la mañana, lo que parecía imposible se hizo posible. El avance más importante (entre muchos otros) fue la emisión de deuda mutualizada por parte de la Comisión Europea para financiar un plan de respuesta fiscal a la crisis.

Pero la pandemia también sirvió para mostrar una peligrosa fragilidad derivada de la extrema interdependencia comercial entre países: la vulnerabilidad estratégica. De pronto, se hizo evidente que no era buena idea depender de países con los que no compartimos valores e intereses fundamentales para obtener componentes esenciales de nuestros procesos productivos o nuestra salud pública.

A eso se sumó la brutal invasión de Ucrania por parte de Rusia, que de golpe destapó un enorme problema de dependencia energética para la Unión Europea. La primera guerra en territorio europeo en treinta años, igual que la pandemia, contribuyó a reforzar la solidaridad europea y el compromiso democrático con Ucrania. Pero, al mismo tiempo, obligaba a plantear un desacople energético y económico inmediato de Rusia, una economía de un tamaño similar a la española, pero que proporcionaba buena parte de la energía a las industrias y hogares del corazón económico de Europa.

Al golpe provocado por la guerra se añadía el desafío imperativo de ofrecer un camino para el crecimiento económico que no dependiera de las energías fósiles como respuesta al cambio climático. En 2019, la Unión Europea se comprometió a alcanzar la neutralidad de carbono en 2050. Se presentó el Pacto Verde, que resultó ser más ambicioso que aquello por lo que muchos apostaban, con medidas concretas de regulación (como la prohibi-

14. Roldán, A.; Jimeno, J. F.; y de la Fuente, A., *La economía española en tiempos de pandemia: una primera aproximación*, Editorial Debate, Barcelona, 2020.

ción de vender vehículos de combustión después de 2035) o la implementación de un sistema de fijación de precios a las emisiones de carbono.[15]

Sin embargo, en muy poco tiempo, la ambición europea volvió a quedar eclipsada por la agresividad de las otras grandes potencias. En muy poco tiempo, China se ha convertido en el líder indiscutible en varias tecnologías verdes, como las baterías para vehículos eléctricos (produce el 66 por ciento de las celdas de las baterías)[16] o los paneles solares (concentra alrededor de un 80 por ciento del volumen en las fases clave de su producción mundial).[17]

Por su parte, Joe Biden mantenía la política de aranceles a importaciones chinas impulsada por Trump y lanzaba, hace poco más de un año, un programa de política industrial sin precedentes en décadas: la Inflation Reduction Act (IRA, por sus siglas en inglés). El programa contempla 400.000 millones de dólares en incentivos para impulsar la industria verde estadounidense y reducir la dependencia de China en vehículos eléctricos y otros componentes esenciales para la transición verde. Ahora, por ejemplo, los estadounidenses que compren un coche se beneficiarán de una reducción de 7.500 dólares si el vehículo ha sido ensamblado íntegramente en Estados Unidos. Al mismo tiempo, Biden aprobó la Chips and Science Act, que contempla 52.700 millones de dólares en incentivos para la producción de microchips en el país, con el objetivo de romper la dependencia de proveedores extranjeros.

Todos estos cambios abren un nuevo escenario de mayor desconfianza en la globalización y el multilateralismo, de mayor injerencia de los gobiernos en la economía, en el marco de una globalización más débil y fragmentada en bloques. La Unión Eu-

15. Linares, P.; y Collado, N., «El impacto del ajuste en frontera al carbono sobre la competitividad industrial», EsadeEcPol, Policy Insight n.º 38, 9 de junio de 2022.

16. Chang, A.; y Bradsher, K., «Can the world make an electric car battery without China?», The New York Times, 16 de mayo de 2023.

17. IEA, «The world needs more diverse solar panel supply chains to ensure a secure transition to net zero emissions», nota de prensa, 7 de julio de 2021.

ropea ha sido demasiado naíf en sus estrategias comerciales e industriales, y se enfrenta a un mundo en el que está perdiendo peso estratégico y económico e influencia global, a la par que lidia con unas economías envejecidas y un crecimiento de la productividad estancado.

¿Qué debe hacer España en este contexto?

La situación de España: camino de dos décadas perdidas

Remontémonos de nuevo a 2005. En esos años, España crecía a todo trapo. Eran los años del «España va bien». Se construían aquí cerca de dos tercios de las viviendas que se erigían en toda la Unión Europea[18] gracias a una burbuja crediticia hinchada año tras año desde nuestra entrada en el euro. Muchos jóvenes, atraídos por el promisorio mercado laboral, dejaban sus estudios antes de los 18 años para trabajar en la construcción, donde fácilmente podían ganar tres mil o cuatro mil euros. Los precios de la vivienda no paraban de subir, fluía el crédito barato y cualquiera, con un poco de suerte, podía enriquecerse con un buen pelotazo inmobiliario. Por su parte, los gobiernos disfrutaban del beneplácito de los electores, ya que el espectacular crecimiento económico ocultaba los desequilibrios estructurales que se estaban formando.[19] Los ingresos tributarios estaban en máximos históricos, el déficit público en mínimos y el milagro español parecía no tener fin.[20]

Lo que sucedió después el lector ya lo conoce. Al bajar la marea, quedaron al descubierto todas las vergüenzas: casi la mitad

18. Roldán, A., *The political economy of reform and corruption in Europe*, European Institute of the London School of Economics and Political Science, Reino Unido, 2019.

19. Fernández-Villaverde, J.; Garicano, L.; y Santos, T., «Political credit cycles: The case of the Eurozone», *Journal of Economic Perspectives*, 27, 3 (2013), pp. 145-166.

20. De la Torre, F., *¿Y esto quién lo paga?*, Editorial Debate, Barcelona, 2023.

del sistema financiero estaba, en esencia, en quiebra. Entre 2008 y 2015 desaparecieron casi todas las cajas de ahorros, hasta seis millones de personas engrosaron las filas del paro y las instituciones resultaron muy deterioradas tras años de excesos y corrupción.[21]

Es decir: una década de crecimiento desbocado desembocó en un *crash* estructural sin precedentes que demostró la debilidad de los cimientos de dicho crecimiento. La idea fundacional del euro era precisamente la contraria: eliminar la palanca fácil de la devaluación monetaria para que los países del sur, generalmente con instituciones más disfuncionales y baja productividad, se vieran obligados a realizar los ajustes institucionales y de capital humano necesarios para cimentar mejor sus economías y avanzar así hacia la convergencia en crecimiento y productividad de manera más robusta.[22] Sin embargo, los datos muestran que esto no ha sucedido, o al menos no lo ha hecho a un ritmo suficiente.

Desde 2005, España camina, en lo económico, en una trayectoria divergente a la de las economías europeas. En 2022, la renta per cápita en España era un 17 por ciento inferior a la de la Unión Económica y Monetaria (UEM), mientras que en 2005 era un 9 por ciento inferior.[23] Es decir, España se ha alejado en los últimos dieciocho años ocho puntos porcentuales de la media de la UEM en términos de renta per cápita. País por país, España tiene hoy aproximadamente la misma renta real per cápita que en 2005 —unos 24.600 euros—,[24] mientras que otros países como Portugal e Irlanda, que han visto incrementos en su renta per cápita del 7 por ciento y 79 por ciento, respectivamente, son

21. Fernández-Villaverde, Garicano y Santos, *op. cit.*

22. Roldán, A., «Why Next Generation EU might be a poisoned gift (and how to avoid it)», en Fernández Méndez de Andés, F. (ed.), *Moving forward: Monetary Union after Covid-19*, IEAF/FEF y Fundación ICO, 2021, pp. 197-217.

23. Hernández de Cos, P., «45 años de la economía española 1978-2023», presentación de la conferencia en honor del 45 aniversario del diario Cinco Días, Madrid, 13 de junio de 2023.

24. Datos de Eurostat.

más ricos que en ese entonces.[25] Eso significa que en los últimos dieciocho años no hemos mejorado, de media, nuestro nivel de vida; simplemente hemos añadido más personas a la economía. Ya en 2015, algunos advertíamos de la parálisis de la productividad.[26] Y, desde entonces, la trayectoria no parece haber cambiado. Nos encontramos, por tanto, en el camino hacia dos décadas perdidas.

Las razones de la baja productividad de la economía española son muchas. De manera sintética, sabemos que en ella tienen un peso más fuerte sectores de bajo valor añadido, como el turismo o la hostelería.[27] También sabemos que, a igual tamaño empresarial, nuestras empresas son casi tan productivas como las alemanas (aunque en España tenemos muchas menos empresas grandes). La baja productividad de nuestras empresas puede estar también relacionada con la alta incidencia de la dualidad laboral y la contratación temporal, así como con un sistema de determinación de salarios muy desconectado de los cambios en el nivel de productividad de las empresas. Algunas investigaciones han mostrado, por ejemplo, que las empresas tienden a invertir menos en la formación de sus trabajadores cuando la incidencia de la temporalidad es más elevada.[28]

Otra explicación de la baja productividad es la baja inversión en innovación. Según el Banco de España, durante el período de 2000 a 2021, la ratio del gasto en I+D+i sobre el PIB se

25. Fernández-Villaverde, J., «Liderazgo, eficiencia económica y calidad democrática en España. ¿Qué queremos ser en el escenario global que se está conformando?», conferencia magistral, Fundación Rafael del Pino, 31 de marzo de 2022, <https://frdelpino.es/conferencia/conferencia-magistral-presencial-de-jesus-fernandez-villaverde/>.

26. Garicano, L.; y Roldán, A., *Recuperar el futuro: doce propuestas que cambiarán España*, Península, Barcelona, 2015.

27. Rachedi, O., «Structural transformation in the Spanish economy», Documentos ocasionales, n.º 2003, Banco de España, 2020.

28. Cabrales, A.; Dolado, J. J.; y Mora, R., Dualidad laboral y déficit de formación ocupacional: evidencia sobre España con datos del PIAAC, vol. II: Análisis secundario, PIAAC, Ministerio de Educación y Formación Profesional, 2013.

situó, en promedio, en un 1,2 por ciento en España, 0,8 puntos porcentuales por debajo de la media de la UEM.[29] España cuenta con pocas empresas innovadoras: sólo un tercio de las compañías españolas reportaba algún tipo de innovación entre 2018 y 2020,[30] el cuarto país por la cola en la Unión, y a mucha distancia de la media comunitaria del 53 por ciento. Además de una industria débil y de las limitadas sinergias entre universidad y empresa, España tiene un sistema de incentivos fiscales para promover la innovación mal diseñados.[31]

Por último, tenemos comparativamente un contexto regulatorio y una calidad institucional mejorables. Hay evidencias que indican que en España las empresas que más crecen no suelen ser las más productivas, sino aquellas que mantienen más cercanía con el poder político.[32] Por otra parte, nuestro sistema judicial es lento y el exceso regulatorio, combinado con la falta de unidad de mercado, no favorecen el crecimiento de la productividad. En un estudio reciente, investigadores del Banco de España han cuantificado la complejidad regulatoria española y su evolución: desde finales de los años setenta, el volumen total de producción normativa se ha multiplicado por cuatro, hasta alcanzar las 11.737 normas en 2018.[33]

Sin embargo, muchos de estos argumentos resultan incompletos para comprender el reto de la productividad. Hay algo que falla en la historia. La estructura productiva o la composición sectorial de la economía reflejan, en gran medida, el nivel de formación de los trabajadores. Por su parte, el tamaño de las empresas no aclara buena parte del problema: los estudios mues-

29. Banco de España, Informe anual 2022, Banco de España, Eurosistema, 2023.

30. Según la Community Innovation Survey de Eurostat.

31. Afcha, S., «Incentivos fiscales a la I+D+i que sólo benefician a unos pocos», *El Confidencial*, 8 de diciembre de 2022.

32. García-Santana, M., et al., «Growing like Spain: 1995-2007», Documentos de trabajo, n.º 1609, Banco de España, Eurosistema, 2016.

33. Mora-Sanguinetti, J. S.; y Pérez-Valls, R., «¿Cómo afecta la complejidad de la regulación a la demografía empresarial? Evidencia para España», Documentos de trabajo, n.º 2002, Banco de España, Eurosistema, 2020.

tran que la productividad de las empresas españolas se sitúa entre un 10 y un 20 por ciento por debajo de la de sus contrapartes europeas, independientemente de su tamaño.[34]

La baja innovación también tiene mucho que ver con el capital humano. Si tenemos un porcentaje mucho más bajo de investigadores de frontera, simplemente tendremos una menor producción de ideas verdaderamente innovadoras que puedan traducirse en mejoras industriales, en patentes o en *start-ups*. Por su parte, los problemas estructurales del mercado laboral español son un pez que se muerde la cola: tenemos una alta incidencia de la temporalidad porque también tenemos un bajo nivel de formación.

El elevado paro estructural y la precariedad también están íntimamente ligados al nivel educativo: entre los desempleados de larga duración y los trabajadores precarios, la baja formación es la variable explicativa más importante. Este bajo nivel de formación se explica a su vez por un bajo desarrollo de la formación profesional, que históricamente se ha compensado con un mayor abandono escolar. En 2021, tan sólo un 25 por ciento de la población española tenía un nivel de formación entre la educación secundaria y la universitaria, frente al 42 por ciento de la media de la Unión Europea.[35]

Y es que subyace un reto estructural de fondo, el más importante, que está detrás de nuestro problema de productividad: España va rezagada en la carrera del conocimiento.

Este 2023 nos dejaba Bob Lucas, eminente economista de la Universidad de Chicago. Entre sus muchas aportaciones, Lucas fue responsable, junto a otros economistas (como Paul Romer o Philippe Aghion), de poner el conocimiento en el centro del debate económico. Con sus modelos de crecimiento económico endógeno demostró que el conocimiento es el único factor productivo que genera externalidades positivas y economías de escala.[36] ¿Pero está España realmente tan mal en esa carrera?

34. Hernández de Cos, *op. cit.*

35. Datos de Eurostat.

36. Lucas, R. E., «On the mechanics of economic development», *Journal of Monetary Economics*, 22, 1 (1988), pp. 3-42.

La última legislatura: luces y sombras

Los últimos cuatro años han sido una auténtica montaña rusa económica, y lo cierto es que podemos estar contentos de que nuestras economías sigan en pie. Esta legislatura ha estado marcada por la pandemia y por la sangrienta guerra de Putin contra Ucrania, y es conveniente poner estos *shocks* en perspectiva. La pandemia, como abordábamos en otro libro colectivo coordinado por EsadeEcPol y publicado junto con Fedea y *Nada es Gratis* en el verano del 2020, supuso un choque sin precedentes para las economías occidentales.[37]

En el año 2020, la economía española perdió un 11,3 por ciento de su PIB, la mayor caída registrada en los datos en tiempos de paz, y también la más pronunciada entre las economías de la Unión Europea, cuyo PIB se redujo, de media, un 5,6 por ciento.[38] En el pico de la crisis, más de siete millones de personas se encontraban protegidas por algún tipo de prestación o ayuda de sostenimiento de rentas, incluyendo los más de cuatro millones de trabajadores que estaban en ERTE (Expedientes de Regulación Temporal de Empleo).[39] La incidencia de la crisis fue especialmente alta en España, fundamentalmente debido a la estructura de nuestra economía: más orientada hacia los servicios y el turismo, sectores a los que, por razones obvias, las medidas de distanciamiento social golpearon de manera mucho más intensa que a otros.

Los ERTE, una fórmula común en otros países y conocida en inglés como los *short-time work schemes*, eran hasta entonces una figura muy poco utilizada en nuestro país. Su razón de existir es sencilla: proporcionar la flexibilidad interna necesaria para que las empresas, que conocen mejor que nadie su realidad económica, puedan adaptarse a un entorno económico temporalmente desfavorable sin tener que romper la relación laboral con sus trabajadores. En las crisis anteriores, la manera en la que

37. Roldán, Jimeno y de la Fuente, *op. cit.*

38. Datos de Eurostat.

39. Hupkau, C.; Roldán, T.; y Victoria, C., «Una propuesta de "renta Mankiw" para la pandemia», EsadeEcPol, Policy Insight n.º 12, 18 de mayo de 2020.

había funcionado la economía española había sido a través de la expulsión masiva de trabajadores temporales, poco protegidos, que servían como mecanismo de ajuste a los ciclos. Esto tenía consecuencias muy negativas para los propios trabajadores (alta inestabilidad, precariedad e incapacidad para construir proyectos vitales) y para la economía en su conjunto.

El desplome de la economía española como consecuencia de la pandemia hace palidecer los datos de cualquier recesión previa. En lo peor de la crisis financiera de 2008, la economía española no llegó a perder más de un 3,8 por ciento al año (fue en 2009).[40] Sin embargo, la reacción rápida y contundente de las instituciones europeas, el Banco Central Europeo y los gobiernos sirvió para contener el sufrimiento social y evitar la ruptura masiva de tejido productivo como consecuencia de la ruptura de la cadena de pagos.

La recuperación desde entonces ha sido bastante rápida en comparación con la última crisis financiera, pero desigual. El impacto de la pandemia afectó de forma desproporcionada a las mujeres, que asumieron buena parte del peso de los cuidados, y también perjudicó más a los trabajadores autónomos y temporales.[41] También los niños de entornos vulnerables lo tuvieron más difícil para conectarse y estudiar desde sus hogares.[42] Las pequeñas y medianas empresas vieron caer más su facturación y nivel de empleo durante la pandemia respecto a las grandes empresas dentro de cada sector, mientras que algunos sectores, como la hostelería y el comercio, padecieron más que otros.[43] No ha sido hasta el primer trimestre de 2023 cuando España ha recuperado el nivel de PIB prepandemia, siendo la última de las economías europeas en lograrlo.[44]

40. Datos del Instituto Nacional de Estadística (INE).

41. Roldán, T.; Collado, N.; y Martínez, A., «Ganadores y perdedores de la crisis: las seis brechas que abrió la pandemia, EsadeEcPol, Policy Insight n.º 33, 10 de noviembre de 2021.

42. González, S.; y Bonal, X., «COVID-19 school closures and cumulative disadvantage: Assessing the learning gap in formal, informal and non-formal education», *European Journal of Education*, 56, 4 (2021).

43. Roldán, Collado y Martínez, *op. cit.*

44. Datos de Eurostat.

Aún no habíamos salido de la crisis de la pandemia y ya nos encontrábamos ante el siguiente reto: la invasión de Ucrania por parte de Rusia, que provocó una crisis energética sin precedentes. Antes de la guerra, la dependencia energética de Rusia era muy inferior en España a la de otros países geográficamente más próximos. En 2020, España trajo de Rusia un 10,43 por ciento de sus importaciones de gas, lejos de las cifras de Alemania (65,2 por ciento), Polonia (54,8 por ciento) o Italia (43,2 por ciento).[45]

Como consecuencia de la guerra, por primera vez en treinta años había riesgo de inflación fuerte en la eurozona. Muchos economistas de mi generación tuvimos que volver a estudiar los trabajos de nuestros colegas macroeconomistas latinoamericanos para que nos recordaran los riesgos que se nos presentaban. Por suerte, mientras escribo estas líneas, las autoridades monetarias han conseguido controlar la inflación mediante subidas sin precedentes de los tipos de interés y retiradas masivas de liquidez de la economía. Así, en 2022 el Banco Central Europeo (BCE) redujo el balance consolidado del Eurosistema (que comprende los activos y pasivos de los bancos centrales y del propio BCE frente a terceros) de 8,56 a 7,95 billones de euros.[46]

En España los datos más recientes indican que la inflación ha caído en junio de 2023 por debajo del 2 por ciento por primera vez desde marzo de 2021, la más baja de la Unión. El crecimiento de la economía española es, por su parte, aproximadamente el doble.[47] Una parte significativa de ese diferencial de crecimiento (entre 8 y 10 décimas) se puede atribuir a la inversión de fondos europeos Next Generation EU.[48]

El principal legado de estas dos crisis es un alto endeudamiento. Entre 2019 y 2023, la deuda como porcentaje del PIB ha pasado del 95,5 al 113 por ciento, con un máximo en 2020 del

45. Datos de Eurostat.

46. Datos de las cuentas anuales de 2022 del BCE.

47. Según las previsiones de la Comisión Europea.

48. Esade, «El momento de la inteligencia artificial», EsadeEcPol, *Informe Económico y Financiero* n.º 33, 6 de julio de 2023.

120,4 por ciento. Si nos alejamos más en el tiempo, la trayectoria de la deuda es todavía más preocupante: desde el año 2005, la deuda pública ha aumentado en setenta puntos porcentuales en relación con el PIB.[49] Esto no representaría un problema particularmente grave en la medida en que los tipos de interés de esa deuda fueran manejables y el crecimiento económico mantuviera un ritmo razonablemente positivo.

No obstante, como recordamos bien los economistas que analizamos de cerca la crisis de la deuda soberana en la zona euro, la situación puede deteriorarse rápidamente si por una u otra razón se produce una pérdida de confianza, tal como ocurrió con el *sudden stop* de 2008, cuando se entró en una dinámica de profecías autocumplidas. En este sentido, la última legislatura ha incorporado algunos gastos estructurales importantes que no han sido compensados con ahorros o aumentos estructurales de ingresos. Solamente sumando los efectos de la reforma de pensiones, el aumento de personal en la Administración pública, los compromisos de aumento de gasto en defensa, la implementación del ingreso mínimo vital y el incremento del gasto sanitario y de cuidados de larga duración asociados al envejecimiento, el crecimiento del gasto estructural anual supera con creces los tres puntos del PIB.[50]

En lo que se refiere a reformas estructurales ha habido luces y sombras. Se han aprobado leyes cuyo impacto está siendo muy positivo, como por ejemplo la nueva regulación laboral aprobada en diciembre de 2021 (muy alineada con un informe de EsadeEcPol publicado en marzo de ese mismo año).[51] Después, la incidencia de la temporalidad ha caído en picado en tiempo récord, pasando del 24,2 por ciento en el primer trimestre de 2022 al 17,3 por ciento en el primer trimestre de 2023.[52] Además del nú-

49. Datos del Banco de España.

50. Estimaciones de EsadeEcPol, con datos del INE y la Autoridad Independiente de Responsabilidad Fiscal (AIReF).

51. Lahera, J.; y Conde-Ruiz, J. I., «Mejorar la reforma laboral: una propuesta viable», EsadeEcPol, Policy Brief n.º 7, 12 de marzo de 2021.

52. Datos del INE (Encuesta de la Población Activa).

mero de fijos discontinuos —la nueva modalidad de contrato puesta en marcha por la nueva ley— el porcentaje de contratos indefinidos también ha aumentado. Al mismo tiempo, e incluso cuando el salario mínimo ha subido más del 46 por ciento desde 2018, las cifras de empleo están alcanzando récords históricos. Ahora, en el verano de 2023, contamos con casi 21 millones de afiliados a la Seguridad Social.[53] Es cierto que, como ha sucedido también en otras economías avanzadas, el número de horas trabajadas permanece por debajo de los niveles prepandemia. Queda por valorar, con una perspectiva temporal más amplia, si éste ha sido uno de los mecanismos que las empresas han utilizado para compensar el aumento de los costes laborales, también afectados por el aumento de las cotizaciones a raíz de la reforma de pensiones.

Por otro lado, el gobierno ha impulsado una reforma de las pensiones que, cuando menos, es incompleta. Aunque aborda el problema de la suficiencia de las pensiones —garantizando que los pensionistas de ahora no pierdan poder adquisitivo—, no se enfrenta al problema de la sostenibilidad del sistema. Esencialmente se han adoptado dos medidas orientadas hacia la sostenibilidad: incentivos para retrasar la edad de jubilación de forma voluntaria, aumentos en las cotizaciones sociales y una senda de incremento de la cotización máxima (un 40 por ciento en las próximas décadas), mientras que se congela la pensión máxima, restando así contributividad al sistema. La AIReF (Autoridad Independiente de Responsabilidad Fiscal) estima que, en ausencia de nuevas reformas, en veinticinco años pasaremos a tener, bajo el supuesto de evolución económica positiva, un gasto en pensiones del 16,2 por ciento del PIB[54] —uno de los más altos de la Unión—, frente al 13 por ciento actual.[55]

53. Datos del Ministerio de Inclusión, Seguridad Social y Migraciones (MISSM).

54. AIReF, «Opinión sobre la sostenibilidad de las Administraciones Públicas a largo plazo: la incidencia de la demografía», Opinión 1/23, AIReF, 24 de marzo de 2023.

55. Datos de Eurostat.

En la película *No mires arriba* (*Don't look up*), estrenada en 2022, unos astrofísicos descubren un meteorito gigante que se acerca peligrosamente a la Tierra. Los científicos coinciden en que, dada la trayectoria de la roca, un impacto potencialmente catastrófico para la humanidad es altamente probable. Sin embargo, políticos, medios y sector privado son incapaces de colaborar para ofrecer una respuesta efectiva a la amenaza común. La película tiene un evidente mensaje político de fondo en relación con el reto del cambio climático. Pero la analogía —tomada con un grano de sal, como dicen los ingleses— también sirve para entender el reto político del envejecimiento y las pensiones.

Los datos son abrumadores: nos enfrentamos a un invierno demográfico. Estamos entre los cinco países con mayor esperanza de vida.[56] Sólo en los últimos cuarenta años, la esperanza de vida a los 65 años ha aumentado desde los 16 a los 21,5 años.[57] Y también somos el segundo país con la tasa de natalidad más baja de la Unión Europea.[58] Desde 1980, el número de personas mayores de 65 años ha aumentado aproximadamente en siete millones. De esta manera, hemos pasado de tener unos 4,1 millones de pensionistas en 1980 a cerca de 10 millones en la actualidad. Según las proyecciones, en los próximos veinticinco años se añadirán otros cinco millones de pensionistas, hasta llegar a los dieciséis millones. Para entonces, la ratio de personas en edad de trabajar por cada pensionista —lo que en jerga económica llamamos «tasa de dependencia»— pasará del 26 por ciento actual (4 por cada pensionista) al 53 por ciento (2 por cada pensionista) en 2050.[59] España posee, además, uno de los sistemas de pensiones más generosos de la Unión: la compensación que los pensionistas reciben en relación con su salario se encuentra entre las más altas de Europa, sólo por detrás de Grecia e Italia.[60]

56. Datos de la Organización Mundial de la Salud.

57. Datos del INE.

58. Datos de Eurostat.

59. Datos de las proyecciones de población del INE.

60. Martín, M. A.; y Ramos, R., «El gasto en pensiones en España en comparativa europea», *Boletín Económico*, art. 9, 2023/T1, Banco de España, Eurosistema, 18 de enero de 2023.

Dado que los recursos públicos no son infinitos, debería tenerse en cuenta en este debate que los pensionistas son el grupo generacional que ha estado más protegido desde el inicio de la crisis financiera. En lo que respecta a la riqueza de los hogares, desde el 2008, los mayores de 65 años son el único grupo de edad que ha logrado incrementar su riqueza neta en más de un 10 por ciento, un cambio que es aún más evidente si tomamos como referencia el año 2002, al comienzo de la burbuja inmobiliaria. Desde entonces, la riqueza neta de los hogares encabezados por personas de entre 65 y 74 años aumentó de 200.000 a 370.000 euros, mientras que la de los hogares con un cabeza de familia de más de 64 años pasaron de 155.000 a una de 370.000 euros.[61] Durante ese mismo período, la riqueza neta de los hogares encabezados por un menor de 45 años ha experimentado una disminución de su patrimonio neto de hasta un 37 por ciento. En el caso de los hogares más jóvenes, en 2020 tan sólo poseían una riqueza neta de 68.000 euros.

Cuando el gobierno anunció la subida de pensiones con el IPC, desde EsadeEcPol propusimos una revalorización por tramos, más limitada para los pensionistas de mayores ingresos.[62] Es evidente que no existe una solución mágica y que los retos de economía política para poner en marcha una reforma sostenible y que suponga una menor carga para las generaciones futuras son enormes.

Un desafío no menor es que los mayores de 55 años son mayoría entre los votantes de los dos grandes partidos representados en el Parlamento: el 52,3 por ciento para el PP y el 52,4 por ciento para el PSOE. Además, este porcentaje ha crecido en ambos partidos en más de diez puntos desde el año 1995, cuando se firmó el Pacto de Toledo. Eso hace a los grandes partidos más sensibles a las preferencias de los mayores.[63]

En el capítulo 11, Juan Francisco Jimeno, Ángel Martínez y

61. Datos de la Encuesta Financiera a las Familias que elabora el Banco de España.

62. Martínez, A.; Galindo, J.; y Roldán, A., «Una propuesta más justa de revalorización de las pensiones, EsadeEcPol, Policy Insight n.º 31, 10 de octubre de 2022.

63. Roldán, A., «11 razones que explican la peligrosa parálisis reformista en pensiones», *El Confidencial*, 20 de octubre de 2022.

Javier Martínez proponen una reforma a partir del reconocimiento de tres realidades. La primera y principal: es inviable continuar sustituyendo las rentas laborales a tasas tan elevadas como las actuales. En segundo lugar, las pensiones deben ser suficientes y estar blindadas ante la inflación. Por último, enfatizan que el sector privado debe desempeñar un papel más importante en la provisión de rentas vitalicias.

Pero el desafío de gestionar una sociedad en proceso de envejecimiento requiere también reformas en otros ámbitos, como es, sin duda, el de la salud. No podemos obviar que de aquí a 2050 el gasto (como porcentaje del PIB) sanitario se incrementará significativamente y el gasto en cuidados de larga duración asociados al envejecimiento se duplicará.[64] Para abordar estos nuevos retos, así como las deficiencias estructurales de las que adolece el sistema actual, Lucía Cobreros y Carlos Sunyer plantean en el capítulo 12 una reforma del sistema de atención primaria, con seis propuestas relacionadas con los profesionales, la tecnología y la demanda de servicios.

El talón de Aquiles de las últimas legislaturas: el conocimiento

En esta última legislatura se han aprobado al menos cuatro reformas relevantes en el ámbito del capital humano: una ley educativa,[65] una ley de universidades,[66] una ley de formación[67] y varias reformas en las regulaciones de las políticas activas de empleo.

En lo que se refiere a la educación, los indicadores del sector

64. Datos de IGAE y AIReF.

65. Ley Orgánica 3/2020, de 29 de diciembre, por la que se modifica la Ley Orgánica 2/2006, de 3 de mayo, de educación (LOMLOE), BOE, 340, de 30 de diciembre de 2020.

66. Ley Orgánica 2/2023, de 22 de marzo, del sistema universitario (LOSU), BOE, 70, de 23 de marzo de 2023.

67. Ley Orgánica 3/2022, de 31 de marzo, de ordenación e integración de la Formación Profesional, BOE, 78, de 1 de abril de 2022.

han sido positivos en cuanto al acceso, pero no tan buenos en lo tocante a los resultados: el abandono escolar temprano ha seguido reduciéndose a buen ritmo y la expansión de la Formación Profesional continúa. Sin embargo, la repetición y el fracaso escolar siguen fuertemente ligados al origen socioeconómico de los estudiantes, lo que lastra la igualdad de oportunidades educativas.[68] Por otro lado, la reciente publicación de los resultados de lectura de niños de 10 años en las pruebas PIRLS muestran un ligero retroceso de España que, aunque probablemente esté relacionado con la pandemia, muestra que la calidad del sistema educativo sigue sin despegar.[69]

Los resultados de aprendizaje son, en comparación con el acceso, el factor que marca la diferencia para aumentar la productividad y el crecimiento futuro de los países.[70] Y para despegar en cuanto a más aprendizaje, debemos abordar lo que se ha ido dejando de lado en todas las últimas leyes educativas anteriores, incluida la LOMLOE, la ley aprobada en la última legislatura. Los mejores sistemas escolares del mundo que obtienen mejores resultados de aprendizaje, como Canadá, Finlandia, Japón o Corea del Sur, otorgan una importancia enorme a las políticas de selección, remuneración, formación y evaluación del docente. Sin embargo, en España, en las últimas tres décadas, apenas se han tomado decisiones de calado en relación con las políticas de profesorado, ya que cada intento se ha topado con un actor con suficiente poder de veto para frustrarlo.

La LOMLOE aprobada en esta legislatura ha traído consigo ciertos avances en otros ámbitos, como la mayor flexibilidad curricular, la apuesta por un aprendizaje más profundo y menos memorístico y las medidas para reducir la anómalamente alta (y contraproducente) tasa de repetición escolar. Pero en lo que respecta a lo

68. Save the Children, Todo lo que debes saber de PISA 2018 sobre equidad, Save the Children España, 2019.

69. Ministerio de Educación y Formación Profesional, Informe español PIRLS 2021, Madrid, 2023.

70. Hanushek, E. A.; y Woessmann, L., «Do better schools lead to more growth? Cognitive skills, economic outcomes, and causation», *Journal of Economic Growth*, 17 (2012), pp. 267-321.

relacionado con los docentes, ha pasado de puntillas. La propuesta de reforma docente presentada por el Ministerio de Educación no va a tener ningún recorrido: apenas se han producido debates en profundidad sobre ella, y como resultado, no se ha producido ningún cambio real. La pregunta que surge es, ¿cómo esperamos tener un sistema educativo excelente si no apostamos por la excelencia y la ambición en la transformación de la profesión docente?

Por su parte, España va a la zaga en investigación de excelencia. Esta escasez de investigadores de frontera (salvo honrosas excepciones) se observa, por ejemplo, en los rankings internacionales de universidades, en los que las instituciones españolas aparecen bien avanzada la lista. No es hasta la posición 149 donde nos encontramos con una universidad española en uno de los rankings más conocidos,[71] lo cual no es una sorpresa si tenemos en cuenta la carencia de incentivos a la investigación (o mejor, a la investigación de calidad) en nuestro país. En las clasificaciones de patentes, España ocupa el puesto veintiuno del mundo, muy por detrás de países de nuestro entorno como Francia (puesto seis) o Italia (puesto diez).[72] Así, pocos investigadores llegan a lo más alto: en las listas de premios Nobel en ciencias no hay españoles desde Ramón y Cajal, que lo recibió en 1906.[73]

Pero la nueva reforma universitaria tampoco ha abordado con valentía ni demasiada creatividad los retos de fondo del sistema. En España, la escasa financiación de las universidades y la investigación, los inadecuados mecanismos de selección de talento en la universidad pública y el deficiente diseño de incentivos en la carrera investigadora y docente han lastrado un sistema que, lejos de atraer y retener a los mejores investigadores, los expulsa.

La reforma se ha centrado en un aspecto importante: reducir la precariedad en el sistema a través de convertir a buena parte del personal temporal y eventual en permanente (si bien muchas de estas conversiones serán de profesores asociados sin perfil investigador). Además, la LOSU estipula que la docencia

71. QS World University Rankings 2024.
72. Datos de la Organización Mundial de la Propiedad Intelectual (WIPO).
73. Garicano y Roldán, *op. cit.*

y la investigación deben tener el mismo peso en la evaluación de los candidatos, lo cual puede desincentivar la investigación dependiendo de cómo se aplique. Por otra parte, en España, durante el curso 2019-2020, el 73 por ciento del personal docente e investigador de las universidades públicas trabajaba en la misma universidad donde defendió su tesis, y sólo el 2,5 por ciento tenía nacionalidad extranjera, muy por debajo de las cifras que presentan otros países europeos. Pero cuestiones centrales como la endogamia no se discuten en el documento.

La falta de competencias digitales también supone un impedimento significativo para el crecimiento económico. Pese a que España se encuentra en una posición bastante adelantada en el campo de la economía y la sociedad digitales (ocupando el lugar undécimo en el índice global DESI de 2020, un indicador que mide anualmente el progreso digital de los países de la Unión Europea), muestra desigualdades en términos de capital humano. Alrededor de un 43 por ciento de la población española carece de habilidades digitales fundamentales y un 8 por ciento nunca ha hecho uso de internet. La cantidad de personas con un título en tecnologías de la información y la comunicación (TIC) sólo constituye un 4 por ciento del total de los graduados, y la presencia de mujeres especializadas en TIC se ha mantenido estancada alrededor del 1 por ciento del total del empleo femenino durante los últimos cuatro años.[74]

Por su parte, las políticas activas de empleo (PAE) en España siempre han mostrado un sesgo hacia los incentivos a la contratación en detrimento de la formación y la orientación de los trabajadores. Esto ha supuesto un coste histórico muy elevado, de 6.500 millones de euros en 2017 según la AIReF, que se ha traducido en ganancias exiguas de empleo que no sobreviven a la retirada de los incentivos, tal y como acreditó la propia AIReF en su *Spending Review* de 2018-2021.[75] Aunque se ha avanzado en este sentido al

74. Gobierno de España, «Plan Nacional de Competencias Digitales», España Puede, España Digital 2025 y gobierno de España, 2021.

75. AIReF, «Evaluación del gasto público 2018. Proyecto 3 (PAE): Estudio programa políticas activas de empleo», AIReF, 2019.

restringir desde 2019 los incentivos a la contratación indefinida sólo a desempleados de larga duración, todavía queda un amplio margen de mejora en el resto de los aspectos de las PAE.

La intermediación entre trabajadores en búsqueda de empleo y las empresas que ofrecen vacantes sigue siendo muy limitada, lo que se suma a la ausencia de un perfilado estadístico de parados más sofisticado, que podría mejorar decisivamente la eficiencia del SEPE (Servicio Público de Empleo Estatal). Además, persiste una débil comunicación entre las PAE y las políticas sociales, que en muchas ocasiones deberían actuar de forma complementaria. La ley de empleo aprobada recientemente aborda algunos de estos problemas, pero carece de medidas concretas en su articulado.

Por último, merece la pena destacar el nuevo reparto de competencias entre los Ministerios de Educación y Trabajo en lo referente a la Formación Profesional (FP). Este cambio ayuda a distinguir la Formación Profesional que forma parte del sistema educativo de aquella formación más vinculada al propio puesto de trabajo. Esto supone un cambio normativo necesario, pero que, de nuevo, requiere recursos suficientes, especialmente si se quiere dar un impulso a los programas de formación dual. Estos programas son instrumentales para generar empleo de calidad en un mundo tecnológico donde buena parte de los oficios, como sucedía con los antiguos aprendices en las primeras industrias —desde marketing digital hasta soporte de IT—, se aprenden más (y mejor) en el entorno laboral que estudiando.

El enfoque de este libro: la economía va de mejorar vidas concretas, no de «asaltar cielos» abstractos

En los últimos años, tanto en España como en otros países, hemos visto a fuerzas políticas prometiendo «tomar el cielo por asalto», «retomar el control» o, incluso, relanzar una «reconquista». Aquí y en otros lugares, líderes mesiánicos han prometido arcadias felices y paraísos terrenales; soluciones inmediatas, fáciles e indoloras a los principales problemas sociales y económicos. Pero, en todos los casos, esos proyectos han terminado en profundas desilusiones y frustración. La perspectiva de este libro, creo que, compartida por todos los autores, es mucho más humilde.

En una investigación reciente, aceptada para publicación en la *American Economic Review*, una de las revistas más prestigiosas en economía, los autores cuantifican el coste económico del populismo analizando la mayor base de datos construida hasta la fecha que identifica cincuenta gobiernos populistas entre 1900 y 2018. Encuentran que el coste del populismo es altísimo: tras quince años, el PIB per cápita es un 10 por ciento menor en comparación con un escenario plausible contrafactual sin populismo. Los autores concluyen que el auge del nacionalismo económico y el proteccionismo, junto con las políticas macroeconómicas insostenibles y el deterioro institucional que suceden bajo gobiernos de este tipo, tienen un coste muy duradero para la economía.[76]

Este libro parte del reconocimiento de que, muy a menudo, los economistas y los investigadores en políticas públicas no tenemos una solución claramente superior a las demás: siempre funcionamos en un mundo *second best*, en el que tenemos que asumir supuestos arriesgados y lidiar con opciones que siempre implican ventajas y costes. Asimismo, por bienintencionadas que sean, las políticas muy a menudo pueden no generar los efectos que uno espera. Incluso las políticas que parecen funcionar en algunos lugares pueden no hacerlo en otros.

Casi siempre, cuando uno estudia las propuestas un poco más de cerca, se da cuenta de lo importante que es entender los matices, los retos de implementación, las cuestiones de economía política o los sesgos de comportamiento que pueden condicionar la efectividad de una política. Cualquier economista o científico social sabe que, si es intelectualmente honesto, ha de estar permanentemente revisando muchas de las cosas que daba

76. Schularick, M.; Trebesch, C., y Funke, M., «The cost of populism: Evidence from history», CEPR, 16 de febrero de 2021, <https://cepr.org/voxeu/columns/cost-populism-evidence-history>.

por descontadas. Por eso, más que tratar de «derribar diques» o «asaltar los cielos», es más útil para todos acotar la ambición de nuestras propuestas, centrarnos en humildes mejoras posibles y en propuestas aterrizadas, medibles e implementables.

Archi Cochrane (1909-1988) fue un epidemiólogo británico y uno de los principales precursores de lo que después se vino a llamar la medicina basada en evidencia. Sus reivindicaciones (¡de hace casi cien años!) abogaban por un uso más generalizado de experimentos en medicina y una mayor integración entre la evidencia científica (basada en los mejores métodos disponibles) y la experiencia clínica. Cuando planteó sus tesis, una buena parte de la profesión se le echó encima. Le acusaban de ignorar la importancia de la intuición de los médicos o de usar técnicas inmorales, como los experimentos. Cochrane defendió que muchas de las prácticas que usaban los médicos nunca se habían testado de forma rigurosa, y que, de hecho, no se podía saber si realmente estaban ayudando o perjudicando a los pacientes. La única manera de progresar era a través de ensayos clínicos aleatorios y la revisión sistemática de las evidencias disponibles.

Aquellos lectores que hayan estudiado economía reconocerán en la batalla de Cochrane muchas de las reivindicaciones de los científicos sociales a lo largo de los últimos veinticinco años. En 2017, el Premio Nobel de Economía fue otorgado a una economista francesa del Massachusetts Institute of Technology (MIT), Esther Duflo (junto a su marido, el economista Abhijit Banerjee), precisamente por sus aportaciones en la aplicación de metodologías experimentales para mejorar la efectividad de las políticas públicas, especialmente en países en desarrollo. En una publicación muy conocida, Duflo comparaba a los economistas con fontaneros:

> A medida que los economistas ayudan cada vez más a los gobiernos a diseñar nuevas políticas y regulaciones, asumen la responsabilidad adicional de participar en los detalles de la formulación de políticas y, al hacerlo, adoptar la mentalidad de un fontanero. Los fontaneros intentan predecir lo mejor posible qué puede funcionar en el mundo real, conscientes de que será necesario retocar y ajus-

> tar, ya que nuestros modelos nos brindan muy poca orientación teórica sobre qué (y cómo) los detalles importarán [...] los economistas deberían comprometerse seriamente con la fontanería, en interés tanto de la sociedad como de nuestra disciplina.[77]

En el capítulo 1 del libro encontrarás una reivindicación de la importancia de la experimentación y las políticas basadas en la evidencia, escrita por Mónica Martínez-Bravo, profesora del CEMFI, doctora por el MIT y alumna de tesis de Banerjee. Mónica inicia el capítulo con una afirmación incisiva: «La implementación de políticas públicas basadas en evidencia no sólo es importante para mejorar la eficiencia del sector público, sino también para fortalecer el sistema democrático». En el apartado que viene a continuación abordamos la importancia de las políticas pequeñas con un ejemplo de un proyecto muy querido para EsadeEcPol: Menttores.

Menttores: un ejemplo de una (gran) política pequeña

Tras el anuncio a principios de marzo de 2020 del cierre por decreto de todas las escuelas de España para evitar la propagación de la pandemia, cerca de diez millones de niños quedaron confinados en sus casas con sus familias durante meses. Ese encierro representó un choque emocional y de aprendizaje para todos los niños, y, al mismo tiempo, un desafío logístico y educativo sin precedentes para las escuelas.

Pero este impacto no fue igual para todas las familias. La pérdida de aprendizaje fue mucho más pronunciada en los niños con familias con menos recursos, ya fuera porque las condiciones para el aprendizaje desde casa no eran favorables o porque sus padres no tenían las herramientas para brindar el apoyo necesario a sus hijos. Algunos estudios académicos estimaban

77. Duflo, E., «The economist as plumber», *American Economic Review*, 107, 5 (2017), pp. 1-26.

que la pérdida de aprendizaje fue alrededor de un 40 por ciento más alta en familias de entornos más vulnerables.[78]

Curiosamente, ese gran encierro pandémico coincidió con el nacimiento de EsadeEcPol, el *think tank* de políticas públicas que está detrás de la publicación de este libro, inaugurado el 3 de marzo de 2020. Para ofrecer una respuesta a la crisis de aprendizaje que amenazaba con ampliar aún más la brecha educativa en España, en EsadeEcPol decidimos durante la Navidad de 2020 implementar (y evaluar) un programa de tutorías en línea para proporcionar apoyo en matemáticas y refuerzo socioemocional a niños en situación de vulnerabilidad.

Nuestro primer objetivo era asegurar la financiación y los socios que nos ayudaran a ponerlo en marcha. En menos de tres semanas, conseguimos la financiación suficiente[79] y nos asociamos con Empieza por Educar, una ONG especializada en formación de profesores, para el diseño pedagógico del programa y con Google para la provisión de la tecnología necesaria.

Sabíamos, por la evidencia acumulada de estudios experimentales hechos en otros países, que las tutorías en pequeños grupos son una herramienta muy efectiva para mejorar el aprendizaje. Según la Education Endownment Foundation, el laboratorio de políticas y prácticas educativas más prestigioso del Reino Unido, las tutorías individualizadas son una de las intervenciones que ofrecen mejores resultados para reducir desigualdades educativas. Son muy efectivas y mucho menos costosas que otras políticas, como la reducción de alumnos por aula o la repetición escolar.

Sin embargo, no era evidente que los resultados de unas tutorías totalmente en línea fueran a ser igual de buenos que los de las presenciales. De hecho, el aprendizaje en línea presenta retos pedagógicos y logísticos importantes (acceso a tecnología, atención, seguimiento, enseñanza, evaluación...), más aún para estudiantes muy jóvenes de familias con pocos recursos.

78. Arenas, A., *et al.*, «Pérdida de aprendizaje tras la pandemia», EsadeEcPol y Fundación COTEC, 16 de marzo de 2022.

79. Algo que no hubiera sido posible sin la colaboración de la Fundación CEOE, la Fundación COTEC y el Banco Santander.

Finalmente, diseñamos un programa que consistió en un plan de refuerzo de matemáticas de ocho semanas de duración, fuera del horario escolar, con sesiones de una hora tres veces por semana, con dos alumnos por tutor. Participaron casi cuatrocientos niños de dieciocho escuelas de barrios de ingresos bajos en Madrid y Barcelona, como Orcasitas o Vallecas. Los ingresos del hogar de la mitad de las familias participantes no llegaban a los 1.000 euros al mes; un 40 por ciento eran familias monoparentales y más del 50 por ciento eran de origen inmigrante.

Para evaluar los resultados del programa de forma rigurosa, asignamos de manera aleatoria a los casi cuatrocientos niños registrados a un grupo de tratamiento (que recibió las tutorías) y a un grupo de control (que no las recibió). Al ser asignados aleatoriamente, ambos grupos resultaban estadísticamente equivalentes en términos de las características de los alumnos. De esta manera, como sucede en los ensayos aleatorios para testear la efectividad de las vacunas, las tutorías eran la única variable diferencial entre ambos grupos, lo que nos permitía identificar el efecto causal del programa.

Los resultados superaron todas nuestras expectativas. Los niños del grupo de tratamiento mejoraron sus resultados de matemáticas en un 30 por ciento respecto a los niños del grupo de control, y la incidencia de la repetición escolar se redujo en un 75 por ciento en el grupo que recibió las tutorías. Además, los niños que participaron en el programa mejoraron de forma significativa su voluntad de seguir estudiando al acabar el Bachillerato. Cuatro de cada cinco tutores y familias participantes estaban entusiasmados con los resultados y consideraron que la experiencia debía repetirse en el futuro.[80]

Pero la mejor noticia es que el programa piloto sirvió para informar sobre los potenciales efectos positivos de una política

80. Gortazar, L.; Hupkau, C.; y Roldán, A., «Online tutoring works: Experimental evidence from a program with vulnerable children», Discussion Paper n.º 1908, Centre for Economic Performance. London School of Economics & Political Science, marzo de 2023.

innovadora gracias a que tuvo mucho impacto en los medios y en el debate público. Eso despertó interés en el Ministerio de Inclusión y por parte de algunas comunidades autónomas, y ahora estamos en proceso de escalar la política a miles de niños para seguir evaluando sus efectos.

Lo bonito de la experiencia de Menttores no es solamente el efecto que la política tuvo en las familias que se beneficiaron de ella. Menttores es un claro ejemplo de una política concreta que funciona, con extraordinarios resultados educativos, que probablemente sea muy efectiva para reducir la desigualdad y sobre la que podemos ponernos de acuerdo.

Tal y como recogen Sandra León y Luis Miller en el epílogo de este libro, incorporar temas menos divisivos a la agenda política nos permite ampliar el espacio político y fomentar un mayor entendimiento y colaboración entre diferentes partidos. Y estamos mucho más polarizados respecto a cuestiones identitarias (ideológicas o territoriales) que respecto a políticas públicas concretas, por lo que hablar de políticas determinadas, como Menttores, puede contribuir a rebajar una tensión que ha ido en aumento.[81]

Eso, por supuesto, no significa que cada uno deba abandonar su ideología, o que no pueda tener unas preferencias diferentes sobre la redistribución de la renta o la libertad personal. Lo que quiere decir es que, a partir de políticas específicas como Menttores, somos capaces de hablar un mismo lenguaje: el de las políticas informadas por evidencias, donde es más fácil llegar a acuerdos y avanzar.

Hace justo diez años, el gobierno de Cameron en el Reino Unido puso en marcha What Works, en un esfuerzo del sector público para financiar proyectos de experimentación y evaluación de políticas, y para sintetizar los aprendizajes con el fin de informar las políticas públicas con evidencias relevantes y contrastadas —¡ojalá pronto un What Works en España!—. En el

81. Miller, L., «Polarización en España: más divididos por ideología e identidad que por políticas públicas», EsadeEcPol, Policy Insight n.º 18, 15 de octubre de 2020.

discurso de celebración del quinto aniversario de esta iniciativa, su director concluía que:

> En el espacio de cinco años, hemos logrado compilar más de diez mil estudios y se han realizado más de cien ensayos aleatorios controlados (RCT, por sus siglas en inglés) a gran escala, en los que participaron casi un millón de niños. Al hacerlo, los debates que alguna vez estuvieron dominados por el dogma ahora están impulsados por la evidencia. Es un antes y un después.[82]

El primer paso necesario para, a partir de evidencias, elevar la calidad de los debates sobre políticas públicas es mejorar el acceso a los datos, cuestión que abordan en detalle Pedro Rey, Miguel Almunia y Teresa Raigada en el capítulo 2 de este libro.

La propuesta de este libro: un plan Biden para infraestructuras humanas

Como decíamos al principio de esta introducción, estamos en medio de un cambio de paradigma. Las principales potencias mundiales están tomando decisiones agresivas para competir internacionalmente y posicionarse frente a los cambios. En España, el reto principal al que nos enfrentamos es el de la baja productividad, y una de las principales causas de ese problema es que contamos con un mal equilibrio educativo y de conocimiento.

En la legislatura pasada se hicieron reformas exitosas, como decíamos, y también inversiones millonarias en multitud de proyectos con la ayuda de los fondos Next Generation EU —un maná de 80.000 millones de euros, solamente contando las transferencias—. Con poca perspectiva aún, resulta complicado valorar en qué medida los diferentes proyectos e inversiones en digitalización y transición verde propiciarán un cambio profundo en el modelo productivo. Sin embargo, en EsadeEcPol ya señalába-

82. What Works Network, «The What Works Network: Five years on», enero de 2018.

mos en 2021 un déficit importante del Plan de Recuperación: la poca prioridad daba a las «infraestructuras de conocimiento» frente a las infraestructuras físicas.[83]

Un año más tarde, también en EsadeEcPol, creamos un algoritmo que nos permite conocer en tiempo real en qué se está invirtiendo el dinero de esos fondos. A finales de 2022, más de cuatro de cada cinco euros se invertían en construir infraestructuras físicas, con más de la mitad de los fondos hasta entonces, según el informe de Manuel Hidalgo, gastados en ADIF, la empresa pública de construcción de trenes.[84]

Esto es, en parte, natural: las infraestructuras son costosas y representan una forma efectiva de gastar mucho dinero en poco tiempo. A ningún político le agrada aparecer en los titulares como «la región o el ayuntamiento que menos ejecuta fondos europeos». Además, las infraestructuras físicas son visibles y eso siempre es más atractivo, desde un punto de vista electoral, que los elementos intangibles. Contar con un grupo de investigadores en biotecnología de primera línea mundial puede generar dinámicas positivas de atracción de talento, trabajos de calidad y, potencialmente, generar patentes y empresas que aporten riqueza y mejoras de productividad, pero no trae demasiados votos.

En el sector público, el camino fácil es invertir en trenes, polideportivos, carreteras y mejores ventanas para los edificios. Pero ésa no es la única manera de invertir dinero, y probablemente tampoco la mejor. En los Países Bajos, por ejemplo, el gobierno lanzó un programa a tres años de 8.000 millones de euros de ayudas como respuesta a la pandemia para luchar contra el problema educativo mediante programas de refuerzo. En España, un país con una población cuatro veces más grande, esa cifra no llegó a 500 millones entre 2020 y 2023.[85]

83. Roldán *et al.* (2021).

84. Hidalgo, M., «Los Fondos NextGenEU en España: análisis de la ejecución de licitaciones Un análisis integral de los microdatos de ejecución», Observatorio Fondos Next Generation EU EsadeEcpol-EY Insights, 3 de mayo de 2022.

85. Véase componente 21 del Plan de Recuperación Transformación y Resiliencia. El presupuesto del Plan PROA+ y las Unidades de Acompañamiento

La próxima legislatura debería ser *la legislatura de las infraestructuras humanas*. El conocimiento es el mecanismo aglutinador de las respuestas a los retos a los que nos enfrentamos. Pero para lograr un cambio de equilibrio, deben modificarse muchas variables a la vez. Como ha explicado Bo Rothstein, el catedrático de Economía de la Universidad de Gotemburgo, es la suma de muchos pequeños cambios incrementales implementados en un período de tiempo acotado lo que permite entrar en un círculo virtuoso institucional. Así fue como Suecia logró lo que es hoy.[86]

La investigación sobre la ciencia del aprendizaje muestra que los seres humanos aprendemos y configuramos nuestro cerebro y nuestras capacidades a través de la imitación de nuestros pares. La clave, por tanto, para promover más conocimiento y aprendizaje en la sociedad es que alumnos, profesores en escuelas y universidades, investigadores y empresas aprendamos más los unos de los otros, y especialmente podamos aprender de cómo lo hacen los mejores.

En España, tenemos una cultura de la innovación, aprendizaje y generación de conocimiento muy poco basada en la colaboración, donde «cada maestrillo tiene su librillo» y donde cada aprendiz tiene que buscarse la vida solo. Esto ocurre en la escuela, en la universidad, en los centros de investigación y también en las empresas. Para que todo el país mejore, tenemos que exponernos un poco más los unos a los otros y, en particular, potenciar el mejor conocimiento que ya tenemos. Éste es el gran desafío que tiene por delante España si queremos volver a una senda de mayor productividad, crecimiento económico y reparto de la riqueza y el trabajo.

En una investigación llevada a cabo en 2018, el economista del MIT John Van Reenen, junto con sus colaboradores, se propusieron encontrar una explicación para el descenso de la productividad en Estados Unidos. Durante décadas, la innovación impulsó el cre-

---

y Orientación personal y familiar para el alumnado vulnerable fue de 484 millones de euros.

86. Rothstein, B., «Anti-corruption: a Big-Bang Theory», Working Paper n.º 2007/3, 2009.

cimiento económico estadounidense. Sin embargo, desde la década de 1970, la innovación (medida como crecimiento de la productividad) se ha reducido, pasando de un crecimiento anual del 1,9 por ciento a un mero 0,7 por ciento, y así lo ha hecho también el crecimiento económico.

El estudio revela que la desigualdad de oportunidades ha provocado que Estados Unidos haya perdido a millones de inventores durante ese período, a quienes los autores llaman los «Einstein perdidos». Entre los niños nacidos en el 1 por ciento más rico de la sociedad, la probabilidad de que se conviertan en inventores es diez veces mayor que en aquellos nacidos en el 50 por ciento más bajo de la distribución. Seguramente una de las soluciones, no solamente a la desigualdad social, sino también al reto de la productividad, sea encontrar mecanismos que permitan que más hijos de familias con pocos recursos, mujeres o minorías, tengan la posibilidad de aportar a la sociedad.

En los próximos capítulos encontrarás una rica colección de ideas y propuestas concretas, acotadas a la legislatura y políticamente viables para movernos hacia *Un país posible*, más productivo y menos desigual. A continuación va un resumen esquemático de propuestas destacadas inspiradas en los capítulos del libro.

Empezamos por las ideas centradas en mejorar el corazón del nuevo modelo: el conocimiento de calidad, accesible en igualdad de oportunidades y que desemboque en una dinámica productiva que lo reciba.

1. Luchar contra la desigualdad de partida con un plan de 1.500 millones al año de tutorías individualizadas en pequeños grupos para alumnos vulnerables

En el capítulo 3, Lucas Gortazar y Antonio Cabrales hablan de la importancia del refuerzo educativo para reducir la desigualdad de oportunidades en España. Varias investigaciones de frontera muestran que este tipo de programas tienen un impacto extraordinario a un coste muy reducido.

2. Transformación de la carrera profesional docente para que sirva al interés de los alumnos y al de los mejores profesionales

En el mismo capítulo, Cabrales y Gortazar apuntan a la necesidad de transformar la carrera profesional docente emulando los mejores modelos de éxito. Si en la siguiente legislatura fuéramos capaces de poner de acuerdo a universidades, comunidades autónomas y centros para elevar los criterios de exigencia para la selección en grados y másteres habilitantes, lleváramos a cabo una transformación de las oposiciones docentes y apoyáramos a los nuevos docentes en sus primeros dos años en el aula, estaríamos dando pasos de gigante.

3. Mejorar la movilidad social fomentando el acceso a la educación superior: FP, becas y financiación universitaria

José Montalbán Castilla y Rosa Sanchis-Guarner muestran en el capítulo 4 que España es un país donde el acceso a educación superior es todavía bajo, la financiación pública es escasa y poco eficiente, y las políticas de becas para acceso a la universidad pueden mejorarse. Proponen una mayor oferta de FP dual, una mejor orientación profesional y políticas para atajar las altas tasas de abandono en FP. Con respecto a becas y ayudas, proponen mejorar la gestión de la solicitud y la concesión de becas, y la gestión presupuestaria, y finalmente plantean un programa piloto de préstamos contingentes a la renta futura, una medida innovadora y sólidamente evaluada que ha mostrado resultados muy positivos en otros países.

4. Un plan para atraer y recuperar miles de investigadores de frontera

Andreu Mas-Colell y Milagros Candela proponen, en el capítulo 5, un plan para atraer, retener y recuperar talento investigador en las universidades españolas. Su planteamiento es utilizar 1.000 millones de euros de fondos europeos para un programa inspirado en el programa Ramón y Cajal. Unas pocas decenas de investigadores pueden poner a una universidad en la primera línea mundial. Unos pocos miles, pueden cambiar el rumbo de un país.

5. Un sistema de skill-job matching *basado en datos*

Manuel Hidalgo y Carlos Victoria, en el capítulo 6, proponen varias ideas para mejorar el encaje entre la oferta y la demanda de empleo, con mejor acompañamiento, reconocimiento de competencias adquiridas por experiencia laboral y oportunidades de aprendizaje modular. Pero el componente central de su idea consistiría en aprovechar las descomunales mejoras en procesamiento de datos y lenguaje natural para construir, a partir de las estadísticas existentes, un faro para trazar estrategias enfocadas en la capacitación y el reciclaje profesional realmente necesarios tanto para los trabajadores como para las empresas.

6. Una política industrial y de innovación verde, basada en el conocimiento

Todo este talento necesitará un entorno donde ponerlo al servicio de la nueva economía. En el capítulo 7, dedicado a la descarbonización, Marta Suárez-Varela, Pedro Linares y Natalia Collado abordan una serie de propuestas para desarrollar y retener las cadenas de valor asociadas a todos los procesos de descarbonización, como las energías renovables, los vehículos eléctricos, la construcción sostenible o la industria libre de emisiones. En todas ellas, el elemento central es potenciar la investigación y la colaboración con la industria.

7. Avanzar hasta la media europea en inversión en I+D+i y cambiar el sistema de acceso a las ayudas

En paralelo al punto anterior, y como se aborda en varios capítulos, España está a la cola de la OCDE en casi todos los indicadores de innovación. La mejora del presupuesto debería ir acompañada de un cambio en los incentivos fiscales existentes para favorecer la innovación, permitiendo a las empresas innovadoras, especialmente las *start-ups*, obtener devoluciones en efectivo por sus inversiones realizadas en I+D+i. Actualmente, aunque España tiene una de las tasas de subvención teóricamente más altas de la OCDE, su aplicación efectiva es limitada.

8. Una administración moderna, basada en datos

Avanzar con el conocimiento como base es requisito tanto para el sector privado como para el público, en la medida en que esta mejora paralela se retroalimentaría. En ese sentido, y como ya apuntábamos más arriba en esta introducción, Almunia, Rey y Raigada proponen un plan en el capítulo 2 para mejorar la capacidad de la administración de recolectar y procesar datos, imitando a los mejores modelos de éxito. Los autores proponen mejorar la cooperación entre diferentes niveles y organismos de la administración e invertir en la contratación de trabajadores cualificados. También proponen la centralización de acceso a todos los registros administrativos para abrirlos a la sociedad investigadora. Solamente con mejores análisis y evaluaciones mejoraremos el uso de los recursos públicos y los canalizaremos hacia las políticas que ofrezcan mejores retornos.

Asegurar la igualdad de oportunidades es imprescindible para que el nuevo modelo funcione, y esto no sólo implica trabajo en el sistema educativo y de formación, sino también en el ciclo vital completo, completando así las nuevas infraestructuras humanas.

9. Mejorar la eficiencia del sistema fiscal para reducir la desigualdad y ser más competitivos

Clara Martínez-Toledano explica, en el capítulo 8, que la desigualdad en España no es resultado tanto del modelo de crecimiento como del sistema de impuestos y transferencias, menos eficaz que el de otros países. La autora plantea tres propuestas: i) una mayor integración del sistema de impuestos sobre la renta y prestaciones sociales, que incluya un mínimo social integrado fiscalmente de la renta y un impuesto negativo (o complemento salarial); ii) un sistema de imposición patrimonial y societaria más consistente e integrado; y iii) un registro nacional sobre renta y patrimonio globales para monitorear rentas y reducir la evasión fiscal.

10. Mejorar la reforma laboral para mejorar la flexibilidad, la protección y las oportunidades

Jesús Lahera y J. Ignacio Conde-Ruiz argumentan en el capítulo 9 que España necesita profundizar en la adaptación de su marco para abordar la digitalización, los cambios demográficos y las nuevas formas de trabajo. A tal efecto, proponen cuatro frentes de reforma: mejorar las posibilidades de teletrabajo, impulsar la flexibilidad de jornada de trabajo, mejorar la regulación de las plataformas digitales e introducir modelos de jubilación más flexibles que permitan la compatibilidad entre la pensión y el trabajo retribuido.

11. Atajar las desigualdades de género en el mercado laboral

Para completar la visión del mercado laboral, en el capítulo 10, Hupkau, Ruiz-Valenzuela y Cobreros reconocen los avances logrados hasta ahora, pero muestran que las desigualdades, sobre todo causadas por la maternidad, persisten: las mujeres con hijos tienen una probabilidad un 60 por ciento mayor de tener un contrato temporal que los hombres con hijos, 8 veces mayor de tener un contrato a tiempo parcial, y sus ingresos caen en un 28 por ciento tras diez años del nacimiento de su primer hijo. Las autoras proponen incrementar créditos fiscales para madres trabajadoras y la inversión en prestaciones familiares y por hijos, especialmente en educación de 0-3 años; aumentar el tiempo del alumnado de infantil y primaria en la escuela, que ha demostrado tener efectos positivos en los resultados académicos y socioemocionales del alumnado, y revertir así el modelo de escuela pública exclusivamente matinal, que perjudica la participación de las mujeres en el mercado laboral; y promover mentorías de mujeres científicas para niñas para aumentar el peso de las mujeres en carreras STEM.

12. Un mercado de la vivienda sano y más equitativo

Los problemas de acceso a la vivienda están suponiendo una barrera para que las nuevas generaciones participen en igualdad de condiciones en la economía. En el capítulo 13, Josep Maria Raya y José García Montalvo argumentan que la crisis de la vivienda se concentra principalmente en el sector del alquiler y que las propuestas para limitar los precios, aunque bien intencionadas, pueden terminar agravando el problema. Proponen mantener las viviendas subvencionadas por el Estado en el parque público, incrementar la construcción de viviendas de alquiler asequible a través de acuerdos público-privados, explorar la zonificación inclusiva, y nuevas formas de asistencia a inquilinos y propietarios, como los programas de transferencias en especie y los incentivos para que los jóvenes accedan al mercado de la propiedad.

En lo que sigue encontrarás el desarrollo de estas y muchas otras ideas. Esperamos que sirvan al menos para ayudar a guiar y dar forma a la acción política de los cientos de nuevos gobernantes que inician su mandato tras las elecciones locales, autonómicas y generales de este 2023.

Parte I

Un marco público para desarrollar mejores políticas

1

Avanzar hacia el diseño de políticas públicas a partir de la evidencia

Mónica Martínez-Bravo[87]

Una de las principales responsabilidades de los Estados consiste en garantizar el acceso a servicios públicos básicos, como la educación, la atención médica y la asistencia social, que son pilares fundamentales del estado de bienestar. Aunque el desarrollo y la consolidación del estado de bienestar fue uno de los mayores logros del siglo xx, su perfeccionamiento continúa siendo uno de los principales retos a los que nos enfrentamos en el siglo xxi. Sólo con estados de bienestar sólidos y eficientes, las economías occidentales podrán enfrentar los desafíos actuales, como la crisis climática, el avance tecnológico de la inteligencia artificial y el reto demográfico, asegurando que los costes y los beneficios se distribuyan de manera justa entre la población.

No obstante, perfeccionar el estado de bienestar y adaptarlo a estos nuevos desafíos no es tarea sencilla. La mejora de cualquier proceso implica recopilar datos, analizar posibles problemas, experimentar con diversas soluciones, implementarlas y evaluar el nivel de progreso alcanzado. En el sector privado, la libre competencia entre empresas garantiza que sólo aquellas que son innovadoras y efectivas en sus procesos de mejora sobre-

87. Profesora titular en el Centro de Estudios Monetarios y Financieros (CEMFI).

viven. Sin embargo, la falta de competencia en el ámbito público puede propiciar la persistencia de políticas ineficientes a lo largo del tiempo.

Conscientes de estos desafíos, numerosos organismos internacionales y supranacionales han abogado por la institucionalización de procesos y prácticas que promuevan el uso de evidencia en la toma de decisiones de políticas públicas. Este enfoque implica diseñar dichas políticas basándose en la mejor evidencia disponible, lo que incluye datos, estadísticas, investigaciones científicas, conocimientos de expertos y asesoramiento científico.[88] El término en inglés *evidence-based policy making* se ha convertido en el nuevo mantra para todo organismo internacional que abogue por mejorar el sector público.

El diseño de políticas públicas a partir de la evidencia se fundamenta en dos pilares clave. El primero es su evaluación. Sólo a través de la evaluación de una política, analizando su alcance, la calidad de su implementación y el efecto causal en las variables de resultados, podemos generar evidencia rigurosa que sirva de base para la toma de futuras decisiones en materia de políticas públicas. El segundo pilar fundamental es la colaboración entre las administraciones públicas y la comunidad científica, que posee el conocimiento de las metodologías más rigurosas, además de contar con la reputación e independencia necesarias para extraer conclusiones objetivas sobre qué políticas y procesos proporcionan diferentes resultados. Por otro lado, las administraciones públicas tienen un amplio conocimiento del contexto, las diferentes opciones de políticas públicas y las particularidades de su implementación. Por lo tanto, es esencial fomentar una cooperación estrecha entre ambos actores, colaboración que también es impulsada desde los organismos internacionales.

No podemos olvidar que la implementación de políticas públicas basadas en evidencia no sólo es importante para mejorar

88. European Commission, *Better regulation toolbox*, 2021, <https://commission.europa.eu/law/law-making-process/planning-and-proposing-law/better-regulation/better-regulation-guidelines-and-toolbox/better-regulation-toolbox_en>.

la eficiencia del sector público, sino también para fortalecer el sistema democrático. El auge populista experimentado en muchos países durante la última década ha derivado, a menudo, en la implementación de políticas simplistas que, aunque persuasivas para muchos ciudadanos, no han producido resultados positivos.[89] Así pues, resulta crucial convencer a los ciudadanos de que el diseño de políticas basadas en la evidencia funciona para recuperar su confianza en las instituciones y la comunidad científica.

En los siguientes apartados de este capítulo, analizo el nivel de adopción de políticas basadas en evidencia en España y su entorno, así como las principales barreras que limitan su uso. Además, ofreceremos recomendaciones para avanzar en la implementación de estas prácticas.

¿Hasta qué punto está extendida la práctica de fundamentar las políticas públicas en evidencia?

En el plano internacional, el impulso más significativo a la evaluación de políticas proviene de la economía del desarrollo. A finales de la década de 1990, economistas como Abhijit Banerjee, Michael Kremer y Esther Duflo lideraron un movimiento para impulsar la evaluación causal de las políticas públicas. Esta labor fue bien recibida en su día por la comunidad científica y los profesionales del desarrollo. Hasta ese momento, existían pocos estudios que evaluasen de manera rigurosa la efectividad de la ayuda al desarrollo. Un informe publicado en 2006 realizado por el Center for Global Development resumía la situación de la siguiente manera:

> ¿Sabremos realmente más dentro de diez años? [...] La comunidad internacional podría encontrarse en una de las dos situaciones si-

89. Funke, M.; Schularick, M.; y Trebesch, C., «*Populist leaders and the economy*», CEPR, Discussion Paper n.º 15405, Centre for Economic Policy Research, 2020.

> guientes: lamentar la falta de conocimientos sobre lo que realmente funciona y buscar a tientas nuevas ideas y enfoques para afrontar los retos críticos de reforzar los sistemas sanitarios, mejorar los resultados del aprendizaje y combatir la lacra de la pobreza extrema, o podríamos ser mucho más capaces de utilizar de forma productiva los recursos para el desarrollo, basándonos en una base amplia de evaluaciones sobre la eficacia de las estrategias de desarrollo social. Cuál de esas situaciones llegue a producirse tiene mucho que ver con las decisiones que los líderes de los gobiernos de los países en desarrollo, las ONG y las agencias de desarrollo tomen en los próximos dos años sobre la realización de evaluaciones de impacto (Center for Global Development, 2006, pp. 42-43).[90]

Es sorprendente ver que este párrafo podría aplicarse palabra por palabra a la situación actual de España, punto que retomaremos más adelante, y a la de muchos países de nuestro entorno.

Durante las décadas de 2000 y 2010 se produjo un considerable incremento en las evaluaciones de impacto en países en vías de desarrollo, como ilustra el gráfico 1.1, que muestra el número de estudios que evaluaron de manera causal programas de ayuda al desarrollo y políticas públicas empleando metodologías cuasiexperimentales o experimentos aleatorios. Estos últimos consisten en asignar una medida o programa de forma aleatoria a un subconjunto de la población, que llamamos grupo de tratamiento. Los resultados de este grupo se comparan con los del grupo de control, que también fue seleccionado aleatoriamente. Los economistas mencionados anteriormente recibieron el Nobel de Economía en 2019 por impulsar este tipo de experimentos aleatorios en la lucha contra la pobreza. Además, contribuyeron a este esfuerzo fundando organizaciones como el Abdul Latif Jameel Poverty Action Lab (J-PAL) y respaldando la creación de

90. Center for Global Development, *When will we ever learn? Improving lives through impact evaluation*, CGD, Estados Unidos, 2006, <https://www.cgdev.org/publication/when-will-we-ever-learn-improving-lives-through-impact-evaluation>.

otras, como la Innovations for Poverty Action (IPA) o el Center for Effective Global Action (CEGA), instituciones que brindan apoyo a la comunidad científica y a los representantes públicos en la implementación de estos experimentos.

Gráfico 1.1. Evaluaciones de impacto completadas, por año de finalización

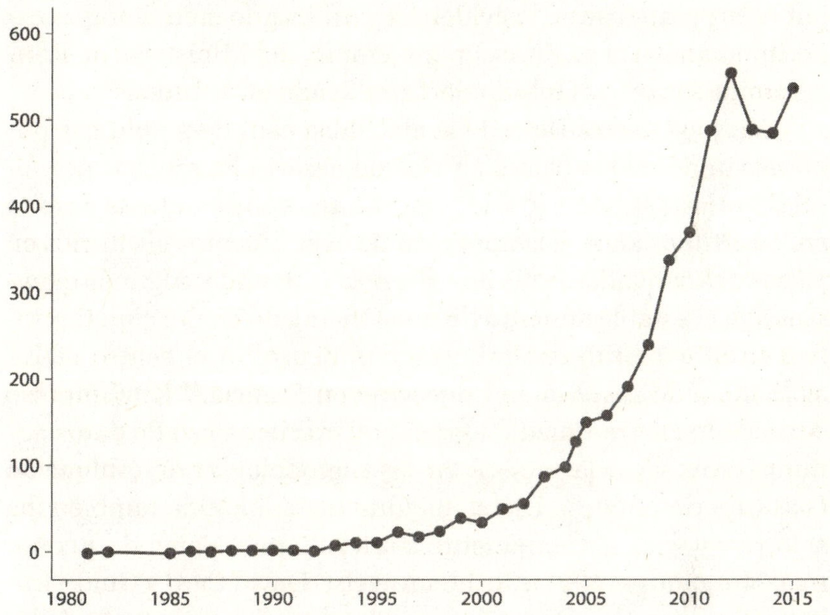

Fuente: Elaboración propia a partir de datos del Development Evidence Portal, portal mantenido por la International Initiative for Impact Evaluation (3ie).

Pero el impulso hacia la evaluación causal no sólo provino de la comunidad científica, sino que también fue fundamental la labor de organismos internacionales como el Banco Mundial o el Banco Interamericano de Desarrollo en la institucionalización de la evaluación del impacto. Por ejemplo, el Banco Mundial promovió el establecimiento de fondos específicos para el desarrollo de evaluaciones, como el DIME (Development Impact Evaluation) o el SIEF (por sus siglas en inglés de Fondo de Evaluación Estratégica del Impacto). Un dato poco conocido es que España aportó la principal financiación para el establecimiento de este fondo (inicialmente llamado Fondo Español para la Evaluación de Impacto), que dejó un importante legado fomentando la evaluación de impacto más allá de nuestras fronteras. Además de aportar financiación, estas organizaciones utilizaron su influencia para institucionalizar prácticas de políticas basadas en la evidencia en las administraciones públicas de muchos países. Actualmente, numerosos países en vías de desarrollo han establecido acuerdos para comprometerse a diseñar sus políticas públicas basándose en la evidencia y utilizando metodologías experimentales. Tal es el caso, por ejemplo, del Ministerio de Educación de Perú[91] o el estado de Tamil Nadu en la India.[92]

Aunque la revolución de la evidencia causal en políticas públicas surgió de los países en vías de desarrollo, muchas economías avanzadas han logrado importantes avances en este ámbito en los últimos años, y la adopción de experimentos aleatorios en países desarrollados está cada vez más extendida. Algunos ejemplos son el establecimiento de una Oficina de Evaluación Científica en el gobierno federal estadounidense[93] o el centro IDEE asociado al Ministerio de Educación en Francia.[94] Este impulso se ha dado en gran medida gracias al creciente uso de datos administrativos y a la mejora en las metodologías de evaluación cuasiexperimentales. Dicha mejora metodológica también ha sido reconocida recientemente con el Premio Nobel de Economía, otorgado en 2021 a Joshua Angrist, David Card y Guido Imbens. Facilitar el acceso a datos administrativos por parte de las

91. J-PAL, «Un laboratorio de innovación gubernamental para mejorar la educación», 2020, <https://www.povertyactionlab.org/es/expansiones/un-laboratorio-de-innovacion-gubernamental-para-mejorar-la-educacion?lang=es>.

92. J-PAL, «Institutionalizing a culture of evidence-informed policymaking in Tamil Nadu», 2022, <https://www.povertyactionlab.org/case-study/institutionalizing-culture-evidence-informed-policymaking-tamil-nadu>.

93. J-PAL, «Federal Office to bolster evidence-based policymaking», 2021, <https://www.povertyactionlab.org/case-study/federal-office-bolster-evidence-based-policymaking>.

94. Para más información, véase: <https://www.povertyactionlab.org/idee>.

administraciones públicas es otro de los pilares fundamentales para promover el diseño de políticas públicas basadas en la evidencia. No obstante, dado que el capítulo 2 en este mismo libro aborda este tema en detalle, no nos centraremos en ello ahora.

A nivel de la Unión Europea, las instituciones han sido un catalizador para la mejora y promoción del diseño de políticas públicas basadas en la evidencia. Durante décadas, la Comisión Europea ha colocado la evidencia científica en el centro de sus procesos de formulación de políticas. Ya en 2002, la Comisión Europea lanzó la iniciativa Better Regulation ('mejora regulatoria'), que establecía un marco general para la elaboración de buenas políticas a escala de la Unión Europea. Este programa se fue expandiendo a través de comunicaciones y directrices periódicas, configurando una «caja de herramientas» para que los Estados miembros pudieran mejorar su regulación.[95] Más recientemente, la Comisión Europea ha formalizado su apoyo a las políticas basadas en evidencia,[96] también mediante los requisitos para acceder a los fondos Next Generation EU. Para recibir estas ayudas, los Estados miembros deben presentar planes de recuperación y resiliencia, que, en algunos casos, como el de España, incluyen como hito clave el fortalecimiento de la evaluación de las políticas públicas. Con este objetivo, en diciembre de 2022 se aprobó en nuestro país la Ley 27/2022, de institucionalización de la evaluación de políticas públicas en la Administración General del Estado.[97] En las siguientes secciones de este capítulo se explorará el potencial y los desafíos que implica este cambio legislativo en nuestro país.

95. European Commission, *Better regulation…, op. cit.*

96. European Commission, «Staff Working Document — Supporting and connecting policymaking in the Member States with scientific research», Bélgica, 25 de octubre de 2022, <https://knowledge4policy.ec.europa.eu/file/staff-working-document-supporting-connecting-policymaking-member-states-scientific-research_en>.

97. Ley 27/2022, de 20 de diciembre, de institucionalización de la evaluación de políticas públicas en la Administración General del Estado, BOE, 305, de 21 de diciembre de 2022, pp. 178598-178619.

La cultura de la evidencia en España

En nuestro país, la cultura de la evidencia ha sido históricamente limitada en comparación con las otras naciones de nuestro entorno. No ha habido mandatos para evaluar las políticas públicas ni requerimientos para recopilar indicadores que permitan medir su impacto. Un informe reciente de la OCDE[98] examina estas prácticas en diferentes países, y observa, para el caso de España, que, aunque se utilizan metodologías cuantitativas, su uso no está generalizado.[99] Resulta llamativa la ausencia de la metodología de experimentos aleatorios, si bien hay que señalar que esto está cambiando en los últimos años, como veremos más adelante. Por otro lado, mientras que en otros países se exige una revisión de la literatura científica en el diseño de políticas, en España esto no ocurre (de hecho, según este informe, es uno de los pocos países que no lo hacen).

El impulso de las políticas basadas en la evidencia científica en España ha evolucionado en diferentes oleadas. Durante la década de 2010, la Gran Recesión generó un ambiente propicio para que los investigadores sociales analizaran las políticas públicas del país. Iniciativas como los blogs de *Nada es Gratis* o *Politikon* contribuyeron a fomentar una cultura de evaluación y evidencia en la esfera pública. Además, el establecimiento de *think tanks* como Fedea y EsadeEcPol ha estrechado el vínculo entre la investigación en ciencias sociales y el estudio de políticas públicas, contribuyendo así a fortalecer la cultura de la evidencia en España.

Sin embargo, quizá las iniciativas de mayor calado son las que provienen de las propias administraciones públicas. En este sentido, la creación de la Autoridad Independiente de Responsabilidad Fiscal (AIReF) en 2014 marca un antes y un después en el análisis de las políticas públicas en España. A diferencia de la

98. OCDE, «Improving governance with policy evaluation: Lessons from country experiences», *OECD Public Governance Reviews*, OECD Publishing, 2020, <https://doi.org/10.1787/89b1577d-en>.

99. Véase tabla 3.4 de dicho informe.

extinta Agencia Estatal de Investigación, la AIReF fue diseñada para ser independiente, con un presupuesto estable y un sólido mandato de velar por la estabilidad financiera del país. El éxito de la AIReF se basa en dos elementos clave. En primer lugar, la incorporación de un consejo asesor, que incluye a científicos sociales de reconocido prestigio internacional, con un mandato claro y vías para tener en consideración sus recomendaciones. En segundo lugar, el mandato legal que otorga a la AIReF acceso a los datos necesarios para llevar a cabo sus investigaciones. A pesar de esto, la obtención de datos no siempre ha sido fácil para este organismo, que incluso ha tenido que recurrir a la vía judicial en alguna ocasión.[100]

La contribución más destacada de la AIReF hasta la fecha ha sido la publicación de los *Spending reviews*. Estos informes, encargados por el gobierno en el marco del Programa de Estabilidad de 2017-2020, tienen como objetivo analizar el gasto público en diferentes partidas. Las primeras dos fases de los *Spending reviews* han examinado políticas como la concesión de subvenciones, el gasto en medicamentos, el programa de políticas activas de empleo y las becas de educación universitaria en España, entre otras. Aunque no todos los informes incluían una evaluación de impacto causal del máximo rigor científico, sí proporcionan un análisis detallado del gasto y de la implementación de las políticas públicas, por lo que constituyen una pieza clave en la mejora de dichas políticas. Además, en 2021 la AIReF creó una División de Evaluación del Gasto Público con la finalidad de reforzar el análisis cuantitativo del impacto del gasto público de diferentes administraciones públicas.

Tal como decíamos al comienzo de esta sección, un ámbito en el que nuestro país ha avanzado en los últimos años es el del empleo de ensayos controlados aleatorios (*randomized controlled trials*). Esta metodología es considerada la forma más rigu-

100. Viñas Coll, Jaume, «La Autoridad Fiscal denuncia a Montoro ante la Audiencia Nacional», *El País*, *CincoDías*, 12 de noviembre de 2015, <https://cincodias.elpais.com/cincodias/2015/11/12/economia/1447320671_880096.html>.

rosa de medir el efecto causal de un programa de intervención pública. Se define como un tipo de evaluación *ex ante*, ya que requiere un diseño detallado previo a la implementación de la medida. Además, exige una participación directa y continuada del equipo investigador en todas las fases del proyecto para garantizar que la metodología y el uso de datos se llevan a cabo en consonancia con las técnicas más avanzadas. Un reciente informe de la Fundación COTEC[101] resume los principales avances en el uso de esta metodología en nuestro país. Por ejemplo, destaca un estudio realizado por EsadeEcPol, liderado por Lucas Gortazar, Claudia Hupkau y Toni Roldán, que evaluó un programa de tutorías en línea para jóvenes en entornos desfavorecidos. Dicho estudio consistió en una evaluación con metodología de experimento controlado aleatorio en un ensayo que contaba con la participación de unos cuatrocientos jóvenes, cuyos resultados mostraron que las tutorías reducían significativamente el abandono escolar y aumentaban la intención de matricularse en Bachillerato.

Más recientemente, España ha impulsado notablemente el uso de esta metodología desde la Administración pública, con la asignación en 2021, por parte del Ministerio de Inclusión, Seguridad Social y Migraciones, de 300 millones de euros de los fondos europeos Next Generation EU para desarrollar y evaluar itinerarios de inclusión social complementarios al ingreso mínimo vital (IMV). Un aspecto clave es que la ley que regula el IMV ya estipulaba que estas evaluaciones deben llevarse a cabo empleando experimentos aleatorios. Además, un hito clave para justificar la concesión de estos fondos europeos consiste en presentar a la Comisión Europea, durante el primer trimestre de 2024, dieciocho evaluaciones o buenas prácticas en materia de inclusión. Este requisito refleja el compromiso del gobierno y la Comisión con el uso de métodos rigurosos para la evaluación de políticas públicas.

101. COTEC, *La experimentación en las políticas públicas: estado del arte y elementos para su impulso en España*, COTEC/Red2Red, Madrid, 2022, <https://cotec.es/proyecto/experimentacion-en-las-politicas-publicas/5185b23c-6913-f3cd-29f9-e8c5b278a4db>.

En el marco de este programa, se han financiado treinta y cuatro evaluaciones experimentales de proyectos innovadores implementados por comunidades autónomas, ayuntamientos o entidades del tercer sector. Estos programas abarcan una amplia variedad de medidas, desde proyectos de inserción laboral hasta ayudas para la conciliación de familias monoparentales. Personalmente, he tenido el privilegio de coordinar, junto con Samuel Bentolila (CEMFI), a un equipo de dieciocho investigadores de primer nivel internacional que han apoyado al ministerio en el diseño y la evaluación de dichos proyectos.[102] Además, hemos establecido puentes para que J-PAL también brinde su respaldo al programa.

Esta iniciativa representa una nueva forma de hacer políticas públicas en España. En primer lugar, se parte de la premisa de que no se sabe de antemano qué medidas serán efectivas; por lo tanto, se propone evaluarlas y compararlas para determinar cuáles son las más prometedoras. En segundo lugar, se emplea la metodología más rigurosa para la evaluación de estos programas: los experimentos controlados aleatorios. En tercer lugar, se establece una estrecha colaboración entre las administraciones públicas y los investigadores, generando un enfoque pionero a la hora de introducir en la administración políticas basadas en conocimientos científicos. Esta iniciativa también es innovadora en el contexto europeo e internacional debido a su alcance, al enfoque en la metodología más rigurosa y a la coordinación entre diferentes administraciones y la comunidad científica. Los pro-

102. El equipo investigador está formado por Miguel Almunia (CUNEF), Manuel F. Bagues (Universidad de Warwick), Samuel Bentolila (CEMFI), Antonio Cabrales Goitia (Universidad Carlos III), Guillermo Caruana (CEMFI), Yanina Domenella (CEMFI), Yarine Fawaz (CEMFI), Ana García-Hernández (J-PAL), Verónica González Stuva (ESADE), María Hernández-de-Benito (Universidad de Alicante), Laura Hospido (Banco de España), Lajos Kossuth (CEMFI), Warn N. Lekfuangfu (Universidad Carlos III), Mónica Martínez-Bravo (CEMFI), Teresa Molina Millán (Universidad de Alicante), Pedro Rey-Biel (ESADE), Carlos Sanz (Banco de España) y Tom Zohar (CEMFI). Caterina Calsamiglia (ICREA-IPEG) también colabora en dos itinerarios dando apoyo científico a la contraparte.

gramas se encuentran actualmente en fase de ejecución, y se espera obtener resultados a lo largo del año 2024.

El futuro de la evaluación de las políticas públicas en España

A pesar de los progresos en la evaluación de políticas públicas en nuestro país en los últimos años, seguimos estando rezagados respecto a los países vecinos. España se halla en una encrucijada: por un lado, hay una mayor comprensión de la necesidad de evaluar las políticas públicas de manera rigurosa, tanto desde las administraciones como desde la opinión pública y desde las instituciones europeas, pero por otro lado, existe el riesgo de que estos avances se vean limitados por la falta de calidad en las evaluaciones o la ausencia de mecanismos para implementar las recomendaciones resultantes.

La aprobación, en diciembre de 2022, de la Ley 27/2022, de institucionalización de la evaluación de políticas públicas en la Administración General del Estado[103] podría ser un catalizador para transitar hacia una mejor evaluación. Dicha ley asigna una partida presupuestaria específica para la evaluación de todas las políticas y exige la elaboración de informes y métricas de evaluación. Sin embargo, no establece medidas suficientes para garantizar que estas evaluaciones se realicen utilizando las metodologías más rigurosas de evaluación causal, que se involucre a investigadores de prestigio y que sus resultados sean utilizados en el diseño de futuras políticas públicas. En consecuencia, existe el riesgo de que la nueva ley genere una carga burocrática adicional para las administraciones públicas sin un impacto significativo en la mejora de las políticas públicas.

En la siguiente sección analizaremos los principales desafíos en la elaboración de políticas públicas basadas en evidencia, así

103. Ley 27/2022, de 20 de diciembre, de institucionalización de la evaluación de políticas públicas en la Administración General del Estado, BOE, 305, de 21 de diciembre de 2022, pp. 178598-178619.

como algunas propuestas para superar estos obstáculos y mejorar la efectividad de nuestras políticas.

¿Cuáles son las barreras al diseño de políticas públicas basadas en la evidencia?

El proceso de elaboración de políticas basadas en la evidencia enfrenta múltiples obstáculos que dificultan la implementación efectiva de soluciones sustentadas en los datos. Entre las principales barreras se encuentran la insuficiencia de conocimientos técnicos y de las habilidades analíticas por parte de los responsables que toman las decisiones, lo que complica la comprensión y la interpretación de los estudios y datos relevantes. A esto se le suma el hecho de que no todos los estudios científicos son concluyentes, de manera que incluso diferentes investigaciones pueden llegar a resultados contradictorios, pero el personal de las administraciones a menudo carece del tiempo o los conocimientos para discernir entre distintos estudios a partir de su calidad o para integrar la información existente en la literatura. Otro obstáculo importante es la dificultad para acceder a los datos administrativos, tanto por parte de las propias administraciones públicas como, en particular, por parte de la comunidad científica. Esto es sin duda un factor importante que desincentiva la evaluación de las políticas públicas, que se analiza en mayor profundidad en el capítulo 2 de este mismo libro.

Asimismo, la polarización política y los intereses partidistas pueden prevalecer sobre la evidencia objetiva, lo que conduce a la adopción de políticas basadas en ideologías en lugar de la evidencia empírica. A esto hay que añadir que las presiones temporales y la demanda de soluciones rápidas pueden conducir a que los que deben tomar decisiones opten por enfoques más tradicionales o intuitivos, en lugar de invertir tiempo y recursos en la investigación rigurosa y el análisis de datos necesarios para una política fundamentada en evidencia sólida.

Por último, está la cuestión de cómo fomentar el uso de evidencia científica en la toma de decisiones, proceso que está siendo investigado, a su vez, en disciplinas como la economía y la ciencia política. Un influyente estudio de Hjort *et al.* (2021) examinó cómo los resultados de investigaciones pueden influir en las decisiones de políticas públicas.[104] El estudio se llevó a cabo en 2.150 municipios brasileños con el objetivo de medir la demanda y la respuesta de los alcaldes ante información basada en investigaciones. En este experimento se descubrió que los alcaldes están dispuestos a pagar por conocer los resultados de estudios de evaluación y que actualizan sus creencias a partir de los hallazgos. Además, se encontró que proporcionar información a los alcaldes sobre investigaciones de una política simple y efectiva, como el envío de cartas recordatorias a los contribuyentes, aumenta la probabilidad de implementar dicha política un 10 por ciento. Aunque el estudio no aclara si el formato de la información es importante, ni en qué nivel de la administración o qué tipo de tomadores de decisiones reaccionarían en mayor medida a esta información, sí demuestra que ofrecer evidencia empírica rigurosa a los representantes políticos puede facilitar la adopción de políticas innovadoras.

¿Qué podemos hacer al respecto?

El diseño de políticas públicas basadas en la evidencia científica adquiere cada vez más relevancia en el contexto actual. La humanidad enfrenta desafíos significativos, como el cambio climático, la revolución que implica la inteligencia artificial y las transformaciones demográficas, entre otros. Abordar estos retos demanda una regulación más efectiva y, posiblemente, una intervención más directa del Estado en la economía. Pero sólo podremos encontrar soluciones satisfactorias y sostenibles a estos grandes retos que nos plantea el siglo XXI si las intervenciones se fundamentan en las mejores evidencias disponibles.

104. Hjort, J., *et al.*, «How research affects policy: Experimental evidence from 2,150 Brazilian municipalities», *American Economic Review*, 111, 5 (2021), pp. 1442-1480, <https://doi.org/10.1257/aer.20190830>.

Lograr avances significativos en la promoción del diseño de políticas basadas en la evidencia requerirá esfuerzos y compromisos conjuntos de diversos sectores de nuestra sociedad. Además de cambios legislativos e institucionales como los que podrían derivarse de la implementación de la recién aprobada Ley de evaluación, será necesario un cambio cultural y una mayor cooperación entre la comunidad científica y las administraciones públicas, así como un mayor apoyo de la sociedad civil.

Las administraciones públicas y los representantes políticos tienen un papel clave en la promoción de políticas basadas en la evidencia. En este sentido, sería recomendable impulsar los siguientes cambios:

- Garantizar la independencia y los recursos de la futura Agencia de Evaluación de Políticas Públicas: la agencia debe permanecer libre de influencias políticas, y contar con un presupuesto adecuado y con personal técnico altamente capacitado.
- Establecer una colaboración eficaz y provechosa con la comunidad científica (tanto en la futura agencia como en el resto de la administración): solicitar la contribución de investigadores e investigadoras sólo cuando exista una disposición genuina para considerar sus opiniones e informes, no para utilizarlos con la mera intención de dar una apariencia de rigor.
- Propiciar oportunidades para establecer relaciones de confianza con científicos y científicas de reconocido prestigio: la comunidad científica puede compensar en cierta medida las carencias de personal técnico y de tiempo que puedan tener las administraciones públicas. Se debe fomentar la colaboración en proyectos y publicaciones científicas de alto impacto. Una manera de propiciar este tipo de relaciones y búsqueda de proyectos conjuntos es la organización de encuentros (*match-making conferences*) para que representantes de la administración y de la comunidad científica se conozcan, compartan ideas y exploren potenciales vías de colaboración.

- Promover el diálogo con diversos actores sobre qué políticas se pueden evaluar y cuál es la metodología adecuada, e identificar los principales tipos de evidencia necesarios para orientar distintas decisiones de políticas públicas. Buscar una buena planificación de la toma de estas decisiones, de manera que sean compatibles con los tiempos de reflexión y análisis.
- Respetar la credibilidad de las aportaciones científicas, incluso cuando los resultados no sean los esperados. Aunque ningún estudio es infalible, cuestionar aportaciones científicas por razones ideológicas, en lugar de metodológicas, socava la confianza de los ciudadanos en la ciencia y en las administraciones públicas. Lo mismo ocurre cuando se mantienen en privado informes de evaluación cuyos resultados no coinciden con las expectativas de la administración que los solicita.
- Facilitar el acceso a los datos administrativos a otras administraciones y a la comunidad científica. Aunque las administraciones públicas custodian los datos, su propiedad corresponde a la sociedad en su conjunto. Por lo tanto, debe ser posible habilitar vías de acceso para que estos datos se utilicen en beneficio de la sociedad, tal y como se detalla en el capítulo 2.

Además, la comunidad científica también ejerce un rol fundamental en el impulso del uso de la evidencia en la toma de decisiones y en el diseño de las políticas públicas. Por ello, proponemos las siguientes acciones y cambios culturales y de actitud:

- Invertir en la divulgación y la accesibilidad de la información científica: es esencial comunicar hallazgos de manera clara y accesible, adaptar el lenguaje técnico y presentar los datos de forma comprensible. Los metaanálisis, que sintetizan información de diferentes estudios, resultan especialmente útiles para ofrecer una visión integrada y sólida de la evidencia disponible.
- Incentivar que los investigadores e investigadoras dediquen parte de su tiempo a actividades de transferencia de

conocimiento a la sociedad: del mismo modo en que los organismos de evaluación de la producción científica valoran las actividades de transferencia al sector privado (por ejemplo, considerando el número de patentes), en las ciencias sociales se debería reconocer la transferencia del conocimiento al diseño de políticas públicas como actividades de transferencia relevantes.
- Identificar ventanas de oportunidad para influir en políticas públicas: la comunidad científica debe estar atenta a momentos de debate y toma de decisiones políticas, aprovechando oportunidades para presentar evidencia relevante. Establecer relaciones de confianza con personas clave en la Administración pública es fundamental para facilitar la incorporación de la evidencia en el proceso.
- Mostrar comprensión hacia los tiempos, las necesidades y la cultura profesional de los representantes políticos y la Administración pública: los científicos y científicas debemos ser flexibles, adaptándonos a las necesidades y contextos de los responsables políticos, ofreciendo información y apoyo de manera oportuna y adaptada a sus requerimientos.

Finalmente, la sociedad civil representa otra pieza clave en la promoción del uso de la evidencia en el diseño de políticas públicas. Así, los ciudadanos deberían:

- Del mismo modo que las administraciones públicas, confiar en los resultados de las investigaciones científicas, incluso cuando éstos no concuerden con su visión del mundo.
- Solicitar a los representantes políticos que diseñen políticas basadas en evidencia científica.

Sólo garantizando la confianza de los ciudadanos en la ciencia y en la evidencia empírica lograremos construir una sociedad en la que la ciudadanía exija que las políticas públicas se diseñen acorde con la mejor evidencia disponible.

2

Una administración moderna basada en los datos

Pedro Rey,[105] Miguel Almunia[106] y Teresa Raigada

La recolección y procesamiento de datos son actividades esenciales que los Estados deben realizar para cumplir muchas de sus funciones básicas: no es casualidad que el término *estadística* provenga originalmente del latín *statisticum*, 'relacionado con el Estado'. Los enormes avances en las tecnologías de la información y la comunicación, que permiten el almacenamiento de una cantidad cada vez mayor de datos a un coste cada vez más bajo, han llevado a los gobiernos de muchos países a mantener grandes registros administrativos sobre tributación, salud, educación y programas sociales, entre otros. Al mismo tiempo, la mejora de nuestra capacidad de procesamiento y análisis de datos supone una oportunidad única para expandir el conocimiento utilizando estos registros. La posibilidad de realizar evaluaciones de las políticas públicas y diseñar nuevas políticas basadas en la evidencia existente depende crucialmente de la disponibilidad, la calidad y el aprovechamiento de estos datos.[107]

105. Profesor titular del Departamento de Economía, Finanzas y Contabilidad en Esade, Universidad Ramón Llull.

106. Profesor titular y director del Departamento de Economía en CUNEF Universidad.

107. En el capítulo 1, Mónica Martínez-Bravo analiza el nivel de adopción

Modernizar la gestión de los datos para mejorar la calidad de nuestras políticas

Nuestra administración se enfrenta a dos retos interconectados: mejorar su capacidad de recolectar y procesar datos, y expandir la capacidad de analizarlos. Los eventos recientes muestran claramente que nuestro país se está quedando rezagado en estas dos dimensiones, por lo que es urgente identificar los problemas y proponer soluciones, como haremos a lo largo de este capítulo.

La capacidad de las administraciones públicas de recopilar y procesar datos administrativos de manera eficiente tiene un efecto directo sobre su capacidad de gestionar las políticas públicas. Así, la gestión de la pandemia de COVID-19 puso de manifiesto algunas limitaciones en la gestión de los datos por parte de nuestras instituciones: fuimos incapaces de frenar la expansión del virus en sucesivas ocasiones debido a que los sistemas de detección y rastreo no estuvieron a la altura.[108] En buena parte, este fracaso se produjo por problemas de coordinación entre distintos niveles de la administración y porque el sentido de propiedad sobre los datos generados por cada administración y los intentos de su uso con fines políticos impidieron aprovechar su valor como un bien común.[109]

Pero los problemas en la gestión de los datos en España se extienden más allá del ámbito sanitario. Por ejemplo, la implementación del ingreso mínimo vital estuvo lastrada por la lentitud mostrada por la administración para procesar el aluvión de

---

de políticas basadas en evidencia en España, las principales barreras que limitan su uso y ofrece recomendaciones para avanzar en la implementación de estas prácticas.

108. Llaneras, K., «Los problemas de usar datos del siglo pasado para una pandemia del siglo XXI», *El País*, 20 de junio de 2020, <https://elpais.com/especiales/coronavirus-covid-19/los-problemas-de-usar-datos-del-siglo-pasado-para-una-pandemia-del-siglo-xxi/>.

109. Almunia, M.; y Rey, P., «Por un cambio de cultura en la gestión de los datos en España: Una propuesta de reforma», EsadeEcPol, Policy Insight n.º 17, 9 de octubre de 2020, <https://www.esade.edu/ecpol/es/publicaciones/esadeecpol-insight-datos/>.

solicitudes que recibieron durante los primeros meses. Estos retrasos podrían haberse atenuado con un intercambio de información más ágil entre las distintas administraciones, lo cual habría facilitado el proceso de solicitud para los ciudadanos al reducir la cantidad de datos que tenían que aportar. Con el paso de los meses, los intercambios de información entre la Seguridad Social y la Agencia Estatal de Administración Tributaria (AEAT) sí se fueron automatizando, lo que en efecto redujo notablemente el tiempo medio de procesamiento de solicitudes.[110]

Por lo que respecta a la capacidad de analizar los datos que posee, la administración no puede, ni debe, tener el monopolio de este análisis. No puede, en primer lugar, porque no es su función principal. La prioridad de la administración es gestionar las políticas públicas y, aunque esto implica hacer uso de los datos de los que dispone, no requiere en la mayoría de los casos realizar un análisis profundo de éstos, que sí podrán hacer otras entidades interesadas. En segundo lugar, porque los recursos públicos disponibles para este fin son reducidos. Además, no es deseable porque podrían surgir conflictos de interés al hacerlo. En este sentido, la creación de una entidad independiente como la Autoridad Independiente de Responsabilidad Fiscal (AIReF), que por su experiencia y su mandato sí está interesada y capacitada para llevar a cabo este tipo de análisis en profundidad, ha significado un importante paso hacia delante.

Otro agente que quiere, y puede, desarrollar investigaciones de esta naturaleza es la comunidad científica. Facilitarle el acceso a registros administrativos se traduciría en un enorme incremento de nuestra capacidad para analizarlos, lo que expandiría nuestro conocimiento sobre la efectividad de las políticas públicas, aumentaría la transparencia de la actuación de las administraciones y, por lo tanto, profundizaría la calidad de nuestra democracia.[111] Los incentivos están efectivamente ali-

110. Autoridad Independiente de Responsabilidad Fiscal, «Primera opinión sobre el Ingreso Mínimo Vital», opinión 1/22, 2022, <https://www.airef.es/wp-content/uploads/2022/08/IMV/OPINION-AIREF-IMV.pdf>.

111. Arellano, M., *El acceso a los microdatos administrativos públicos: la*

neados: la administración se beneficiaría porque su capacidad de analizar los datos es limitada, mientras que la comunidad investigadora tendría la oportunidad de explotar esta ingente fuente de información para realizar investigación puntera. Los nuevos conocimientos obtenidos se podrían utilizar para diseñar políticas públicas basadas en la evidencia y permitiría diseñar medidas políticas bajo criterios que permitieran su evaluación, algo que desafortunadamente, como vimos en el capítulo anterior, es poco habitual en nuestro país.[112] Esto fomentaría la colaboración activa, y no sólo la pasiva, entre investigadores y administraciones, al estilo del Behavioral Insights Team[113] o las agencias del tipo What Works[114] ('Qué funciona') del Reino Unido. Por supuesto, es muy importante que este acceso a los datos se realice de forma controlada, estableciendo límites para asegurar que el estudio en cuestión es riguroso y no interesado. Además, dado que muchos de estos datos contienen información sensible sobre los ciudadanos, es esencial proteger su confidencialidad y su integridad mediante protocolos que garanticen que el acceso sea seguro desde este punto de vista, como han hecho otros países.

Afortunadamente, muchos de estos pasos (como la mejora de la disponibilidad de datos públicos o la apertura a la colaboración científica para el desarrollo de intervenciones que permitan basar las políticas en la evidencia) están alineados, crean sinergias y pueden marcar un verdadero cambio en la forma de tomar decisiones políticas en nuestro país.

---

nueva frontera de la investigación económica y social [diapositivas de PowerPoint], XVIII Aula de Verano Ortega y Gasset, Universidad Internacional Menéndez Pelayo (UIMP), 20 de agosto de 2018, <https://www.cemfi.es/~arellano/arellano-presentacion-uimp-2018.pdf>.

112. Escrivá, J. L., «La cultura del análisis de datos», *El País*, 12 de julio de 2018, <https://elpais.com/elpais/2018/07/12/opinion/1531387051_341065.html>.

113. Para más información sobre el Behavioral Insights Team: <https://www.bi.team/>.

114. Para más información sobre la red What Works del Reino Unido: <https://www.gov.uk/guidance/what-works-network>.

El acceso a datos administrativos en España

Los datos administrativos son aquellos generados, recolectados y custodiados por las diferentes instituciones públicas durante el desarrollo de sus funciones. Algunos ejemplos de datos administrativos son los registros de nacimiento y defunción, los censos, los registros tributarios y de propiedad, o las estadísticas de empleo, entre otros. Aunque su propósito principal no es servir como base para análisis estadísticos, este tipo de datos presentan varias ventajas para la evaluación de las políticas públicas respecto a los datos provenientes de otras fuentes como las encuestas. En primer lugar, al cubrir a toda la población, se consigue un tamaño muestral mucho mayor, corrigiendo posibles sesgos de selección que a menudo afectan a las encuestas. Además, los datos administrativos tienen una tasa de no respuesta mucho menor, lo cual permite disponer de bases longitudinales que permiten seguir a los individuos a lo largo del tiempo, y con un desgaste (*attrition*) menor.[115] También presentan menos errores de medición, aunque nunca se acaban de eliminar por completo. Por último, los registros administrativos se pueden cruzar con otras fuentes de datos utilizando identificadores individuales o de hogar. Esto es esencial para poder realizar análisis más profundos sobre causalidad y evaluación de políticas públicas.

Afortunadamente, aunque el acceso a datos administrativos para investigación en España es limitado en comparación con otros países europeos, como, por ejemplo, los países escandinavos, no partimos de cero. De entrada, el marco legal existente ya prevé eliminar trabas administrativas a la coordinación y crear un entorno de transparencia. Así, el artículo 149 de la Constitución española establece que el Estado tiene competencia exclusiva sobre la estadística para fines estatales,[116] lo que ya debería

115. El término *desgaste*, o *attrition*, alude a la disminución en el número de participantes de una muestra inicial a medida que se llevan a cabo sucesivas rondas de encuestas. Esta reducción de las observaciones iniciales puede generar un sesgo en los resultados si tiene carácter selectivo.

116. Artículo 149.1.31 de la Constitución española, 6 de diciembre de 1978.

garantizar la cooperación entre administraciones. Además, la Ley 19/2013, de transparencia, acceso a la información pública y buen gobierno,[117] y la Ley 37/2007, sobre reutilización de la información del sector público,[118] apuntan también en la dirección correcta.[119] Sin embargo, los resultados de la aplicación de estas leyes son hasta ahora poco alentadores. En un país como el nuestro, con un alto grado de descentralización y con tantos niveles de administración, la falta de coordinación y colaboración entre los diferentes niveles —a menudo con distintas inclinaciones políticas— provoca reticencias en el intercambio de información, a las que se suma la preocupación por las comparaciones con otras administraciones. La falta de recursos —y algunas veces de interés— también dificulta la gestión adecuada de los registros, y el desconocimiento de la legislación vigente en materia de protección de datos genera inseguridad y temor a sanciones, limitando aún más la disposición a compartir información.

Hasta hace poco, en España sólo existían tres fuentes básicas de datos administrativos a nivel nacional a las que los investigadores podían acceder: la Muestra Continua de Vidas Laborales (MCVL), el Panel de Empresas-Trabajadores (PET) y el Panel de Declarantes del IRPF (al que da continuidad, desde hace unos meses, el nuevo Panel de Hogares). Más allá de estas fuentes, existían casos aislados de investigadores que lograban obtener acceso a otros datos administrativos no disponibles de forma general, la mayor parte de las veces gracias a contactos personales y a eternas gestiones, no siempre regidas con criterios objetivos sobre el interés público de las investigaciones propuestas. Sin embargo, no existen protocolos generalizados que regulen la co-

117. Ley 19/2013, de 9 de diciembre, de transparencia, acceso a la información pública y buen gobierno, BOE, 295, de 10 de diciembre de 2013.

118. Ley 37/2007, de 19 de noviembre, sobre reutilización de la información del sector público, BOE, 276, de 17 de noviembre de 2007, pp. 47160-47165.

119. Para más detalles sobre el marco regulatorio, véase: Rivera, R.; y Garrido, P., «Lecciones del covid-19: España necesita una ley de datos», *Hay Derecho* [blog], 25 septiembre de 2020, <https://www.hayderecho.com/2020/09/25/lecciones-del-covid-19-espana-necesita-una-ley-de-datos/>.

laboración y la cesión de registros entre las administraciones y la comunidad científica.

Aunque se han utilizado frecuentemente con fines académicos, estas tres bases de datos comparten el problema de que sólo recogen un porcentaje de la población total (menor al 5 por ciento), cuando muchas preguntas de investigación únicamente se pueden abordar con datos poblacionales porque las muestras no son siempre representativas de grupos muy específicos. Por ejemplo, un estudio[120] trató de replicar para España el análisis de movilidad intergeneracional realizado por Chetty *et al.* (2014) para Estados Unidos,[121] pero las limitaciones de los datos disponibles hicieron que no fuera directamente comparable.[122] Esta limitación también afecta a estudios sobre la desigualdad de la renta y la riqueza, en los que es crucial tener información detallada sobre las personas que están dentro del top del 1 por ciento de la distribución. Otra desventaja de estas tres bases de datos es que, en la actualidad, no se pueden cruzar con otros registros administrativos. Resulta cuando menos paradójico que los investigadores españoles puedan acceder al universo de historiales laborales de Alemania a través de las salas seguras establecidas por el FDZ alemán en la Universidad Carlos III de Madrid y el Banco de España, pero no tengan acceso a los datos equivalentes de la Seguridad Social española.

En los últimos años se han producido varios avances en la buena dirección que merecen un reconocimiento. El Ministerio de Inclusión, Seguridad Social y Migraciones ha abierto salas seguras en distintas ciudades para que los investigadores puedan trabajar con la totalidad de sus datos administrativos.[123] Recien-

120. Llaneras, K.; Medina, O.; y Costas, E., *Atlas de Oportunidades*, Fundación Felipe González-Fundación COTEC, 2020, <https://atlasoportunidades.fundacionfelipegonzalez.cotec.es/>.

121. Chetty, R., *et al.*, «Where is the land of opportunity? The geography of intergenerational mobility in the United States», *The Quarterly Journal of Economics*, 129, 4 (2014), pp. 1553-1623, <https://doi.org/10.1093/qje/qju022>.

122. Polavieja, J. G., «Grandes datos, grandes sesgos, grandes errores: sobre el Atlas de Oportunidades», *Revista Internacional de Sociología*, 78, 3 (2020), e166, <https://doi.org/10.3989/ris.2020.78.3.20.003>.

123. Secretaría de Estado de la Seguridad Social y Pensiones, «¿Conoces

temente se ha habilitado también el acceso de manera remota, lo que permite que investigadores ubicados en lugares lejanos a estas salas seguras puedan obtener los datos de manera más fácil y conveniente.[124] Por otro lado, el Banco de España lanzó en 2019 su iniciativa BELab para dar acceso a investigadores externos a varias de sus bases de datos.[125] A través de este laboratorio de datos se puede acceder a la Central de Balances, que compila la documentación aportada anualmente por las empresas no financieras al Registro Mercantil, y también a la Central de Información de Riesgos (CIR), que contiene información detallada sobre todos los préstamos a personas jurídicas en España, entre otras bases de datos. Por su parte, el INE proporciona acceso a través de su página web a microdatos de las encuestas que realiza. Estas encuestas tienen información valiosa, pero tienen las desventajas ya mencionadas anteriormente con respecto a los datos administrativos. Los únicos microdatos administrativos que se ofrecen en la página del INE son los de nacimientos y defunciones. Estos últimos son útiles con fines descriptivos, pero, al no poder cruzarse con ninguna otra fuente de datos, no permiten realizar un análisis más profundo de las relaciones existentes entre distintas variables.

A nivel de las comunidades autónomas también hay algunas iniciativas aisladas, pero prometedoras, como el DataResSS (Data for Research in Social Sciences), un consorcio de la Barcelona School of Economics y el Instituto de Estadística de Cataluña (IDESCAT).[126] El objetivo de este organismo es poner los datos

---

las salas de investigación de la Seguridad Social?», *La Revista de la Seguridad Social*, 14 de abril de 2022, <https://revista.seg-social.es/-/%C2%BFconoces-las-salas-de-investigaci%C3%B3n-de-la-seguridad-social->.

124. Secretaría de Estado de la Seguridad Social y Pensiones, «La GISS entrega su primer equipo bastionado para el acceso a datos de la Seguridad Social en remoto», *La Revista de la Seguridad Social*, 9 de diciembre de 2022, <https://revista.seg-social.es/-/20221209-entrega-equipo-bastionado>.

125. Banco de España, «¿Qué es BELab?», <https://www.bde.es/bde/es/areas/analisis-economi/otros/que-es-belab/>.

126. Para más información sobre el DataResSS, véase: <https://bse.eu/research/awards-and-projects/dataresss>.

administrativos de Cataluña que posee IDESCAT a disposición de investigadores de vanguardia, tanto españoles como extranjeros. El DataResSS cuenta con un comité académico, que evalúa las propuestas de investigación en función de su calidad académica, contribución al diseño de políticas públicas, cuestiones éticas relacionadas con la confidencialidad, y su factibilidad y extensión temporal esperada. Uno de los aspectos más positivos del diseño de DataResSS es que fomenta la cooperación entre universidades de máximo nivel con el Instituto de Estadística de Cataluña.

Finalmente, quizá el paso reciente más esperanzador ha sido la elaboración del Plan España Digital 2025, hoja de ruta para la transformación digital de España alineada con las políticas digitales marcadas por la Comisión Europea, que estableció como objetivo fundamental el de transitar hacia una economía basada en el dato. En su punto 9 preveía la creación de la Oficina del Dato y su dirección, la figura del *Chief Data Officer* (CDO), en el seno de la Administración General del Estado.[127] Esta Oficina del Dato, dependiente de la Secretaría de Estado de Digitalización e Inteligencia Artificial, «nace con la misión de dinamizar la gestión, compartición y el uso de los datos a lo largo de los diferentes sectores productivos de la economía y sociedad española».[128] Desde su creación, representantes de la Oficina del Dato afirman que han estado trabajando en un grupo de trabajo interministerial en la elaboración de un borrador de estrategia del dato en la Administración General del Estado (AGE).[129] La Oficina del Dato tam-

127. Gobierno de España, «Plan España Digital 2025», Agenda 2030, 2020, <https://www.lamoncloa.gob.es/presidente/actividades/Documents/2020/230720-Espa%C3%B1aDigital_2025.pdf>.

128. Vicepresidencia Primera del gobierno, Ministerio de Asuntos Económicos y Transformación Digital, «Oficina del Dato», <https://portal.mineco.gob.es/es-es/digitalizacionIA/oficina-del-dato/Paginas/oficina-del-dato-se-digitalizacion-ia.aspx>.

129. Gonzalo, M., «Sin presupuesto propio, pero con un proyecto "estratégico": Alberto Palomo, tras un año al frente de la Oficina del Dato», *Newtral*, 27 de enero de 2023, <https://www.newtral.es/alberto-palomo-oficina-dato-entrevista/20230127/>.

bién ha impulsado el desarrollo de Gaia-X España (parte de la iniciativa europea Gaia-X), que está constituida por organizaciones públicas y privadas, y que tiene por objetivo «la creación de una infraestructura de datos abierta y segura, cumpliendo con los más altos estándares de soberanía digital, al tiempo que promueve la innovación».[130]

Aunque la creación de la Oficina del Dato supone un importante paso para desarrollar una estrategia de datos global en nuestro país, actualmente la entidad cuenta con un equipo muy limitado de tan sólo seis personas y no dispone de presupuesto propio (aunque inicialmente se le había asignado un presupuesto de 3 millones de euros que no ha ejecutado).[131] Es fundamental, por tanto, que se produzca un compromiso expreso para dotar de recursos, tanto tecnológicos como humanos, a esta iniciativa, de forma que no se quede en una intención, sino que llegue a hacerse realmente efectiva. Pero esta asignación de recursos probablemente caería en saco roto si no se aborda en primer lugar y de manera integral la cuestión de la gobernanza de los datos. Esto implica otorgar competencias y potestad, ya sea a la Oficina del Dato o a otra agencia específica (existente o de nueva creación), para coordinar las diferentes instituciones y niveles de administración territorial.

Propuestas para modernizar la gestión de la información administrativa en España

Como hemos defendido a lo largo de este capítulo, las administraciones públicas españolas necesitan urgentemente la modernización de sus sistemas de recopilación y procesamiento de datos. La experiencia de países de nuestro entorno muestra que es posible ofrecer un mejor acceso a los datos administrativos de forma segura que el que se ofrece actualmente en España. Pero

130. Para más información sobre Gaia-X España, véase: <https://www.gaiax.es/>.

131. Gonzalo, *op. cit.*

para ello hace falta un acuerdo entre las diferentes administraciones públicas —y de éstas con la comunidad científica— para colaborar en un esfuerzo colectivo.

La inversión necesaria para implementar estas reformas es sustancial, pero el retorno a largo plazo es potencialmente muy alto por las enormes posibilidades que ofrece. Del mismo modo que las empresas más productivas utilizan indicadores detallados de la actividad en cada una de sus fábricas y tiendas para aumentar su productividad,[132] la administración puede explotar su enorme riqueza de datos para incrementar la eficiencia en la gestión de las políticas públicas. La disponibilidad de fondos del Plan de Recuperación, Transformación y Resiliencia español asignados específicamente a reformas para mejorar la eficiencia de las administraciones públicas a través de la digitalización supone una oportunidad que no podemos dejar pasar. A continuación presentamos nuestra propuesta sobre cómo creemos que se debe abordar el doble reto de mejorar la capacidad de la administración de recolectar y procesar datos, y expandir la capacidad de analizarlos.

Modernizar la gestión de los datos en las administraciones públicas

La coordinación interadministrativa y la inversión en capital humano son cruciales para modernizar los sistemas de datos públicos. En primer lugar, es necesario reforzar los mecanismos de coordinación entre distintos niveles de la administración y también entre distintos organismos dentro del mismo nivel. Para ello, la revisión de los sistemas de datos se debe incorporar de manera transversal a la coordinación entre administraciones en temas diversos, como educación, sanidad, justicia, vivienda, medioambiente, etcétera. Posiblemente se avanzará más rápido en unos

132. Bloom, N.; y Van Reenen, J., «Why do management practices differ across firms and countries?», *Journal of Economic Perspectives*, 24, 1 (2010), pp. 203-224, <https://doi.org/10.1257/jep.24.1.203>.

ámbitos que en otros, lo cual no es necesariamente malo. Esto permitirá que se exploren mecanismos y soluciones en algunas áreas donde los acuerdos son sencillos, que luego se pueden trasladar a otras donde los fallos de coordinación sean mayores. Para llevar a cabo esta modernización, será necesario también invertir de forma ambiciosa en capital humano. No es suficiente con adquirir sistemas modernos de manejo de datos. Es crucial permitir la contratación pública ágil de trabajadores con la cualificación necesaria —informáticos, ingenieros de sistemas, expertos en ciencia de datos—, que sean capaces de construir y gestionar esta nueva infraestructura en los diferentes organismos públicos.

Es además muy importante que esta iniciativa se mantenga al margen de la disputa política por competencias entre administraciones, y que no se identifique con una tendencia política concreta. Se trata de un proyecto de país del que todos nos beneficiaremos. Uno de los retos a los que se enfrenta este esfuerzo colectivo es la descentralización de buena parte de los servicios públicos. No son necesarios cambios legislativos para obligar a las administraciones autonómicas a ceder sus datos al gobierno central, y no sería deseable afrontar este reto como un problema legal, ya que la imposición probablemente no solucionaría el problema y conduciría a una disputa política sobre competencias. Sería mucho más productivo resaltar los beneficios mutuos que tendría la coordinación de estas tareas en términos de mejorar la calidad en la implementación de políticas públicas. En lugar de obligar a las comunidades autónomas a integrarse en un nuevo sistema para compartir los datos, podrían utilizarse las conferencias sectoriales para desarrollar mecanismos comunes. El Observatorio del Sistema Nacional de Salud puede suponer un ejemplo, aunque con algunos problemas, de lo que sería deseable.

Expandir nuestra capacidad de analizar políticas públicas

Nuestras propuestas sobre cómo poner en marcha un sistema de acceso a datos administrativos para la comunidad científica se centran en cuatro aspectos clave: ¿qué institución o instituciones deben cumplir el papel de custodio de los datos y de tercero seguro?, ¿cuáles deberían ser los criterios de acceso a los datos?, ¿cómo se debería realizar el acceso a éstos?, y ¿cómo se garantizará la confidencialidad de los datos?

La primera de estas cuestiones —quién cumple el papel de custodio de los datos— podría responderse inspirándonos en el modelo nórdico (Dinamarca, Finlandia, Noruega y Suecia), con un instituto de estadística que centralice el acceso a todos los registros administrativos, ya que nuestro INE ya dispone de un respaldo legal para recopilar y custodiar registros administrativos. Sin embargo, es importante ser conscientes de que el INE ya tiene asignadas una gran cantidad de funciones, como son la elaboración de la Contabilidad Nacional, el Censo de Población y numerosas encuestas. Por lo tanto, si se quiere asignar esta nueva tarea al INE, será indispensable dotarlo de los recursos humanos y técnicos suficientes para llevarla a cabo. Una alternativa viable sería seguir el modelo establecido en países como Portugal, que han creado un consorcio de varias instituciones públicas y algunas entidades de investigación. En el caso de España, este tipo de consorcio podría incluir al propio INE, la Agencia Tributaria, la Seguridad Social, el Banco de España y la AIReF. Sería también deseable que las comunidades autónomas pudieran formar parte del consorcio, quizá a través de sus propios institutos de estadística.

Para que el sistema funcione correctamente, es importante que, al contrario de lo que sucede actualmente, los criterios de acceso a los datos sean uniformes y transparentes, que la evaluación de éstos sea rápida y efectiva, y que existan rigurosas reglas de uso. Cualquier investigador que desee acceder a los datos debería presentar una solicitud explicando el objeto de su estudio y especificando los registros a los que necesitaría acceder. Estas solicitudes deberán ser evaluadas por un comité científico en función de sus méritos académicos. Además, deberá ser evaluada por un comité de representantes de las administraciones públicas para evaluar la utilidad del estudio para el sector público y la viabilidad de ofrecer los datos requeridos en un formato apto para la investigación. Es importante que estas evaluaciones sean ágiles, ya que muchos de estos estudios sólo son útiles —al permitir realmente mejorar y evaluar políticas— si se pueden llevar a cabo en el momento preciso. Si estas evaluaciones tienen un resultado positivo, el investigador deberá firmar un contrato comprometiéndose a cumplir las reglas de uso y, especialmente, proteger la confidencialidad de los datos. Este contrato debe incluir la posibilidad de imponer sanciones al investigador si se incumplen las normas, con un objetivo disuasorio. Hay que tener en cuenta que cualquier tipo de infracción por parte de un investigador tendría también un efecto reputacional enorme, y el resto de la comunidad científica podría ver en riesgo el acceso a los datos por la irresponsabilidad de una sola persona.

Respecto a la forma de acceso a los datos, el objetivo a medio plazo debe ser que exista la posibilidad de acceso remoto, superando las limitaciones que presentan los centros seguros presenciales y eliminando la desigualdad territorial en el acceso a la información. No obstante, para instituciones que ceden sus datos por primera vez, puede ser conveniente desarrollar primero una infraestructura de centros seguros, en los que se maximice el control de la actividad de los investigadores, que deben acudir presencialmente. Sin embargo, una vez que están en marcha y funcionando, se suele producir un aumento de la demanda de datos que en poco tiempo supera su capacidad. Además, los centros seguros presenciales generan desigualdad territorial, pues el acceso es mucho más sencillo para los investigadores que residen en la misma ciudad (habitualmente la capital del país) que para los que están en otros lugares, incluyendo el extranjero. Con las tecnologías existentes, es posible ofrecer acceso remoto y tener un control sobre la actividad de los investigadores, tal y como demuestra la reciente iniciativa llevada a cabo por la Seguridad Social, que ofrece equipos que permiten el acceso en remoto a sus datos y microdatos en las mismas condiciones que si se accediera en una de sus salas de investigación.[133]

133. Secretaría de Estado de la Seguridad Social y Pensiones, «La GISS entrega su primer equipo bastionado...», *op. cit.*

El aspecto de la confidencialidad de los datos, que en muchas ocasiones se cita como una barrera insalvable, ya se ha solventado en la mayoría de los países de nuestro entorno. No existe ninguna diferencia radical entre el sistema legal español y el de otros países europeos que impida el uso de datos administrativos con fines de investigación. Si los datos están correctamente anonimizados y existe un control sobre el uso que se hace de ellos, en ningún momento se produce una quiebra de la confidencialidad. Tanto la Ley 19/2013, de transparencia, acceso a la información pública y buen gobierno, como la Ley 37/2007, sobre reutilización de la información del sector público, son explícitas en este punto. La Directiva (UE) 2019/1024[134] se aplica por igual a todos los países miembros de la Unión Europea e indica claramente que cualquier documento conservado por organismos públicos sea puesto a disposición general del público, por lo que, con las debidas precauciones, el impulso legislativo desde Europa hacia la accesibilidad de los datos es tajante.

El cambio de cultura necesario para que nuestra muy fragmentada administración comparta y coordine sus datos supone un reto importante. Sin embargo, existen cada vez más casos aislados de éxito en nuestro país, e incluso iniciativas conjuntas de varias instituciones, sobre el potencial que abre el acceso público a los datos administrativos. Estos casos muestran que en España ni partimos de cero ni es inviable conseguirlo.

134. Directiva (UE) 2019/1024 del Parlamento Europeo y del Consejo, de 20 de junio de 2019, relativa a los datos abiertos y la reutilización de la información del sector público (versión refundida).

Parte II

Una arquitectura institucional para el crecimiento basado en el conocimiento

3

Mejorar la educación evitando la confrontación

Lucas Gortazar y Antonio Cabrales[135]

> Los partidos políticos dicen siempre que sí a la conveniencia de un pacto educativo y evitan quedarse fuera de los procesos de debate que alcanzan o arrancan ya con cierta entidad, pero siempre hay alguno que termina por encontrar algún obstáculo insuperable que legitima el abandono. La realidad es que la comunidad educativa o la sociedad civil, en la que habitan las asociaciones de defensa de intereses (y, lo que no siempre es mejor, de valores), que reprochan a los políticos no ponerse de acuerdo, suele ser menos conciliadora y más sectaria que éstos.
>
> MARIANO F. ENGUITA,
> *Del pacto quimérico a compromisos razonables*,
> 2019

Prioridad en las listas, a la cola en realidad

La educación sigue siendo la prioridad número uno de la lista de *lo que queda por hacer*. Décadas de programas reformistas,

135. Catedrático de Economía en la Universidad Carlos III de Madrid (UC3M).

detallados manifiestos o sesudos análisis no la han sacado del primer puesto del ranking. Hay dos motivos: primero, todos otorgan a la educación un potencial enorme para cambiar las cosas, una panacea o solución a todos los males; y segundo, aunque las propuestas, que suelen apoyarse en las recomendaciones de organismos internacionales, generan casi siempre un amplio consenso tanto en el diagnóstico como en lo que hay que hacer, este consenso tiende a romperse antes de llegar a ser traducido en políticas públicas.

Y así es, la historia reciente de la educación en España en las últimas dos décadas se explica por algunos avances que han pasado desapercibidos, pero, sobre todo, por estrepitosos fracasos políticos, incapaces de situar la educación en el centro de las políticas de Estado. Quizá por el volumen de críticas que la educación recibe tanto desde dentro como desde fuera del sector, podría decirse que en España ésta goza hoy de una salud aceptable pero menguante, con nuevos síntomas preocupantes, un prestigio en entredicho y, sobre todo, un futuro incierto.

Conflicto escolar en auge (y algunas buenas noticias)

La discusión política que obstaculiza las reformas educativas en España se ha intensificado debido al *shock* que ha supuesto la pandemia y también por los cambios que se están produciendo a nivel demográfico. Estos dos factores dificultan la agenda reformista educativa en España y explican por qué hoy los principales actores no políticos del sector de la educación en nuestro país —los sindicatos docentes y las patronales de la escuela concertada— se encuentran en posturas menos conciliadoras que las que ocupaban hace unos años.

La desafección del profesorado en España ha aumentado en los últimos tiempos debido a varios motivos que no se pueden ignorar. Es importante recordar que la inversión en educación, en términos nominales, no recuperó los niveles de 2009 hasta doce años después, en 2021, y en 2023 aún no se han recuperado los niveles de inversión en términos reales (es decir, ajustados por inflación). En consecuencia, el poder adquisitivo de los docentes ha disminuido. Además, mientras el número de alumnos crecía en la última década, el número de docentes no lo hizo a la misma velocidad, generando un incremento del 11 por ciento en la ratio alumnos-profesor entre 2009 y 2014. Aunque esta cifra ha descendido ligeramente después, la relación aún no ha alcanzado los niveles previos a la Gran Recesión.[136]

Por otra parte, la tasa de temporalidad en la escuela pública se ha disparado, llegando a niveles del 30 por ciento de interinidad.[137] Esto ha supuesto un reto enorme para el funcionamiento de los centros públicos, especialmente para aquellos que atienden al alumnado más vulnerable, en los que las tasas de interinidad y rotación son más altas. A estos motivos se suma que la nueva reforma educativa ha añadido nuevas obligaciones burocráticas (que ya venían creciendo) y profesionales a los docentes en cuanto a currículum y evaluación, y, aunque no disponemos de datos al respecto, la evidencia anecdótica indica un aumento de la sobrecarga de trabajo. Finalmente, la pandemia ha tenido un efecto negativo para una parte de la profesión, a tenor de lo que muestran los datos disponibles: un claro aumento del estrés y agotamiento (síndrome de *burnout*), como muestran Aperribai *et al.*[138]

136. Ministerio de Educación y Formación Profesional (MEFP), Sistema estatal de indicadores de la educación, Ministerio de Educación y Formación Profesional, Madrid, 2022, <https://www.educacionyfp.gob.es/dam/jcr:afaf513f-0cec-4e99-a05a-e2b222d0493f/seie-2022.pdf>.

137. Véanse los siguientes enlaces: <https://fe.ccoo.es/3d736ca26dfc13ef2ec76d7827d97760000063.pdf>, <https://elpais.com/educacion/2022-09-09/la-escuela-publica-necesita-convocar-mas-de-174000-plazas-de-profesores-para-cumplir-los-objetivos-de-reduccion-de-la-temporalidad.html#:~:text=La%20interinidad%20en%20el%20sector,8%25%20hasta%20enero%20de%202025> y <https://www.eldiario.es/sociedad/sistema-educativo-tres-profesores-temporal-cambiar-empresa-ano_1_9829081.html>.

138. Aperribai, L., *et al.*, «Teacher's physical activity and mental health during lockdown due to the COVID-2019 pandemic», Frontiers in Psychology, 11 (2020), 577886.

Quizá todo lo anterior pueda explicar, al menos en parte, el aumento del corporativismo docente tras la pandemia, con el imparable crecimiento de la jornada matinal en los centros públicos, tal y como muestran Ferrero, Gortazar y Martínez[139] en un informe de EsadeEcPol que tuvo un enorme recorrido en el debate público. También se puede observar esta tendencia en las recientes elecciones sindicales en muchas comunidades autónomas, en las que los sindicatos corporativistas continúan ganando terreno a los sindicatos de clase, que históricamente combinan la mejora de las condiciones laborales con los objetivos de equidad y calidad del sistema.[140] Urge, por tanto, revitalizar la profesión docente con reformas que emparejen una mayor inversión en salarios con mayores responsabilidades y desempeños a lo largo de la carrera profesional: esto es importante también a la hora de plantear cualquier otra reforma, teniendo en cuenta que su implementación dependerá casi siempre de los docentes. Y a la vez, siendo realistas, hay que reconocer que hay otros sectores del estado de bienestar que van a crecer mucho en términos de inversión (básicamente, pensiones y sanidad) por tendencias demográficas y que además tienen un peso electoral mayor que el de la educación, un sector políticamente muy expuesto.

Por su parte, la escuela concertada apoyó la legislación educativa del gobierno de José Luis Rodríguez Zapatero en 2006 en un fuerte contexto de contestación por parte de la oposición, algo que quizá muchos desconocen. Sin embargo, la red concertada ha sido la principal abanderada contra la Ley Orgánica 3/2020, de 29 de diciembre, por la que se modifica la LOE de 2006 (LOMLOE) del gobierno de Pedro Sánchez. ¿Qué ha sucedido en estos quince años? Lo paradójico es que la Ley Orgánica 2/2006, de 3 de mayo, de educación (LOE) y la LOMLOE son leyes bastante similares en su contenido, de hecho, la LOMLOE es una ley orgánica que mo-

139. Ferrero, M.; Gortazar, L.; y Martínez, Á., «Jornada escolar continua: Cómo la pandemia está acelerando un modelo social y educativo regresivo», Esade Center for Economic Policy, 2022.

140. Véase: <https://www.stes.es/resultados-elecciones-sindicales-ensenanza-publica-2022/>.

difica la anterior. Este cambio de actitud tampoco se explica por una cuestión ideológica, ni por el contexto económico de ambos momentos. El principal motivo es que, en 2006, el sistema educativo estaba en pleno crecimiento, lo que generaba buenas expectativas en términos de viabilidad y reparto de puestos de trabajo tanto para los centros públicos como para los concertados. En 2020, sin embargo, ya se había iniciado un *invierno demográfico* que supondrá una caída del 13 por ciento de la población de entre 3 y 15 años entre 2020 y 2030, una cifra que podría alcanzar el 20 por ciento o incluso el 30 por ciento en determinados territorios. Precisamente porque está en riesgo la supervivencia de un sector acostumbrado a crecer, los intereses de quienes entonces estaban conformes con las medidas de un gobierno progresista han cambiado. El hecho de que algunos artículos de la LOMLOE otorgaran algo más de importancia a la escuela pública que la Ley Orgánica 8/2013, de 9 de diciembre, para la mejora de la calidad educativa (LOMCE), impulsada por el Partido Popular (PP), fue la razón, pero también la excusa, para oponerse.

En todo caso, y a pesar de lo anterior, parece que algo está cambiando en la sociedad española en cuanto a la educación se refiere. La pandemia ha supuesto una revolución informativa, que ha transformado la forma de entender la educación en los hogares españoles. En un sistema educativo tradicionalmente opaco y poco transparente, esta situación llevó a los padres y las madres a conocer de primera mano, a través de la pantalla y en situaciones improvisadas y complejas, lo que sus hijos hacen en la escuela y la labor de los docentes, lo que ha supuesto una toma de conciencia colectiva para todos.

Además, algunas comunidades autónomas han avanzado de forma silenciosa y consensuada en la toma de decisiones ambiciosas en materia educativa. Comunidades como Aragón, Canarias o Cantabria han lanzado procesos de acuerdos políticos en el seno de sus consejos escolares, mientras que en el País Vasco se alcanzó un acuerdo político en su Parlamento para mejorar la equidad, reducir la segregación escolar y modernizar el sistema, suscrito por el 90 por ciento de sus parlamentarios. Existe una demanda latente de reformas educativas profundas que puede que se esté activando tras la pandemia. La clave, por tanto, radica en identificar dónde está, cuáles son las razones que la impulsan y qué es aquello que podría estar frenándola.

Entonces, ¿mejora o empeora la educación?

La realidad es que hemos mejorado en algunos indicadores muy importantes, pese a no haber llevado a cabo políticas verdaderamente transformadoras. La mejor noticia tiene que ver con el acceso a la educación. En los últimos años, hemos seguido la senda positiva de reducción del abandono escolar temprano: de un 17,3 por ciento en 2019, se ha bajado a una tasa del 13,9 por ciento en 2022, aunque, eso sí, experimentando un ligero repunte en comparación con el 13,3 por ciento registrado en 2021. Aunque todavía estamos por encima de la media de la Unión Europea, que se sitúa cerca del 10 por ciento, la mejora ha sido notable.

Gráfico 3.1. Abandono escolar temprano

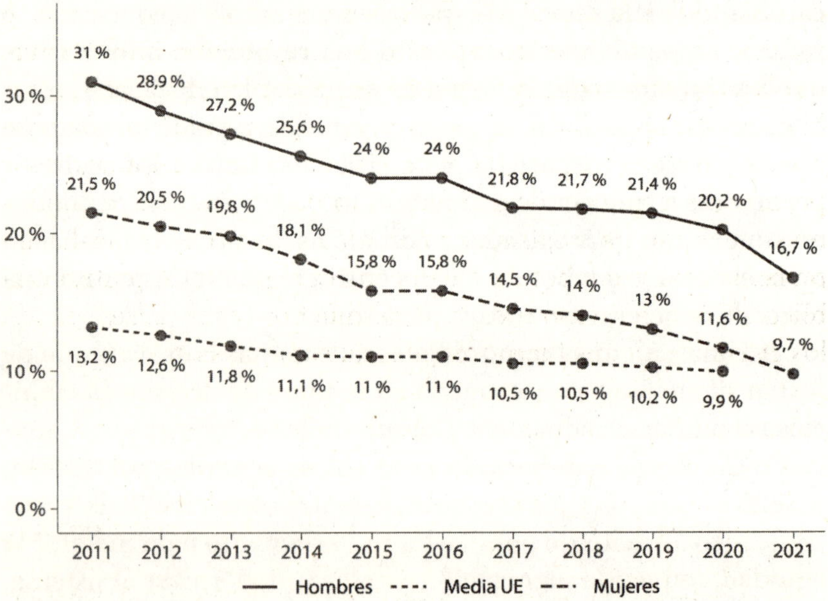

Fuente: Elaboración propia a partir de microdatos de la Encuesta de la población activa – INE y Eurostat.

También es positiva la tendencia en cuanto a la tasa de repetición de curso, cuya reducción se explica, en parte, por las medidas excepcionales tomadas durante la pandemia.[141] La repetición es uno de los retos estructurales señalados por casi todos los diagnósticos de nuestro sistema educativo. Se han tomado medidas importantes en el marco de la nueva ley educativa que permitirán acelerar la reducción de la repetición en los próximos años. En concreto, se ha pasado de un sistema de contabilización de aprobados y suspensos, una anomalía a nivel europeo, a un modelo de evaluación colegiada. Ahora la decisión ya no depende de la suma de las decisiones individuales de los docentes, sino que se trata de una decisión colectiva que pretende evitar la repetición de curso innecesaria e ineficiente. A la vez, aunque ésta sea una condición necesaria para que las cosas no empeoren, es importante garantizar que las nuevas dinámicas fruto de la no repetición de muchos alumnos sean positivas para todos los alumnos: para eso es importante incidir en la formación a docentes en términos de estrategias de gestión de la diversidad en el aula y a la vez aumentar los recursos en refuerzo individualizado de aquellos alumnos que ya no repiten.

En cuanto al aprendizaje y la calidad de la educación, seguimos prácticamente igual, aunque es probable que la pandemia haya supuesto un ligero retroceso en los resultados de aprendizaje. Los datos del País Vasco, los únicos que verdaderamente permiten evaluar de forma fiable el impacto que tuvo la pandemia en el aprendizaje, muestran un leve retroceso focalizado principalmente en matemáticas y en el alumnado de centros públicos,[142] en todo caso menor al de muchos otros países, donde los cierres escolares fueron en general superiores.[143]

141. Véase: <https://www.educacionyfp.gob.es/dam/jcr:23ffe4f5-a212-4f99-aea4-dd1baac84bd4/datos-y-cifras-2022-2023-espanol.pdf>.

142. Arenas, A., *et al.*, «Pérdida de aprendizaje tras la pandemia», Esade EcPol y Fundación COTEC, 16 de marzo de 2022.

143. Betthäuser, B. A.; Bach-Mortensen, A. M.; y Engzell, P., «A systematic review and meta-analysis of the evidence on learning during the COVID-19 pandemic», Nature Human Behaviour, 7, 3 (2023), pp. 375-385.

Lo más importante sigue en el cajón

A pesar de que se han señalado una y otra vez los principales retos a los que se enfrenta nuestro sistema educativo, en los últimos años hemos avanzado muy poco en su solución. El caso más llamativo es posiblemente el de su financiación. En España se invierte poco en educación: los principales indicadores de gasto educativo (gasto sobre el PIB, gasto educativo como proporción del gasto público o gasto por alumno) muestran niveles de inversión más bajos que la media europea. En 2016, el Congreso de los Diputados aprobó la creación de una subcomisión parlamentaria con el objetivo de llevar a cabo un Pacto Social y Político por la Educación en España. Esta iniciativa generó un gran interés en el sector y contó con la participación de ochenta ponentes, que incluía sindicatos, patronales, docentes y redes de escuelas, fundaciones e investigadores. Pero en 2018 el Partido Socialista Obrero Español (PSOE) rompió abruptamente la subcomisión alegando la falta de compromiso del gobierno de entonces, hoy en la oposición, para mejorar la financiación del sistema educativo. En concreto, el PSOE exigía un mínimo de inversión del 5 por ciento del PIB para 2025, en línea con la media de los países vecinos. Sin embargo, tras llegar al gobierno, exceptuando el período de reapertura escolar tras la pandemia, aquellas prioridades se desvanecieron. Las últimas cifras enviadas a Bruselas por parte del gobierno nos sitúan en un 4,1 por ciento de inversión respecto al PIB para 2023 y 2024, la misma cifra que en 2018 cuando se rompió el pacto educativo.[144] Y todo ello, mientras la nueva ley obligaba al gobierno a presentar en enero de 2023 un plan de aumento del gasto educativo progresivo, el cual todavía no ha visto la luz.

Esta falta de inversión es especialmente preocupante después de los efectos que la pandemia ha tenido sobre el aprendizaje y el bienestar del alumnado, ampliando aún más las brechas

144. Véase: <https://portal.mineco.gob.es/RecursosArticulo/mineco/comun/enlaces/destacados/2204029_Programa_Estabilidad_2022-2025_vf_FINAL.pdf>.

educativas, que ya eran grandes en España.[145] Varios países han puesto en marcha sistemas de refuerzo educativo y apoyo personalizado para el alumnado más vulnerable y rezagado con inversiones millonarias, un tipo de programas de apoyo con un impacto muy positivo, en comparación con otras inversiones, según demuestra la evidencia reciente. En general, la inversión educativa más eficiente es aquella que va de la mano de la equidad, es decir, la que trata de mejorar las oportunidades del alumnado con mayor desventaja socioeconómica. Sin embargo, en España, más allá de la exitosa reapertura escolar, los esfuerzos por ampliar y dirigir el gasto educativo hacia programas más eficaces han sido más bien tímidos. Los dos programas estrella de refuerzo escolar sostenidos con fondos europeos representan una cantidad diez veces menor por alumno (ajustado al PIB per cápita) en comparación con la inversión realizada en países como Estados Unidos, Reino Unido o Países Bajos.[146]

Si bien es cierto que la falta de financiación clama al cielo, especialmente teniendo en cuenta las razones que llevaron a la ruptura del pacto en 2018, la omisión más importante en el debate político es la de las políticas docentes. Los docentes son el actor clave de un sistema educativo de calidad: en la medida en que la educación como profesión logre atraer, formar y apoyar a personas con capacidades académicas, sociales y de liderazgo en la escuela, el sistema educativo puede funcionar como un avión en piloto automático. Los mejores sistemas escolares del mundo, como los de Canadá, Finlandia, Japón o Corea del Sur, reconocen la importancia de la figura del docente. En cambio, en España, las notas de corte para acceder a los estudios de magisterio son muy bajas, lo que revela el poco atractivo de la profesión y la excesiva oferta de plazas. Además, no

145. Gortazar, L., «¿Favorece el sistema educativo español la igualdad de oportunidades?», *Información Comercial Española, ICE: Revista de Economía*, 910 (2019), pp. 15-29.

146. El programa PROA+ y las Unidades de Orientación y Acompañamiento (UAO) de alumnado vulnerable suman una cantidad de 200 millones de euros al año entre 2021 y 2023.

existe un proceso de iniciación a la docencia, los docentes reciben una formación excesivamente teórica y no están preparados para lo que van a encontrarse después en las aulas.[147]

Es apabullante la cantidad de datos e investigaciones causales que existen, y continúan surgiendo, sobre la importancia de tener un buen profesor desde el punto de vista académico, social, emocional, laboral y económico. El siguiente gráfico es sólo uno de muchos ejemplos que ilustran cómo un buen docente puede tener un impacto gigantesco en el aprendizaje, el desempeño y los ingresos de los alumnos, con un efecto mucho mayor que el de una reducción del número de alumnos por clase, medida que a menudo se reclama pero que resulta muy costosa.

Gráfico 3.2. Un docente eficaz tiene un impacto enorme en los ingresos de los estudiantes a largo plazo

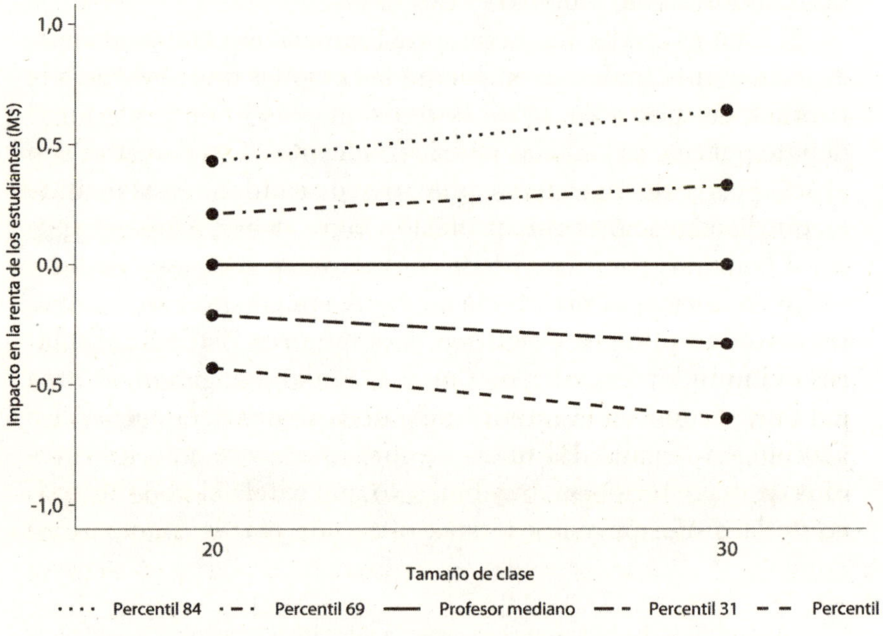

Fuente: Elaboración propia a partir de datos basados en Burguess (2019).

147. Oficina Nacional de Prospectiva y Estrategia del gobierno de España, *España 2050: Fundamentos y propuestas para una Estrategia Nacional de Largo Plazo*, Ministerio de la Presidencia, Madrid, 2021.

Sin embargo, en España hemos pasado por alto la importancia de las políticas del profesorado durante las últimas cuatro décadas. Es posible que la falta de ambición y, probablemente, la complejidad a nivel político asociada a este tipo de reformas hayan impedido que avancemos en esta cuestión. En la anterior legislatura, el gobierno del PP presentó un buen libro blanco de la profesión docente que cayó en saco roto. En enero de 2022, el Ministerio de Educación presentó una propuesta con veinticuatro puntos difusa, poco coherente y, sobre todo, muy poco ambiciosa. Pero mientras seguimos en esta parálisis reformista, los retos asociados a la profesión son cada vez mayores: hay que sustituir a toda una generación de docentes que se jubilarán en la próxima década y, además, es necesario reducir la rotación del profesorado de los centros públicos. No debemos desperdiciar esta oportunidad para modernizar los procesos de formación y selección docente, sobre todo teniendo en cuenta los nuevos recursos que genera la caída demográfica.

Otro aspecto clave que considerar es el de la evaluación del alumnado. La LOMLOE propuso un nuevo sistema de evaluación que integraba lo mejor de las dos leyes anteriores (la LOE y la LOMCE), algo que pasó totalmente desapercibido en el debate público. Esta propuesta incluía evaluaciones nacionales de tipo diagnóstico al final de Primaria y ESO, similares a las realizadas por PISA, para tomarle la temperatura al sistema educativo y a las comunidades autónomas. A la vez, planteaba evaluaciones autonómicas de tipo censal a mitad de Primaria y ESO para que las autonomías pudieran establecer programas de mejora en sus centros educativos. Ambas medidas son necesarias y se complementan bien. Por desgracia, el Ministerio de Educación no ha llevado a cabo las primeras y las comunidades autónomas apenas han activado las segundas. La puesta en marcha de estos sistemas requiere crear estructuras lentas de edificar, pero fáciles de destruir. También implica cambiar de una cultura de la opacidad, en la que el sector educativo vive cómodamente, a una cultura de la evaluación en la que fluya la información y todos los actores comprendan las consecuencias de sus acciones.

Las herramientas de evaluación del aprendizaje y el uso de datos educativos para la toma de decisiones en el sistema educativo están mejorando a gran velocidad, abriendo puertas nunca imaginadas, que algunos han sabido aprovechar, pero otros hemos hecho caso omiso y las hemos mantenido cerradas: en los últimos años, nuestros vecinos británicos, franceses, italianos o portugueses han tomado una gran ventaja con iniciativas realmente transformadoras.

Tres propuestas de mejora evitando la confrontación

La historia de las últimas décadas debería bastarnos para asumir que un gran pacto escolar es poco probable y que, incluso si la sociedad civil se moviliza, su probabilidad de éxito es muy baja. Centrar todos los esfuerzos para la mejora educativa en un planteamiento de máximos, de por sí improbable, es condenar a una mayor desafección (si cabe) de la ciudadanía hacia el sector educativo. Eso no significa que iniciativas que promuevan la transversalidad y que señalen el poco interés de partidos y de buena parte de la comunidad escolar para llegar a un pacto no sumen. Pero desde la perspectiva de las políticas públicas, resulta necesario ser realistas.

¿Qué podría aportar una nueva ley educativa? Es poco probable que el actual gobierno reforme su propia ley, pero ¿qué sucedería si hay cambio de gobierno y se siguiera con la tradición legislativa que nos ha traído hasta aquí? En tal caso, una nueva ley, probablemente aprobada por una mayoría limitada, llegaría antes de que la anterior haya ni siquiera desplegado buena parte de los cambios que promueve. Es muchas veces tentador dar el último golpe en la mesa, pero cada vez que eso ocurre, el sistema educativo se resiente, y la confianza del profesorado y de las familias en el poder de las políticas públicas se reduce.

Por lo tanto, independientemente de lo que ocurra en los próximos años, lo sensato sería evitar modificar la ley actual, que en última instancia se parece mucho a la LOE de 2006 que permitió reducir la tasa de abandono escolar temprano. En paralelo, se pueden articular políticas educativas a nivel nacional, y también autonómico, que transformen verdaderamente el sistema educativo y, sobre todo, que sean apoyadas por mayorías amplias. Si la financiación, las políticas docentes y la evaluación han sido las grandes olvidadas, podríamos empezar por ahí.

Financiación: hacia una mayor equidad y eficiencia

A pesar de que el sistema educativo español no cuenta con un gasto educativo especialmente alto, la evidencia sugiere que la ratio alumnos-profesor no difiere demasiado entre las rentas altas y bajas. Históricamente, los programas de refuerzo escolar no han sido especialmente dotados de recursos, ni los que promueven desdobles, refuerzos o tutorías en pequeños grupos, ni tampoco los que promueven la inclusión del alumnado con necesidades educativas especiales. A la vez, esos programas, tanto dentro como fuera de la escuela, representan una excelente oportunidad para analizar cuáles son los factores que más contribuyen al aprendizaje y su coste-efectividad, como ya se demostró con el programa PROA del Ministerio de Educación y su evaluación de impacto realizada por García-Pérez e Hidalgo en 2017. En la línea con las inversiones realizadas por países como Estados Unidos, Países Bajos o Reino Unido, nuestra propuesta consistiría en lo siguiente: **un plan de refuerzo ambicioso a escala nacional que genere conocimiento puntero.**

Para ello, se destinaría una inversión de 1.500 millones de euros al año por parte del Ministerio de Educación mediante un programa de cooperación territorial para financiar el refuerzo escolar en todas sus modalidades: desdobles, más tiempo en la escuela, sesiones de refuerzo por las tardes, tutorías en pequeños grupos (en modalidad en línea y presencial) o programas de refuerzo en verano. Cada comunidad autónoma formalizaría una propuesta a dos o tres años, con un plan detallado de las actividades que se deben desarrollar y una propuesta de diseño de evaluación causal para todos los programas (esto es, experimental o pseudoexperimental), tal y como se han hecho para los programas de los itinerarios de inclusión promovidos por el Ministerio de Inclusión, Seguridad Social y Migraciones en el componente 23 del Plan de Recuperación, Transformación y Resiliencia.

Acceso a la docencia: para prestigiar la profesión, hay que hacerla atractiva

Hay que atreverse de una vez por todas con la cuestión de la selección docente, porque no hacerlo implica renunciar a cambiar lo más importante del sistema educativo de los próximos treinta años, que es quiénes van a ser sus futuros docentes. Y, aunque hay un amplio consenso político sobre la necesidad de reforzar la selección docente, esto es sólo una condición necesaria, pero no suficiente, para que ocurra. También es necesario enviar una señal clara al cuerpo docente actual, con compromisos claros para poner en marcha una carrera profesional docente, en la actualidad plana, que acompañe los desempeños positivos y la asunción de responsabilidades estratégicas para el sector, con mejoras de condiciones laborales del profesorado (tanto en horas lectivas como en salario). Además, deben reducirse de manera drástica la temporalidad e interinidad docente en el sector público. No es necesario reformar la ley educativa para implementar políticas docentes de calidad, bastaría con modificar decretos. Sin embargo, es fundamental llevarlas a cabo teniendo en cuenta los incentivos de cada actor y sentando en la misma mesa a ministerios, comunidades autónomas, facultades de educación y sindicatos. En concreto, planteamos tres medidas que tendrían un enorme impacto al afectar a la nueva generación de decenas de miles de docentes que entrarán en la profesión en los próximos cinco años:

Reformar el acceso a la profesión docente. En primer lugar, hay que reducir el número de plazas del grado de Magisterio para Primaria y los másteres de formación del profesorado en Secundaria: muchos decanos de facultades de Educación están comenzando a priorizar la calidad sobre la cantidad. Además, habría que introducir una prueba selectiva basada en conocimientos y competencias para ambos itinerarios (Primaria y Secundaria), tal y como han hecho los gobiernos autonómicos de Cataluña e Islas Baleares para Primaria con éxito. Esta prueba cuenta con el respaldo de la Conferencia de Decanos de Educación, y podría mejorarse incorporando instrumentos de medición altamente sofisticados que permiten mejorar la capacidad predictiva del desempeño del docente en el futuro, como ya se está haciendo en muchos países. De la misma forma, se podría considerar reformar el sistema de acceso a la función pública, reduciendo el peso excesivo de los temarios pero manteniendo, o incluso aumentando, la exigencia en competencias como lectoescritura, matemáticas, expresión oral y escrita, y pensamiento crítico, e incorporando pruebas que sean capaces de identificar habilidades sociales y emocionales, así como vocacionales y de liderazgo de los futuros docentes.

Poner en marcha un proceso de iniciación a la docencia (conocido como MIR docente). Formulado en los programas del PSOE y el PP hace ya diez y dieciséis años, y venerado en la subcomisión de 2016-2018 en el Congreso, pareciera que esta propuesta ha desaparecido de las prioridades de la agenda educativa. Aunque el Ministerio de Educación lo mencionaba en la propuesta de 2022 como una de sus prioridades, lo hacía con poca concreción y ambición. Es imperativo retomar esta propuesta para hacer más atractiva la profesión y más eficiente la llegada de los docentes al aula. De acuerdo con las estimaciones realizadas, financiarla podría suponer entre 500 y 700 millones de euros al año para cubrir la remuneración de los docentes residentes y el tiempo de tutorización de los docentes que los acompañan. Esta propuesta tiene varias formulaciones,[148] todas ellas mucho más

148. Marina, J. A.; Pellicer, Q, C.; y Manso, J., *Libro blanco de la profesión docente y su entorno escolar*, Ministerio de Educación, Cultura y Deporte, Madrid, 2015. Véase también: Cabrales, A.; y Roldan, A., «Dos acuerdos educativos para la legislatura: una propuesta transversal», Esade Center for Economic

ambiciosas que la que el Ministerio de Educación y FP puso encima de la mesa en 2022.

Llevar a cabo un plan piloto de incentivos en la carrera docente. Ya sea a nivel central (con un Plan de Cooperación Territorial por parte del Ministerio) o bien con iniciativas autonómicas, se está ampliando el consenso para ligar mejoras en productividad o responsabilidad con mayor retribución[149] y, para el caso de la profesión, con mayores consecuencias. Por ello, es necesario: i) poner en marcha un sistema de evaluación del desempeño docente, que incorpore información de sus pares, equipos directivos e incluso otras fuentes de información; ii) apostar por una mayor asignación de docentes experimentados y de alto desempeño a centros educativos con alumnado en mayor desventaja social, vía complementos de destino más altos, algo que la evidencia reciente muestra como una política eficaz. Para ello es necesario aumentar el presupuesto para remunerar mejor a estos docentes (tanto salarialmente como reduciendo su número de horas lectivas), acompañado de escalas salariales y profesionales, de tal manera que éstas no dependan sólo de la antigüedad u otros factores.

Gobernanza de datos del sistema educativo: no podemos quedarnos atrás

Existe consenso político sobre la enorme necesidad de mejorar los flujos de información del sistema educativo, y además para ello se cuenta con impulso financiero por parte de la Unión Europea. Actualmente, nuestro sistema educativo permanece a oscuras en muchas de sus dimensiones. Salvo contadas excepciones, como el País Vasco, apenas hay acceso a datos que permitan

---

Policy, 2020; y Manso, J.; y Moya, J., coords., *Profesión y profesionalidad docente: una acción educativa comprometida con el desarrollo humano*, Asociación Nacional de Editores de Libros y material de Enseñanza, Madrid, 2019.

149. Véase: <https://www.elconfidencial.com/economia/2023-02-06/ccoo-negociacion-colectiva-vincular-salarios-productividad_3570322/>.

a las escuelas saber cómo lo están haciendo en comparación con otras escuelas semejantes. Las familias no tienen información objetiva sobre los niveles de aprendizaje de sus hijos en comparación con los de su centro. No se trata de promover una cultura de rankings (no confundir con transparencia) que nos lleve a una competitividad absurda y desbocada. Se trata de proporcionar a los actores la información que necesitan para mejorar. La investigación muestra que el mero acceso a información por parte de escuelas, equipos directivos y docentes sobre su propio desempeño como escuela, así como para las familias sobre el desempeño de sus hijos, tiene un enorme potencial. Se plantean las siguientes medidas:

Desplegar un sistema de evaluaciones ágil, periódico y centrado en los usuarios. La LOMLOE mandata la coexistencia de evaluaciones censales a nivel autonómico de mitad de etapa, orientadas a la mejora de los centros, y evaluaciones muestrales a nivel nacional al final de etapa, similar a lo que hace PISA para Primaria y ESO. Pero hasta hoy no se han puesto en marcha ninguna de las dos. También sería necesario desplegar sistemas de evaluación descentralizados y adaptativos para la utilización diaria de los centros haciendo uso de las infinitas posibilidades que ofrecen los nuevos desarrollos tecnológicos, entre los que hay que destacar el potencial de la inteligencia artificial.

Poner en marcha el «número identificativo de alumno» mandatado por la LOMLOE. Este identificador, de acuerdo con la ley, debería «facilitar el intercambio de la información relevante, el seguimiento de las trayectorias educativas individualizadas, incluyendo las medidas educativas que en su caso se hubieran podido aplicar».

Poner en funcionamiento un portal de datos educativos, con una base de datos de alumnos y centros, ya sea desde el ámbito nacional o autonómico, al servicio de las escuelas, las familias y los investigadores, al estilo del INVALSI de Italia, y aprender de las mejores prácticas autonómicas que ya se realizan en el País Vasco, Cataluña o Canarias.

4

Cómo incrementar la movilidad social fomentando el acceso a la educación superior: FP, becas y financiación universitaria

José Montalbán[150] y Rosa Sanchis-Guarner[151]

En los próximos años, España se enfrenta a grandes desafíos educativos, algunos de carácter global y otros específicos del contexto de nuestro país. El caso español se caracteriza por una alta tasa de abandono escolar, la falta de titulados intermedios, un desempleo juvenil muy elevado, especialmente entre jóvenes con bajo nivel educativo, e importantes desajustes entre la oferta y la demanda de cualificaciones. El sistema educativo debe dar respuesta a estos retos adaptándose a las nuevas necesidades y demandas del sistema productivo, atajando los problemas que generan un acceso desigual a las oportunidades y aumentando la eficiencia del sistema.

Aunque el crecimiento del porcentaje que representa el gasto en educación terciaria en España ha crecido más rápido que la media de la OCDE desde 2015, la educación superior (incluyendo Formación Profesional superior) en España tiene una baja dotación de fondos públicos (un 1,3 por ciento del PIB, mientras

150. Profesor del Instituto de Investigación Social (SOFI) de la Universidad de Estocolmo.

151. Profesora del Departamento de Economía en la Universitat de Barcelona e investigadora afiliada en el Institut d'Economia de Barcelona.

que la media de la OCDE es del 1,5 por ciento en 2019).[152] Desde el punto de vista de la equidad del sistema, existen diferencias notables en los niveles de acceso y graduación universitaria entre estudiantes de diferentes grupos socioeconómicos. Éstos se deben tanto a las barreras financieras que encuentran en el acceso como al menor rendimiento académico general, asociado a factores como la mayor incidencia del fracaso escolar temprano o las notas medias más bajas.[153] En cuanto a la eficiencia del sistema, el rendimiento de sus organismos universitarios (y estudiantes) es francamente mejorable. El 20 por ciento de los estudiantes abandonan los estudios universitarios tras el primer curso, y el 50 por ciento requieren dos o más años adicionales para finalizar sus estudios universitarios.[154] A esto se une la escasez de incentivos para una investigación de excelencia en los organismos universitarios, el opaco sistema de selección de personal, los bajos salarios en términos relativos, la alta carga burocrática y la rigidez de sus procedimientos administrativos.

Para seguir avanzando en movilidad social en España, hace falta incrementar el acceso a la educación superior, pero con una mayor equidad y eficiencia en las políticas de Formación Profesional (FP) y universidades. Existen varias políticas deseables y sostenibles para incrementar la movilidad social y la eficiencia del sistema de educación superior utilizando tres instrumentos clave del sistema educativo: la FP, las becas y ayudas universitarias y los préstamos contingentes a la renta. A lo largo de este capítulo, abordaremos cada uno de estos instrumentos y presen-

152. Véase tabla C.2.1 del informe OCDE, «Education at a Glance 2022. OECD Indicators», OECD Publishing, Francia, 2022.

153. Baum, S.; Ma, J.; y Payea, K., «Education pays, 2013: The benefits of higher education for individuals and society», Trends in Higher Education Series, College Board, Estados Unidos, 2013; Bowen, W. G., *et al.*, *Equity and excellence in American higher education*, University of Virginia Press, Estados Unidos, 2006.

154. Lassibille, G.; y Gómez, M. L. N., «How long does it take to earn a higher education degree in Spain?», *Research in Higher Education*, 52, 1 (2011), pp. 63-80; véanse también los datos del Ministerio de Educación y Formación Profesional.

taremos un diagnóstico de la situación y varias propuestas para mejorar el sistema.

Formación Profesional: FP Dual, orientación y reducir el abandono

Una de las herramientas de las que dispone el sistema educativo español es la mejora de la Formación Profesional. La FP es una opción educativa que brinda habilidades técnicas y prácticas en áreas específicas a través de tres categorías: FP Educativa, Dual y para el Empleo. La FP Educativa ofrece ciclos formativos de grado medio y superior en instituciones públicas y privadas, mientras que la FP Dual combina formación teórica y práctica en el lugar de trabajo, con estudiantes que asisten parcialmente a la escuela, pero también trabajan en una empresa.[155]

La FP ha avanzado mucho en los últimos años, con la ventaja de que cuenta con un enorme consenso entre los diferentes partidos políticos. En el curso 2020-2021 había casi 985.000 estudiantes matriculados, con un incremento de casi un 25 por ciento desde el curso 2016-2017, lo que representa un tercio de la educación posobligatoria, aún por debajo de la media de la EU-27. Los mayores incrementos se han dado en la FP de Grado Superior, seguido de cerca por los grados medios; las ramas sanitaria, administración y gestión, e informática concentran más de la mitad de los matriculados.[156] La última legislación vigente es la Ley de ordenación e integración de la Formación Profesional, aprobada en marzo de 2022, cuyo principal objetivo es in-

155. El primer nivel de FP es la Básica o Nivel 1, normalmente indicada para alumnos en riesgo de abandono escolar, para proporcionarles una alternativa al título de la ESO. La FP de Nivel 2 incluye ciclos formativos de Grado Medio y Grado Superior, que son alternativas a Bachillerato y los grados universitarios, respectivamente (CBD, 2021b).

156. Véanse las siguientes referencias: EDUCABase (2022), CBD (2021a y b) y CDB (2022). Las ramas con más estudiantes son la sanitaria (18 por ciento), administración y gestión (14 por ciento), informática (12 por ciento) y servicios socioculturales y a la comunidad (9,5 por ciento).

crementar las titulaciones intermedias, pero también impulsar la FP Dual. Además, parte de la llegada de las inversiones millonarias a través de fondos europeos (Next Generation EU), canalizados mediante el Plan de Recuperación, Transformación y Resiliencia (PRTR) aprobado en 2021, se han destinado precisamente a la FP.[157]

La evolución reciente de los estudios de FP en España, *a priori* positiva, enmascara algunas tendencias preocupantes. Los estudiantes españoles muestran una clara preferencia por las ramas académicas en comparación con la FP. Sólo el 33 por ciento de los estudiantes que han terminado con éxito la educación secundaria escogió FP, mientras que la media de la Unión Europea se sitúa en el 46,3 por ciento.[158]

Además, la tasa de abandono de la FP en España es una de las más altas de la Unión Europea, casi el doble que la media (un 17,3 por ciento, comparada con el 10,3 por ciento de la media de la Unión Europea),[159] lo que se refleja en un crecimiento en el número de titulados muy inferior al del número de matriculados. Uno de los problemas principales de esta alta tasa de abandono es que se da por razones muy heterogéneas, lo que dificulta el diseño de una estrategia única para reducirla. Por ejemplo, los hombres, estudiantes que provienen de familias de bajo nivel socioeconómico e inmigrantes, registran mayores tasas de abandono. Una segunda preocupación es el estancamiento de la presencia de las mujeres en la FP, con una brecha de género que se mantiene de forma considerable en las ramas STEM.[160] Esta tendencia contribuye a la infrarrepresentación de las mujeres en al-

157. El componente 20 del Plan de Recuperación (2021) incluye algunas medidas sobre FP.

158. OCDE, «Education at a Glance 2019. OECD Indicators», OECD Publishing, Francia, 2019.

159. Eurostat, «Database. Education and training statistics at a regional level», 2019, <http://ec.europa.eu/eurostat/data/database>.

160. Cerdà-Navarro, A.; Quintana-Murci, E.; y Salvà-Mut, F., «Reasons for dropping out of intermediate vocational education and training in Spain: the influence of sociodemographic characteristics and academic background», *Journal of Vocational Education & Training*, 1, 24 (2022); CBD, «Informe

gunos de los sectores con mejor proyección laboral. Finalmente, a pesar de los avances, la alta tasa de paro juvenil indica que aún existe una importante distancia entre las necesidades del tejido económico e industrial y la oferta de jóvenes titulados.

La FP es una excelente opción educativa para ayudar a resolver varios de los retos que tiene el sistema educativo y laboral español, en particular, como motor de mejora de las oportunidades de los estudiantes más vulnerables. La prima de empleo de la FP, es decir, la diferencia entre la tasa de ocupación de personas con FP frente a otros tipos de formación, es alta para estudios de Grado Medio. La prima de empleo de poseer estudios vocacionales de Grado Medio (que incluye la FP Básica y de Grado Medio) es de 4,4 puntos porcentuales en comparación con estudios de carácter general equivalente, y de 14,6 con respecto a estudios inferiores. Los estudios universitarios siguen teniendo una ventaja con respecto a la FP Superior de 2,9 puntos porcentuales.[161] Para ello, algunas de las medidas que sería deseable promocionar son:

Potenciar la FP Dual es la opción más prometedora

La modalidad dual tiene la ventaja de que, al finalizar los estudios, los alumnos no sólo adquieren una titulación, sino que además disponen de experiencia laboral, lo que enriquece el capital humano acumulado durante la formación. La evidencia internacional sugiere que esta modalidad genera mejoras en la transición de los jóvenes de la educación al mercado laboral.[162]

2021: La FP como clave de desarrollo y sostenibilidad», Observatorio de la Formación Profesional en España, CaixaBank-Dualiza, 2021a.

161. CBD, «Informe 2022: Una nueva Ley de FP para unos nuevos tiempos», Observatorio de la Formación Profesional en España, CaixaBank-Dualiza, 2022.

162. Resumida en Bentolila, S.; Cabrales, A.; y Jansen, M., «El impacto de la FP Dual sobre la inserción laboral de los jóvenes: evidencia para la Comunidad de Madrid», *Studies on the Spanish Economy*, n.º eee2018-20, Fedea, 2018.

La nueva ley prevé que toda la FP pase a ser dual, pero aún quedan incógnitas abiertas sobre cómo será exactamente su implantación. Aunque esta modalidad existe desde 2012, presenta una baja implantación y conocimiento escaso entre el alumnado y, sobre todo, entre las empresas.[163] Para que esta opción sea efectiva, es necesario acompañarla de mejoras en los centros de FP y en la formación de sus docentes, de aumentos importantes de inversión y de incrementos en la participación e implicación por parte del tejido empresarial. Además, debido a que existen múltiples maneras de implantarla, se debe hacer un esfuerzo en el diseño de los programas y en la recogida de datos que permitan evaluar sistemáticamente los diferentes modelos y adaptarlos a las diferentes dotaciones y necesidades de los mercados de trabajo locales de manera dinámica. Estas medidas requieren un incremento sustancial de la inversión en capital físico y humano, lo que llevaría a un aumento no desdeñable del presupuesto dedicado a la FP. La obtención de fondos adicionales no debería ser muy complicada debido al amplio consenso que hay en torno a la FP entre los distintos partidos políticos.

Profundizar en la mejora del sistema de orientación profesional tanto para alumnos como para empresas

La evidencia sugiere que intervenciones relativamente sencillas pueden tener impactos muy positivos en la reducción de las tasas de abandono escolar. Goux *et al.*[164] muestran que un programa de reuniones organizadas por el director de la escuela en las que se ayuda a los alumnos a elegir ramas profesionales que emparejen correctamente sus capacidades y preferencias tiene un efecto muy significativo en la reducción de la repetición y el abandono

163. CES, «La Formación Dual en España: Situación y perspectivas», informe 01/2023, Consejo Económico y Social de España, 2023.

164. Goux, D.; Gurgand, M.; y Maurin, E., «Adjusting your dreams? High school plans and dropout behaviour», *The Economic Journal*, 127, 602 (2017), pp. 1025-1046.

escolar. Un sistema de difusión y asesoramiento adecuados que ayude al alumnado y a las empresas a aprovechar las ventajas de este tipo de formación, en particular la FP Dual (y la Dual Intensiva), acompañado de ayudas a las empresas para que se involucren en la implantación y el diseño de los programas, es esencial para la expansión de la matriculación en FP y la disminución del abandono escolar.

Atajar las altas tasa de abandono de la FP tras la matriculación

Este objetivo se puede conseguir parcialmente con remuneraciones suficientes que desincentiven el abandono en favor de un empleo formal, y con ayudas complementarias. Un primer paso deberá ser comprender las diferentes razones que llevan a estos jóvenes a dejar los estudios, ya sean de carácter académico o económico. Sin datos de calidad que permitan un buen análisis no será posible diseñar herramientas efectivas para este propósito. No conseguir el objetivo de que los estudiantes de FP terminen con éxito las titulaciones implica una pérdida de eficiencia y de recursos invertidos, que vendrá aparejada del consecuente coste social y político de seguir incrementando la inversión en FP.

Becas y ayudas universitarias: conseguir que las becas lleguen a tiempo

Las becas universitarias, que subvencionan el pago de matrícula más unas cantidades adicionales para cubrir los costes de vida, cubren a alrededor de un 25 por ciento de estudiantes en España (300.000 estudiantes de grado de unos 1.341.000 matriculados).[165] El sistema de becas español, cuya competencia principal

165. Ministerio de Universidades, *Datos y cifras del sistema universitario español 2021/22*, 2022, <https://www.universidades.gob.es/wp-content/uploads/2022/11/Datos_y_Cifras_2021_22.pdf>.

le corresponde al Ministerio de Educación y Formación profesional (MEFP) y al Ministerio de Universidades (MU), se asemeja a otros programas nacionales en cuanto a cobertura y alcance, como la Pell Grant en Estados Unidos o las *bourses sur critères sociaux* en Francia. Sin embargo, el programa español es una anomalía mundial en cuanto a que contiene un fallo de diseño grave: la concesión y el pago de las becas se produce cerca del final del curso académico (de media, después del primer cuatrimestre). Esta anomalía perjudica de manera grave el acceso a la educación superior de los estudiantes de rentas bajas, dado que la beca que se concede con el objetivo de ayudarles a ingresar en la universidad llega mucho después de haber accedido a ella.

Desde 2017, varios organismos como la AIReF, ONG como Save the Children, asociaciones de estudiantes como CANAE, unidades de becas e investigadores en artículos publicados por la Fundación Ramón Areces, o periódicos como *El País* o *El Mundo*, coinciden en que el problema más grave de nuestro sistema de becas es que se pagan demasiado tarde.[166] Desde entonces, se han propuesto soluciones acerca de cómo se debería proceder para paliar este problema. Éstas consisten en varios cambios que se engloban en dos tipos de medidas: primero, medidas destinadas a agilizar el proceso de solicitud para que todas las solicitudes que cumplan los requisitos puedan estar finalmente concedidas al comienzo del año académico, y segundo, asegurar que el presupuesto de becas esté disponible para ingresar todas las becas al principio del año académico:

Agilizar el proceso de solicitud y concesión

Adelanto y unificación de los calendarios académicos de las universidades: todavía quedan universidades, aunque pocas, que tienen convocatorias extraordinarias en septiembre y perío-

166. Véanse las siguientes referencias: Montalbán (2017), Save the Children (2018), AIReF (2019), CANAE, Fundación Ramón Areces (Montalbán, 2020), Sanmartín (2020) y Ávila (2023).

dos de matrícula ya comenzado el curso, lo que hace que el plazo de solicitud se retrase para todas. La propuesta ideada por Juan José Ávila (jefe de sección del Servicio de Becas de la Universidad de Granada), que consiste en el adelanto y unificación de los calendarios académicos en todas las universidades de modo que tanto la finalización del curso como la matriculación del curso siguiente estén resueltas antes del verano, ayudaría a resolver este problema.[167] Cuando menos debería existir un sistema de penalización para esas universidades o una manera en la que los becarios matriculados en la mayoría de las universidades que cumplen con el Plan Bolonia puedan recibir su beca a tiempo.

Modificar el criterio de renta al ingreso fiscal de dos años antes (en lugar de uno): las becas se conceden en función del ingreso fiscal el año anterior a la solicitud. La campaña de la declaración de la renta termina a finales de junio (a lo que hay que sumar las reclamaciones). Por tanto, no hay tiempo material para que el calendario se desarrolle con éxito. Se propone adelantar un año más el ingreso fiscal computable para la beca, de tal manera que se tenga en cuenta el ingreso fiscal de dos años antes (en vez del año anterior), por lo que no haría falta esperar a que acabe la campaña de renta para resolver solicitudes. Esto ya se hace desde hace años en países de nuestro entorno como Francia o Países Bajos, y como apuntan Save the Children y CANAE, para las becas de comedor en muchas comunidades autónomas.[168]

Agilizar las interconexiones entre los agentes implicados: los agentes implicados en el sistema de becas son el MEFP, el MU, el Ministerio de Hacienda y Función Pública (MHFP), las unidades de becas de las universidades y el Ministerio del Interior. En especial, se le otorga demasiada carga a las unidades de

167. Ávila, J. J., «Nueva convocatoria, pocas novedades y el mismo problema», *elbecador* [blog], 21 de febrero de 2023, <https://elbecador.wordpress.com/2023/02/21/nueva-convocatoria-pocas-novedades-y-el-mismo-problema/>.

168. Para más detalles, véase Montalbán, J., «¿Por qué las becas universitarias llegan tarde? Soluciones para España», *Indicadores comentados sobre el estado del sistema educativo español*, Fundación Ramón Areces, 2020.

becas de las universidades, que cuentan con una capacidad de recursos humanos limitada. Para solucionar esto, proponemos que el MEFP envíe las solicitudes primero al MHFP (en lugar de a las universidades) para comprobar los requisitos económicos de los estudiantes. El MHFP está altamente informatizado y, dado que en torno al 30 por ciento de las solicitudes (unas 90.000) son denegadas por no cumplir los requisitos económicos, este filtro aliviaría significativamente la carga de trabajo de las universidades, que no cuentan con tantos recursos, lo que agilizaría el proceso.

Asegurar la financiación: el problema del desfase presupuestario

Si suponemos que se implementan estas tres medidas propuestas, el principal obstáculo para que las becas no se paguen a tiempo es que se financian con el dinero de dos ejercicios presupuestarios distintos. Los Presupuestos Generales del Estado (PGE) se aprueban cada año natural (de enero a diciembre), mientras que el año académico abarca dos años naturales (de septiembre a julio). Las becas se comienzan a pagar cada año académico con el dinero que ha sobrado de los PGE para el final del año natural (de octubre-diciembre), y se terminan de pagar con el dinero de PGE del siguiente año natural (a partir de enero). Esto hace que, aunque se corrijan todos los obstáculos que contribuyen a retrasar el proceso, se daría la paradójica situación de que no habría dinero suficiente para ingresar el pago de las becas al principio del curso académico para todos los estudiantes, ya que no habría la cantidad suficiente disponible en septiembre para pagar todas las becas del nuevo curso (el 80 por ciento del presupuesto aproximadamente se habría gastado en pagar el resto de las becas del curso académico anterior). Por tanto, la solución que se propone es doblar el presupuesto de becas de manera extraordinaria únicamente para el próximo ejercicio presupuestario. Al doblar el presupuesto de manera extraordinaria, la mitad del presupuesto se destinaría a hacer frente a las becas que deben ser ingresadas en el segundo cuatrimestre del anterior sistema (en torno al 80 por ciento) a partir de enero, y con la otra mitad, ingresar las becas del nuevo año académico para todos los estudiantes en septiembre. La gran ventaja de esta medida es que cambiaría el ritmo de concesiones y pago para todas las convocatorias de becas futuras, ya que a partir de entonces se financiarían y se tramitarían en el mismo año natural. Por tanto, después de esta medida todos los estudiantes recibirían la beca en septiembre, al comienzo del año académico, volviendo al presupuesto ordinario. El gráfico 4.1 muestra cuáles serían los pasos desde la situación actual, el año de presupuesto extraordinario, y la vuelta al presupuesto ordinario con las becas ingresadas en septiembre.

Esta solución puede parecer descabellada debido a la restricción presupuestaria, pero la medida es viable: i) no repercutiría en el gasto estructural corriente en becas, ya que se tendría que aplicar solamente en un ejercicio presupuestario extraordinario, volviendo al anterior presupuesto en los ejercicios siguientes; ii) el gasto público en becas universitarias en el último presupuesto ejecutado (2020/2021) consta de una dotación de 1.049 millones de euros, lo que significa un 1,8 por ciento del presupuesto total de educación (un 3,5 por ciento si se incluyen las becas no universitarias),[169] por lo tanto, no es un incremento inasumible, sobre todo teniendo en cuenta que el gasto público en educación se ha incrementado en unos 11.000 millones de euros entre 2018 y 2022 (10 veces el incremento en el presupuesto de becas extraordinario propuesto en esta sección).

Una oportunidad de oro para financiar esta propuesta fue la llegada de las inversiones millonarias a través de los fondos europeos (Next Generation EU), canalizados mediante el Plan de Recuperación, Transformación y Resiliencia (PRTR) aprobado

169. La convocatoria general de la AGE en el ámbito universitario otorgó un total de 1.049 millones de euros de presupuesto ejecutado para el último año disponible (curso 2020-2021), y 1.012 millones de euros si se incluyen las becas y ayudas al estudio en el ámbito no universitario, es decir, un total de 2.061 millones de euros (Ministerio de Universidades, 2022). El gasto público en educación en 2021 (por comparabilidad del último dato de presupuesto de becas) fue de 59.217 millones de euros (Ministerio de Educación, 2023).

Figura 4.1

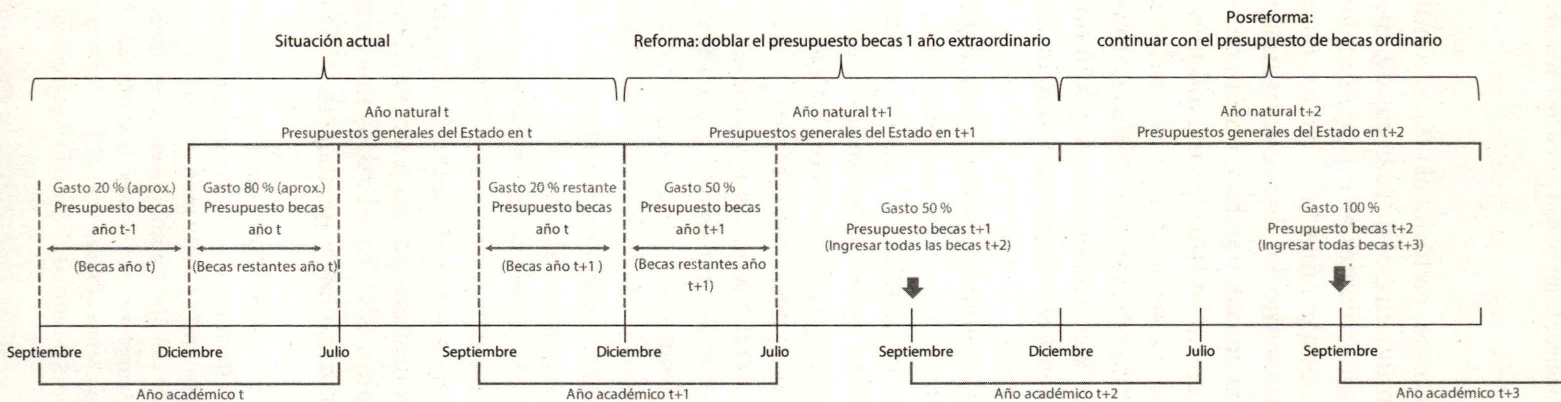

Fuente: Elaboración propia, EsadeEcPol.

en 2021.[170] Esta propuesta habría encajado con las condiciones de dichos fondos, puesto que una de las condiciones es que las inversiones no deben incurrir en costes que sean de naturaleza corriente, y esta propuesta lo cumple, dado que plantea un gasto extraordinario de un ejercicio presupuestario. Esta oportunidad no sólo se ha perdido con la asignación aprobada en 2021, sino que el gobierno ha comprometido 2.549 millones de euros de presupuesto de becas universitarias y no universitarias para 2023, lo que implica un incremento del 18,6 por ciento con respecto al último año.[171] Esto hará más complicado implementar la medida propuesta en este capítulo para futuros gobiernos porque la restricción presupuestaria será más severa, al ser este incremento en el presupuesto un puro aumento del gasto corriente estructural de becas.

En conclusión, hasta que las becas no se paguen a tiempo, debatir sobre otros temas (tremendamente relevantes) como cuantías, umbrales o cobertura es secundario, puesto que la pérdida de talento y retornos laborales que se están echando a perder debido a que el objetivo principal de la beca no se cumple son muy altos.

Cómo mejorar la eficiencia y la equidad a través de préstamos contingentes a la renta

El modelo de financiación universitaria de España es similar al de la mayoría de los países de la OCDE. Éste se basa en subsidios a los organismos universitarios, generalmente financiados con impuestos generales. Este modelo de financiación tiene tres problemas fundamentales. En primer lugar, la mayoría de los

170. El componente 21 del Plan de Recuperación (2021) incluye algunas medidas sobre becas.

171. Ministerio de Educación, «La inversión por alumno del Ministerio de Educación en 2023 duplicará la de 2018», 23 de noviembre de 2022, <https://www.educacionyfp.gob.es/prensa/actualidad/2022/11/20221123-pgecongreso.html>.

países que lo usan tienen un sistema regresivo, es decir, que los contribuyentes sin educación universitaria (y con menos ingresos) financian a los hijos de los contribuyentes con educación universitaria (con mayores ingresos). En segundo lugar, la calidad universitaria depende del ciclo económico; debido a que la mayor parte de los recursos universitarios dependen del presupuesto público, los recortes en éste pueden afectar de forma dramática a la sostenibilidad y calidad de la educación superior. En tercer lugar, puesto que los recortes dependen enteramente de las decisiones políticas, las universidades están expuestas a la incertidumbre política.[172]

Es necesario determinar qué sistema de financiación de la universidad es sostenible a largo plazo, además de ofrecer los mejores resultados de eficiencia y equidad. El cambio del sistema actual por uno basado en préstamos contingentes a la renta podría ayudar a dar solución a la creciente presión presupuestaria y al bajo rendimiento de los estudiantes e instituciones, así como a reducir las desigualdades en el acceso a la educación superior.

En el sistema de préstamos contingentes a la renta, los estudiantes piden un préstamo para financiar sus estudios universitarios (al Estado) que es de concesión universal, y la cantidad a devolver dependerá de su ingreso futuro en el mercado de trabajo (con un tipo de interés bajo). Si el estudiante obtiene una mayor renta, devolverá más cantidad de préstamo, y pagará más. Existe un nivel de renta mínima exenta, y los pagos se establecen hasta un número máximo de años. El objetivo principal es que los graduados universitarios pagan su educación universitaria sólo si pueden hacerlo en función de sus ingresos futuros, y no en el momento de entrar en la universidad.

Este sistema está implementado actualmente en países como Australia, Hungría, Países Bajos, Nueva Zelanda y Reino Unido. Las evaluaciones sobre este sistema en el Reino Unido muestran

172. Cabrales, A., *et al.*, «Income contingent university loans: Policy design and an application to Spain», *Economic Policy*, 34, 99 (2019), pp. 479-521. Véase también Diris, R.; y Ooghe, E., «The economics of financing higher education», *Economic Policy*, 33, 94 (2018), pp. 265-314.

que no ha ocasionado un impacto negativo en la matriculación universitaria de los estudiantes con familias de bajo nivel socioeconómico, sino que incluso ha reducido las diferencias entre estos estudiantes y sus compañeros de la población general, además de incrementar la financiación per cápita.[173] La evidencia empírica para el Reino Unido sugiere que este sistema es coste-efectivo.

¿Cómo podemos conocer su viabilidad en España? Cabrales *et al.*[174] han llevado a cabo un excelente trabajo de investigación en el que realizan un «laboratorio virtual» con simulaciones de cómo sería cambiar el sistema de financiación a uno de préstamos contingentes a la renta. El trabajo obtiene dos conclusiones principales: i) la estructura del nuevo sistema sería altamente progresiva; ii) la cantidad del coste universitario pagado por el Estado es entre 16 y 56 puntos porcentuales menor que en el sistema actual (entre 1.424 y 5.000 millones de euros anuales).[175]

Cambiar hacia un sistema de préstamos contingentes a la renta combinándolo con un aumento de la dotación de becas para alumnos de bajos ingresos podría dar solución a varios desafíos del sistema universitario:[176]

- Financiación: sistema más progresivo, menos dependiente del ciclo económico y la incertidumbre política.

173. Azmat, G.; y Simion, S., «Charging for higher education: Estimating the impact on inequality and student outcomes», *The BE Journal of Economic Analysis & Policy*, 21, 1 (2020), pp. 175-239. Véase también Murphy, R.; Scott-Clayton, J.; y Wyness, G., «The end of free college in England: Implications for enrolments, equity, and quality», *Economics of Education Review*, 71 (2019), pp. 7-22.

174. Cabrales, A., *et al.*, *op. cit.*

175. En España se implementó un sistema de préstamos supeditados a la renta para másteres universitarios entre 2007 y 2010. Véase Orden ECI/1702/2007, de 12 de junio, por la que se regulan los préstamos a graduados universitarios ligados a la posesión de una renta futura.

176. Para más detalles, véase: Montalbán, J., «Financiación universitaria: desafíos y soluciones potenciales», *Información Comercial Española, ICE: Revista de Economía*, 910 (2019), pp. 49-64.

- Financiación y eficiencia (universidad): mejora la posición fiscal del Estado, por lo que el excedente (entre 1.424 y 5.000 millones de euros) se podrían destinar a mejorar la calidad universitaria.[177]
- Eficiencia (estudiantes): el sistema de incentivos a estudiantes quedaría reforzado (riesgo moral durante los estudios).
- Equidad: el préstamo es de concesión universal, por lo que el acceso sería potencialmente mayor al actual.
- Becas: al cambiar el sistema se liberarían 330 millones de euros destinados a la subvención en las tasas del sistema nacional de becas, que se podrían destinar principalmente a ampliar los costes reales de vida de los estudiantes con menos recursos. Actualmente, en la mayoría de los casos no se llegan a cubrir los costes reales de vida, con el consecuente potencial efecto negativo en la igualdad de oportunidades.

Un desafío importante que plantea esta política está relacionado con la situación de la economía política española. En primer lugar, como destacan Montalbán[178] y Diris y Oogue,[179] los estudiantes que tienen aversión a la deuda podrían verse disuadidos por etiquetar el programa como «préstamo». La investigación sobre la escasa utilidad del concepto de «préstamo» es poco concluyente, y los trabajos que encuentran efectos negativos muestran que éstos son muy pequeños, sin embargo, al ser una posible desventaja, una solución propuesta por Cabrales *et al.*[180] sería cambiar el concepto por una palabra que no incluya el término *préstamo*, como, por ejemplo, *beca retornable*. En segundo

177. Véase el capítulo 5 de este libro, que desarrolla una propuesta para retener, recuperar y atraer talento investigador a las universidades españolas.

178. Montalbán, J., «Financiación universitaria: desafíos y soluciones potenciales», *Información Comercial Española*, ICE: Revista de Economía, 910 (2019), pp. 49-64.

179. Diris, R.; y Ooghe, E., «The economics of financing higher education», *Economic Policy*, 33, 94 (2018), pp. 265-314.

180. Cabrales A., *et al.*, *op. cit.*

lugar, algunos trabajos muestran que existe una amplia proporción de españoles que está a favor de ampliar el estado de bienestar sin programas de redistribución.[181] Esto contribuye a explicar por qué tenemos un sistema de financiación universitaria que es de facto regresivo, y el hecho, potencialmente sorprendente, de que el gobierno de España en 2021 haya incluido medidas destinadas a disminuir más los precios públicos haciendo el sistema todavía más regresivo (componente 21 del Plan de Recuperación, 2021). Sería fundamental realizar una buena campaña de información que explique los detalles del nuevo sistema de financiación propuesto para evitar los sesgos informativos sobre sus características, campaña que además de abrir un debate nacional técnico para incrementar el consenso sobre él. Cabe recordar que en España hubo un programa pionero de préstamos-renta entre 2007 y 2010 para estudios de máster, por lo que este sistema no sería completamente nuevo en el país.[182]

Se hace imprescindible diseñar políticas estructurales que sean sostenibles a largo plazo y que contribuyan a aliviar los desafíos de eficiencia y equidad del sistema universitario español del siglo XXI. Las políticas presentadas en este capítulo sobre FP, becas y prestamos subordinados a la renta suponen una excelente oportunidad para avanzar en estos tres desafíos tan importantes.

181. Por ejemplo, Fernández-Albertos, J.; y Manzano, D., «The lack of partisan conflict over the welfare state in Spain», *South European Society and Politics*, 17, 3 (2012), pp. 427-447.

182. Véase la Orden ECI/1702/2007.

5

Retener, recuperar y atraer talento investigador a las universidades españolas[183]

Milagros Candela[184] y Andreu Mas-Colell[185]

El problema que hay que abordar

Es importante para España que las universidades se mantengan como actores principales de la actividad investigadora. También es deseo de éstas globalmente consideradas. Debemos —universidades, autoridades políticas y ciudadanos— ser conscientes, sin embargo, de que el objetivo se alcanzará solamente si las universidades incorporan a las mejores trayectorias investigadoras en su profesorado. Garantizarlo es siempre importante, pero lo es especialmente en estos años en que se avecina una gran renovación generacional.

183. Los autores quieren agradecer la información que sobre sus programas han recibido del personal de la Agencia Estatal de Investigación (AEI) y de la Secretaria de Estado de Universidades, de Emilià Pola, director ejecutivo de ICREA, y de Francisco Vilaplana, presidente de la Red de Asociaciones de Investigadores y Científicos Españoles en el Exterior (RAICEX).

184. Profesora titular de Genética (jubilada) de la UCM y exconsejera de Investigación e Innovación en la Representación Permanente de España ante la UE.

185. Profesor emérito de la Universitat Pompeu Fabra y de la Barcelona School of Economics, y presidente del Barcelona Institute of Science and Technology (BIST).

En 2020, al hilo de la aprobación del programa europeo de recuperación Next Generation EU, gracias al cual España recibirá 170.000 millones de euros en el período 2020-2023, propusimos dedicar 1.000 millones de euros de estos fondos europeos asignados al Plan Nacional de Recuperación, Transformación y Resiliencia a un programa extraordinario (es decir, adicional a los ya existentes) de retención, recuperación y atracción de talento.[186] El objetivo era incorporar al Sistema Español de Ciencia, Tecnología e Innovación (SECTI) alrededor de dos mil investigadores de alto nivel entre los años 2021 y 2023. Era preciso, además, establecer mecanismos efectivos que garantizasen la consolidación de estos investigadores mediante contratos permanentes. Las universidades deberían ser un vehículo principal para esta consolidación, aunque nuestra propuesta incluía también centros de investigación de todo tipo.

La necesidad: una creciente demanda de investigadores

En 2021, la inversión en I+D en España se situaba muy por debajo de la media de la Unión Europea: 1,43 por ciento frente al 2,26 por ciento del PIB. Las universidades representaron un 26,6 por ciento sobre este gasto en I+D, lo que significó el 0,38 por ciento del PIB. La cifra total para el sector público ascendió al 0,62 por ciento del PIB, que incluía el porcentaje correspondiente a las universidades.[187] En la Ley 17/2022, de la ciencia, la tecnología y la innovación,[188] aprobada en septiembre, España ha fijado para 2030 un objetivo de inversión en I+D desde el

186. Candela, M.; y Mas-Colell, A., «1.000 millones para retener, atraer y recuperar talento investigador con fondos europeos: una propuesta concreta», EsadeEcPol, Policy Brief n.º 4, 26 de noviembre de 2020, <https://www.esade.edu/ecpol/es/publicaciones/talento-investigador-fondos-europeos/>.

187. Instituto Nacional de Estadística, «Estadística sobre actividades de I+D, año 2021. Datos definitivos», 24 de noviembre de 2022, <https://www.ine.es/prensa/imasd_2021.pdf>.

188. Ley 17/2022, de 5 de septiembre, por la que se modifica la Ley 14/2011,

sector público del 1,25 por ciento del PIB. Europa ambiciona llegar al 3 por ciento del PIB en inversión pública y privada en ese mismo año. Para nosotros, la fecha realista para alcanzar este objetivo estaría más alejada en el tiempo, pero la dirección es también expansiva. Lo que está claro es que en el camino hacia estos objetivos necesitaremos más investigadores fuera de la universidad, pero también en ella, pues en los próximos años vamos a tener un escenario de jubilaciones masivas en las universidades.

En el curso 2021-2022, en centros propios de universidades públicas españolas había 12.219 catedráticos y 26.603 profesores titulares de universidad.[189] De ellos, el 49,6 por ciento de los catedráticos y el 24 por ciento de los titulares tenían 60 años o más, lo que hace esperable su jubilación en los próximos diez años. Si se mantuviese constante el número de profesores permanentes de las universidades españolas en la próxima década, se deberían incorporar a éstas, por tanto, unos doce mil nuevos profesores que idealmente deberían contar con un alto perfil investigador. Esta situación de jubilaciones masivas abre un escenario de considerables posibilidades, y necesidades, de incorporación y consolidación de nuevos investigadores. Inapelablemente, la sustitución generacional se llevará a cabo, y los investigadores que se precisen se encontrarán. Pero si queremos que estas incorporaciones marquen un salto en nuestra competitividad científica, debemos asegurar que su nivel medio sea el máximo posible al que podemos aspirar.

No hay duda de que, en principio, las universidades desean mantenerse como actores principales de la actividad investigadora en España. En un contexto institucional ideal, no habría que hacer nada especial para despertar su interés por contratar como profesores a investigadores de frontera, que en el mundo

---

de 1 de junio, de la ciencia, la tecnología y la innovación, BOE, 214, de 6 de septiembre de 2022.

189. Ministerio de Universidades, «Estadística de personal de las universidades (EPU), curso 2021-2022», 15 de febrero de 2023, <https://www.universidades.gob.es/estadisticas-de-personal-de-las-universidades/>.

actual son los que dan prestigio y atraen recursos a las universidades. Por ejemplo, en el año 2022, cada investigador de Ikerbasque, la Fundación Vasca para la Ciencia, consiguió, de media, 224.000 euros y, cada investigador de la Institución Catalana de Investigación y Estudios Avanzados (ICREA), 501.000 euros (además de crear al mismo tiempo siete puestos de trabajo). Ahora bien, el contexto institucional no es ideal. Dadas las peculiaridades de la gobernanza universitaria, para obtener un buen resultado en la dimensión que nos ocupa se necesitan programas externos de incentivos y también, probablemente, alguna norma legal. De los primeros se ocupa en la actualidad la Administración General del Estado (principalmente el Ministerio de Ciencia y Tecnología, del que depende la Agencia Estatal de Investigación) y, de las segundas, el Ministerio de Universidades.

La oportunidad: una importante bolsa de talento local

La existencia de una gran bolsa de talento local, tanto en el interior como en el exterior de nuestras fronteras, facilitará enormemente la disponibilidad de candidatos. Pero ¿será suficiente? La respuesta debería ser positiva. En primer lugar, tenemos el contingente de investigadores españoles en el exterior, que, según la Red de Asociaciones de Investigadores y Científicos en el Exterior, puede estimarse en unos veinte mil.[190] También el de los que ya se han reincorporado a puestos temporales. Asimismo, debemos contar con los investigadores del mundo. Cualquier programa de atracción de talento debe ser ciego respecto a la nacionalidad del candidato. Es de sentido común, sin embargo, que tendrá un impacto especial en aquellos que, habiendo estado por el mundo, tienen vínculos de todo tipo (familiares, de amistad, de formación, etcétera) con España. Dicho esto, conviene notar

190. Ortega-Paino, E.; y Oliver, E., «RAICEX: A successful story of the Spanish scientific diaspora», *Frontiers in Research Metrics and Analytics*, 7 (2022), <https://doi.org/10.3389/frma.2022.905765>.

que el porcentaje de profesorado universitario extranjero es comparativamente bajo en España. En Europa esta cifra se sitúa por debajo del 10 por ciento en Francia, Portugal o Italia, mientras que en España fue el 3,2 por ciento en el año académico 2021-2022. Esto contrasta con el Reino Unido, que se acerca al 30 por ciento, o con el 35 por ciento de los Países Bajos.[191] Partiendo de esta base, es seguro que el contingente no español irá en aumento y, de acuerdo con las tendencias internacionales, lo hará especialmente si el nivel de calidad de las universidades españolas sigue creciendo.

¿Qué proponíamos en 2020?

En nuestra visión, la conjunción de la disponibilidad singular de financiación europea con vigorosas demandas y ofertas potenciales de puestos de trabajo para investigadores podía ser el catalizador que hiciera posible un cambio cualitativo: se configuraba un momento muy favorable para avanzar.

La propuesta intentaba recoger lo mejor de todas las experiencias de los programas de excelencia para la contratación de investigadores promovidos por la administración central y las autonómicas. Aun siendo distinto, el precedente de referencia, y fuente de inspiración más directa, era, de entre los existentes, el programa Ramón y Cajal (y su versión más joven, el programa Juan de la Cierva), del Ministerio de Ciencia. Con éste compartía lo esencial de las siguientes características:

- Proporcionar ayudas para la contratación laboral, por cinco años, a investigadores, españoles o no, con una trayectoria científico-técnica relevante. Una parte de la ayuda sería para facilitar la creación de puestos de trabajo permanentes para su posterior incorporación al sistema.

191. European Tertiary Education Register (ETER), «Internationalisation of academic staff in European Higher Education», *The ETER Project Analytical Report*, 1, 2019.

- Sin exigencia de cofinanciación.
- Orientados al nivel posdoctoral avanzado (a partir de unos cuatro o cinco años de la tesis doctoral).
- Empoderamiento del investigador por encima de la institución de acogida. Es decir, ésta puede aceptar o no el compromiso de contratación, pero la obtención de los fondos del programa que financia el contrato es responsabilidad y mérito exclusivo del investigador seleccionado. El contrato debería ser, además, movible entre instituciones. Otro buen modelo en estos aspectos son las ayudas (*Grants*) del Consejo Europeo de Investigación (ERC).
- Sin limitación *a priori* en el número de contratos que puede obtener cada institución de acogida. Este número se determinaría endógenamente a partir de las preferencias de los seleccionados (y la anuencia de las instituciones). Éste no es un punto menor. Tiene la consecuencia, muy deseable en un contexto europeo altamente competitivo, de fomentar la formación de masas críticas de investigadores en torno a temáticas específicas.
- No debería haber restricciones de ningún tipo respecto a la localización presente del solicitante. La retención es tan importante como la atracción. De hecho, hay un continuo indistinguible entre una cosa y otra. Establecer requisitos que privilegien al que se encuentra en el exterior o al recién incorporado por encima del que se incorporó unos años atrás es injusto y sería fuente de distorsiones: constituiría un incentivo para posponer la contratación directa desde el exterior por parte de una institución española. Además, puede argumentarse que nuestro problema central, por lo que hace al talento, es ya el de la retención.
- La evaluación y selección de candidatos debe ser competencia de la Agencia Estatal de Investigación. Aunque todo es perfectible (especialmente en sus procesos administrativos), su experiencia, y la de sus antecesores, con respecto al programa Ramón y Cajal ha sido buena en lo esencial: ha seleccionado bien. Las estructuras de evaluación vienen de una tradición de convocatorias competitivas que arranca

en la década de 1980, pionera en Europa continental, que se modeló a partir de los mejores ejemplos internacionales. En particular, ha sabido utilizar a expertos de todo el mundo en su labor. La alternativa, que lo hiciera el Ministerio de Universidades, tiene el problema, bien conocido, del posible papel de la ANECA (Agencia Nacional de Evaluación de la Calidad y Acreditación) y de la aparición de requisitos espurios.[192] Por ejemplo, los relacionados con la docencia o, aún peor, la gestión. Permítasenos ser un tanto contundentes a este respecto: no hay razón para pensar que muchos años de docencia (que es a lo que se acaban reduciendo los méritos docentes) sean mejores predictores de la calidad de la docencia futura que una buena trayectoria investigadora.

- En principio el programa debería ser universal, pero algún tipo de especificación de la distribución temática debería tener. El Consejo Europeo de Investigación (ERC) distribuye en tres grandes áreas y, dentro de ellas, se reparte por un mecanismo automático (proporcionalidad con la distribución de solicitudes). En el contexto español seguramente es apropiado un sesgo proactivo en los dos extremos: para reforzarnos aún más en lo que somos fuertes y para cubrir ámbitos vitales en los cuales nos falta suficiente fuerza. Por ejemplo, en la ciencia de datos y la inteligencia artificial. A este respecto y como observación incidental: animábamos al Ministerio de Economía y Transición Digital a disponer de un programa similar al Miguel Servet del Ministerio de Sanidad.

Más allá de lo estrictamente inspirado por el programa Ramón y Cajal, proponíamos que la dotación económica por contrato fuera más generosa, del orden de 500.000 euros por investigador o, en algunos casos, superior. Considerábamos conveniente

192. Azcárraga, J. A. de, «La universidad que viene: profesores por puntos», *El País*, 3 de marzo de 2011, <https://elpais.com/diario/2011/03/03/opinion/1299106811_850215.html>.

asimismo que hubiese flexibilidad y adaptabilidad a cada caso concreto entre los tres componentes de un contrato: salario, fondos de investigación y *overhead* (cuota de gastos generales) a la institución de acogida. Respecto a la compensación salarial, la norma de referencia no debía ser la de la función pública española, sino la prevalente en el mercado natural de los candidatos que, con toda probabilidad, será, como mínimo, el europeo. También considerábamos conveniente que aun tratándose de contratos a tiempo completo, fuesen compatibles con un período de dedicación a otras actividades (en analogía, por ejemplo, con la posibilidad de contratos de verano en Estados Unidos, donde los contratos universitarios a tiempo completo son de nueve meses).

No excluíamos convocatorias específicas para nombramientos conjuntos de universidades y empresas o entes de investigación, o incluso para nombramientos a tiempo parcial compatibles con el trabajo en una empresa. Por ejemplo, en inteligencia artificial hay muchos investigadores que desarrollan su labor en empresas digitales muy innovadoras, pero que celebrarían un nombramiento a tiempo parcial en un ente de investigación. En un contexto normativo cuidadoso en lo que se refiere a la propiedad intelectual, esto sería aceptado por la empresa, con un resultado muy positivo para el investigador, la empresa, la universidad y la buena causa de la interacción investigación-empresa.

Como se ha indicado, el programa que propusimos estaría pensado para posdoctorados avanzados. Está, por tanto, en la línea de facilitar el progreso en la carrera de un investigador que no dispone aún de una posición permanente. Pero ¿qué hacer cuando, por ejemplo, se pretende atraer a un investigador más maduro y con un puesto permanente en una universidad europea (o estadounidense, o china, o...)? En este caso, el instrumento de un contrato temporal, aunque sea de cinco años, no es el más ajustado a las necesidades. Una posibilidad de mejorarlo sería que, en el momento de la concesión, se eximiese de acreditaciones posteriores a los receptores que de hecho ya son investigadores muy consolidados. De esta manera, el acceso a la posición permanente podría ser rápido.

¿Qué se ha hecho en el período 2020-2022?

Ministerio de Ciencia

Para nuestro propósito, sus actuaciones más relevantes se concretan en tres programas. Dos de ellos, el Juan de la Cierva y el Ramón y Cajal (RyC), continúan como programas de larga duración; de los dos, el RyC es el de mayor potencia y el más estratégico. El tercero, el programa de consolidación, es nuevo. Muy recientemente el Consejo de Ministros ha aprobado, con fecha de 3 de mayo de 2023, el programa ATRAE, nuevo y no dependiente de los fondos Next Generation EU. Comentaremos lo que de éste se conoce hasta la fecha.

Juan de la Cierva: en la tabla 5.1, presentamos la evolución temporal de las convocatorias Juan de la Cierva, que se resuelven al año siguiente. La segunda línea corresponde —redondeada a la baja— a la dotación presupuestaria, en millones de euros, y la tercera al número máximo de contratos ofrecidos en la convocatoria.

Tabla 5.1. Programa Juan de la Cierva

Convocatoria	2009	2010	2011	2012	2013	2014	2015	2016	2017	2018	2019	2020	2021	2022
Prespuesto (millones de euros)	35	35	33	11	11	11	11	11	11	11	11	14	32	33
N.º máx. contratos				225	225	225	225	225	225	225	225	278	500	500

Fuente: Elaboración propia a partir de datos de la AEI y del Ministerio de Ciencia.

Las subvenciones del programa se conceden a instituciones para la contratación laboral por tres años de los seleccionados entre investigadores con un doctorado reciente (es decir, se trata de un primer posdoctorado). Financian el salario, que a partir de 2020 aumentó a 30.000 euros brutos. Obsérvese la expansión a partir de 2020 y, especialmente, de 2021. A partir de este último año el programa se financia formalmente con los fondos europeos Next Generation EU (los tres años encajan bien con la temporalidad de éstos). A los efectos de evaluar su impacto, lo que cuenta es el incremento sobre la norma histórica de gasto: si la situamos en 11 millones de euros, los incrementos de los años 2020-2022 sumarían 46 millones de euros.

Ramón y Cajal: en la tabla 5.2 presentamos la evolución temporal de las convocatorias Ramón y Cajal, que se resuelven al año siguiente. La segunda línea corresponde —redondeada a la baja— a la dotación presupuestaria, en millones de euros, y la tercera al número máximo de contratos ofrecidos en la convocatoria.

Tabla 5.2. Programa Ramón y Cajal

Año convocatoria	**2009**	**2010**	**2011**	**2012**	**2013**	**2014**	**2015**	**2016**	**2017**	**2018**	**2019**	**2020**	**2021**	**2022**
Prespuesto (millones de euros)	48	48	45	54	54	54	54	54	54	61	61	80	153	126
N.º máx. contratos				175	175	175	175	175	175	200	200	247	647	494

Fuente: Elaboración propia a partir de datos de la AEI y del Ministerio de Ciencia.

En las convocatorias de los años 2020 y 2021, el porcentaje de mujeres entre los finalmente contratados fue del 40 por ciento. En cuanto a extranjeros y españoles en el exterior, en la convocatoria de 2021 se concedieron 266 contratos a candidatos procedentes del exterior (42 por ciento sobre el total), de los cuales 158 eran extranjeros (25 por ciento) y 108 españoles (17 por ciento).

Las subvenciones del programa se otorgan a instituciones para la contratación laboral por cinco años de los seleccionados entre investigadores posdoctorales con un doctorado no tan reciente como los del programa Juan de la Cierva (es decir, se trataría de un segundo o tercer posdoctorado). Financian el salario, proveen de una ayuda de investigación de 50.000 euros y, hasta la convocatoria del 2021, otorgaban una subvención de 100.000 euros a la institución contratante con la intención de estimular la creación de un puesto de trabajo permanente. La desaparición de esta ayuda a partir de 2021 se debe, hay que suponer, a que este incentivo a la contratación permanente se traslada a las nuevas convocatorias de consolidación. Las convocatorias de 2021 y 2022, además de mucho más cuantiosas, también introdujeron otras novedades: el período de cinco años se divide en tres y dos, con una revisión al final del primero que comportará típicamente un incremento de la compensación salarial (de 35.000 a 40.000 euros brutos).

Obsérvese la notable expansión del programa a partir de la convocatoria de 2020 —como las siguientes, publicadas en noviembre y resueltas el año siguiente— y, especialmente, de 2021. Este incremento no está formalmente ligado a los fondos europeos Next Generation EU, a los que no se apela (los cinco años y la voluntad de promover contratos indefinidos encajarían mal). Pero en la realidad, en las finanzas públicas las partidas presupuestarias son vasos comunicantes, y esta abundancia de ingresos es la que permite, directa o indirectamente, aumentar partidas concretas. Si situásemos la norma histórica de gasto en el programa RyC en 60 millones de euros, entonces los incrementos de los años 2020-2022 sumarían 179 millones de euros.

Aunque en un año concreto sea irrelevante si un programa se financia con fondos Next Generation EU o con fondos ordinarios, su significación como señal hacia el futuro no lo es: los incrementos con fondos propios tienen una intención de permanencia.

Desde la perspectiva de las universidades, lo que importa es qué proporción de contratados lo son por ellas mismas. En las convocatorias de 2018-2019, las universidades formalizaron el 65 por ciento de los contratos Ramón y Cajal, en la de 2020 fue el 62,26 por ciento y en la de 2021, el 63 por ciento.

Consolidación investigadora: se trata de una convocatoria nueva que formalmente depende por entero de los fondos europeos Next Generation EU. Es un programa de incentivos orientado a favorecer la contratación fija de investigadores. La primera convocatoria corresponde al año 2022 y cuenta con un presupuesto de 76 millones de euros.

ATRAE: se trata de un programa para la atracción de talento sénior, es decir, muy consolidado. La primera convocatoria será para, como mínimo, 25 contratos y está dotada con 25 millones de euros. En el momento de redactar este texto no conocemos los detalles del programa, pero nos parece un complemento natural al RyC y es claramente una buena noticia, tanto por el hecho mismo como porque formalmente no está financiado con fondos Next Generation EU, lo cual, como hemos indicado, denota voluntad de continuidad en las convocatorias.

Ministerio de Universidades

El ministerio ha mostrado una gran preocupación por el problema de los falsos asociados. Es una preocupación lógica, dado que no es justificable que las universidades dispongan de un gran contingente de docentes con contratos precarios continuamente renovados. Estabilizarlos es razonable y, como veremos, la Ley Orgánica 2/2023 del sistema universitario,[193] aprobada en marzo de 2023, instrumenta cómo hacerlo. El ministerio también ha considerado que la estabilización de un contingente tan considerable de profesorado seleccionado en primera instancia por necesidades docentes requería un programa de refuerzo y de potenciación investigadora. Y con esa finalidad ha implementado, con fondos Next Generation EU, un programa de recualificación de profesorado universitario, dotado con 387 millones de euros, para el período 2020-2023. Los fondos se han distribuido entre las universidades en proporción a su profesorado estable y a su producción de doctores. Se han aplicado a ayudas temporales di-

193. Ley Orgánica 2/2023, de 22 de marzo, del sistema universitario, BOE, 70, de 23 de marzo de 2023.

rigidas a mejorar las capacidades de sus jóvenes doctores (Programa Margarita Salas) y de sus nuevos profesores —tanto funcionarios como contratados—, además de un programa (María Zambrano) para atracción de talento internacional. Hacemos constar que el ministerio dispone de otro programa orientado a este objetivo, el Beatriz Galindo. En el período que nos ocupa, las convocatorias se han mantenido al mismo nivel que en años anteriores y, por lo tanto, no añaden nada a nuestra estimación.

¿Qué queda por hacer?

En 2020 proponíamos un gasto adicional total de 1.000 millones de euros en tres años. Hasta ahora, como hemos visto en la sección anterior, el gasto adicional (presupuestado) del Ministerio de Ciencia que se corresponde, cualitativamente hablando, con la propuesta ha sido, en las convocatorias 2020-2022, de 301 millones de euros. Sería apropiado, sin embargo, estimar los incrementos sobre las cifras históricas que se materializarán en años posteriores. Consideremos el período 2023-2024. Ahí tendremos, con alta probabilidad —pues no se financian con fondos Next Generation EU— el mantenimiento de los niveles de 2022 para la financiación de dos convocatorias RyC y dos de ATRAE. Entendemos que también habrá una convocatoria 2023 del programa de consolidación. Tenemos por lo tanto un total de aumento estimado en este período de 258 millones de euros. Es decir: desde el Ministerio de Ciencia se está implementando un programa adicional de retención, recuperación y atracción de talento, impulsado directa e indirectamente por la disponibilidad temporal de fondos Next Generation EU, que es aproximadamente la mitad del que proponíamos. Nuestra lectura, sin embargo, no es de vaso medio vacío, sino medio lleno. Es un esfuerzo notable. Además, los resultados de un programa de este tipo, tanto el implementado como el nuestro, no pueden evaluarse de inmediato. Por un lado, los detalles de las convocatorias importan mucho y, por otro, la naturaleza misma del resultado es a largo plazo.

Es difícil conjeturar hasta qué punto los programas de recualificación del profesorado universitario implementados por el Ministerio de Universidades encajan con el espíritu de nuestra propuesta, es decir, con la promoción de la incorporación de perfiles investigadores potentes. Nótese que, en contraste con nuestras especificaciones, la Agencia Estatal de Investigación no desempeña ningún papel en la evaluación ni en la selección. El balance final dependerá mucho de las prioridades de cada universidad. Si suponemos que el María Zambrano se alinea en intención con nuestra propuesta, quizá podríamos añadir 100 millones de euros a los 559 (301 más 258) millones de euros que estimamos en el párrafo anterior.

Más allá de los efectos beneficiosos derivados de las incorporaciones que el incremento de gasto haya facilitado en el período 2020-2022, debemos reconocer que la tarea no está terminada. Es, en consecuencia, muy importante que las mejoras en la financiación de los programas Ramón y Cajal y ATRAE se mantengan (sería óptimo que también lo fuesen los del Juan de la Cierva). Si es así, ése podría acabar siendo uno de los efectos más positivos del programa europeo.

Señalamos con anterioridad que el impacto futuro de las políticas de los últimos tres años va a depender de los programas de incentivos —es decir, de programas a los que las universidades pueden acogerse o no— que acabamos de revisar y de las nuevas normas para el funcionamiento de las universidades. Y ahí ha habido una innovación importante con la aprobación de la LOSU en marzo de 2023.[194] La nueva ley va a incidir en la aptitud y propensión de las universidades a articular una renovación generacional potenciadora de la investigación, entendida en un sentido amplio. Para evaluar hasta qué punto la facilita, discutimos cuatro aspectos que consideramos muy relevantes y planteamos algunas propuestas que contribuirían al objetivo deseado.

En primer lugar, constatamos una virtud de la LOSU: no cierra de una forma asfixiante la estructura y el modelo de funcionamiento de las universidades. Constituiría un grave error si lo que no hace la ley lo hicieran los reglamentos. Y sería descorazonador

194. Ibídem.

que una presión homogeneizadora viniese de las universidades mismas. Sus dirigentes han de entender que es contradictorio cantar las alabanzas de la autonomía universitaria y, a la vez, reclamar corsés uniformes. En particular, las universidades tienen margen de acción en política de profesorado y, a través de ella, pueden ser un factor determinante en su propia potencia investigadora.

En segundo lugar, se calcula que como consecuencia de la LOSU unos 25.000 contratos temporales pasarán a indefinidos, con lo cual la temporalidad pasará del 40 por ciento al 8 por ciento. Hubiera sido deseable que la LOSU se hubiese preocupado por reforzar la vertiente investigadora con igual intensidad que la estabilizadora, por ejemplo, con medidas que propiciaran, o incluso que garantizaran, la incorporación de perfiles investigadores. Lo hace, pero, como comentaremos en breve, sin suficiente fuerza, con un resultado global que es desequilibrado. La movilización a favor de propiciar la estabilización de los asociados ha sido mucho más intensa que la de la incorporación de profesores con trayectoria investigadora. Y ello se ha reflejado en la ley.

En tercer lugar, respecto a los criterios para la evaluación de un candidato a ocupar una plaza o recibir un contrato indefinido, la LOSU especifica que se dará igual peso a la docencia y a la investigación. No se concretan, afortunadamente, cuáles son las métricas que se van a utilizar ni el significado del término *igual*. Pero no hay duda de que el sentido de la norma es que «la docencia pesará más que en el pasado». A partir de ahí, la intensidad del efecto desincentivador sobre la investigación va a depender de cómo se concrete el requisito de igualdad por parte de las universidades y de las agencias de calidad. Conviene hacerlo con tino. Por cierto, un aspecto positivo de la LOSU es que para el nombramiento inicial a la universidad se ha eliminado el requisito de la acreditación por parte de la ANECA. Ésta se había convertido en un impedimento burocrático que interfería en la atracción de investigadores situados en el exterior. Abogamos por no reintroducirlo por alguna puerta de atrás.

En cuarto lugar, la LOSU consolida, en su artículo 71.1.c, la disposición establecida unos años atrás que, con el propósito de dar una salida estable a los RyC, reservaba como mínimo el 15 por ciento de las plazas y contratos laborales indefinidos a candidatos evaluados por méritos de investigación, aunque, claro está, con obligaciones docentes. Que exista esta vía debe juzgarse muy favorablemente, pero el 15 por ciento es un nivel excesivamente bajo. Nuestra propuesta sería incrementar este porcentaje hasta como mínimo el 30 por ciento. Establecer que el 15 por ciento es el mínimo que debe entrar por méritos investigadores puede fácilmente interpretarse como que para el 85 por ciento restante la investigación no es tan importante. Las universidades deben saber que es posible sustentar la imagen de una universidad de investigación con proyección internacional si un 30 por ciento de su profesorado cuenta con esta proyección, pero no si sólo es el 15 por ciento. De hecho, si el objetivo de la universidad es el 15 por ciento, es muy probable que una dinámica interna de poca consideración de la investigación frustre incluso ese modesto objetivo. Es muy importante recalcar que la ley impone un mínimo, el 15 por ciento, pero no un máximo. Cada universidad deberá fijarse un objetivo para el acceso por la vía investigadora. Las que ambicionen la excelencia en esta dimensión deberán fijarse un objetivo que, como nosotros proponemos, al menos doble el que impone la LOSU.

Una observación final a esta sección: sería muy deseable que las universidades no articulasen las necesidades de promoción interna vía concursos abiertos. Una buena política de personal en una universidad —de hecho, en cualquier institución— necesita ambas cosas: la promoción interna de aquellos contratados que lo merezcan (sin la perniciosa incertidumbre tanto para el candidato como para la institución de que un concurso pueda privarle de empleo), junto a un flujo de incorporaciones desde el exterior de la institución.

Conclusión

En los próximos años veremos la resolución de la tensión entre los efectos benéficos de las políticas de incentivos del Ministerio de Ciencia y las inercias inherentes a un marco legal de las universidades cuya gobernanza es manifiestamente mejorable. Un resultado posible, el más positivo, sería la generación de dinámicas de especialización que lleven a una mayor diversificación investigadora, con todas las universidades exhibiendo algún ámbito de excelencia y algunas de ellas pretendiéndolo en todos, o casi. Como observamos en la sección anterior, la LOSU permite estas dinámicas, pero haber limitado la vía obligatoria de acceso por méritos investigadores al 15 por ciento ha sido una ocasión perdida. Sabemos que va a ser difícil corregirlo a corto plazo, pero deberíamos intentarlo vía programas de incentivos en los que la administración central y las autonómicas pongan en valor la posibilidad de incorporar profesorado por méritos de investigación por encima de la media.

Hay otro resultado posible, más negativo desde la perspectiva de las universidades, y poco equilibrado desde la perspectiva de lo que le conviene al país: que el nuevo talento investigador se canalice de forma muy predominante hacia instituciones de investigación no universitarias. Puede suceder si con carácter general los canales de acceso a la universidad no valoran suficientemente la investigación, ya sea porque no respondan a los incentivos para hacerlo o porque las políticas de incentivos desde las administraciones no tengan la potencia necesaria.

6

Formación y protección: medidas para aprovechar las transformaciones del futuro

Manuel Hidalgo[195] y Carlos Victoria[196]

España arrastra un déficit de productividad estructural que corre el riesgo de profundizarse en los próximos años: el constante y cada vez más rápido cambio tecnológico obligará (de hecho, está obligando ya) a los trabajadores a un constante aprendizaje para mantenerse actualizados, efectivos y eficientes. Además, dicho cambio tecnológico favorece la interconexión de la economía mundial, ya no sólo en el comercio de bienes, sino también en el de tareas y servicios, lo que exige, tanto a las empresas como a los trabajadores, una vigilancia constante de la cualificación necesaria para aprovechar al máximo las ventajas que suponen estos cambios.

En particular, la automatización derivada de los profundos cambios tecnológicos experimentados en las últimas décadas, y la irrupción reciente de una inteligencia artificial (IA) que ha sorprendido a muchos, está transformando el mercado laboral hasta tal punto que muchas tareas ya han sido automatizadas o bien están en riesgo de serlo. Los trabajadores son los primeros

195. Profesor de Economía Aplicada en la Universidad Pablo de Olavide y *senior fellow* en EsadeEcPol.

196. Economista y consultor especializado en políticas públicas.

beneficiarios de la adquisición de nuevas habilidades complementarias a este proceso de automatización. En paralelo a todo lo anterior, la pandemia ha acelerado cambios en la estructura laboral y ha incentivado la creación de nuevos tipos de empleos, así como las formas de llevarlos a cabo, como el trabajo a distancia o una mayor flexibilidad laboral. Al mismo tiempo, los compromisos de transición ecológica también conllevan un profundo proceso de transformación sectorial, que deberá ser gestionado mediante la formación y la recualificación de la fuerza de trabajo y de un adecuado despliegue de medidas de protección social que compensen a las industrias en declive y a sus trabajadores.

En definitiva: el hecho de que la tecnología esté en constante evolución y que no descanse en cuanto a su mejora impone que nuestras carreras laborales estén, y estarán, aún más, sometidas a una necesaria actualización constante, que resultará imprescindible para alinear la transformación digital con la descarbonización, en tanto que se espera que las habilidades del primer proceso deberían estar al servicio del segundo.

Oferta y demanda de habilidades

Estos cambios también influyen decididamente en una demanda de habilidades que no deja de evolucionar, poniendo de manifiesto la escasez de profesionales cualificados en determinados sectores. Esto significa que tanto las instituciones educativas como las empresas y los trabajadores deben esforzarse por proporcionar y adquirir la capacitación necesaria para ello.

Sin embargo, una proporción elevada de los trabajadores tienen dificultades para encontrar trabajo en sus propias áreas de especialización o en avanzar en sus carreras debido a la falta de habilidades actualizadas. Si el desajuste de habilidades es un obstáculo importante para el crecimiento económico y el bienestar de los trabajadores, lo es más si cabe en un contexto de cambios profundos ante la irrupción de nuevos avances de propósito general, como puede ser el caso de las inteligencias artificiales generativas. Por tanto, es importante que los empleadores, los trabajadores y los responsables políticos trabajen juntos para cerrar la brecha de habilidades y asegurarse de que los trabajadores tengan éxito en el mercado laboral actual y futuro.

Gráfico 6.1. Tendencias en la escasez y excedentes de habilidades. Promedio no ponderado de la OCDE (2004-2017)

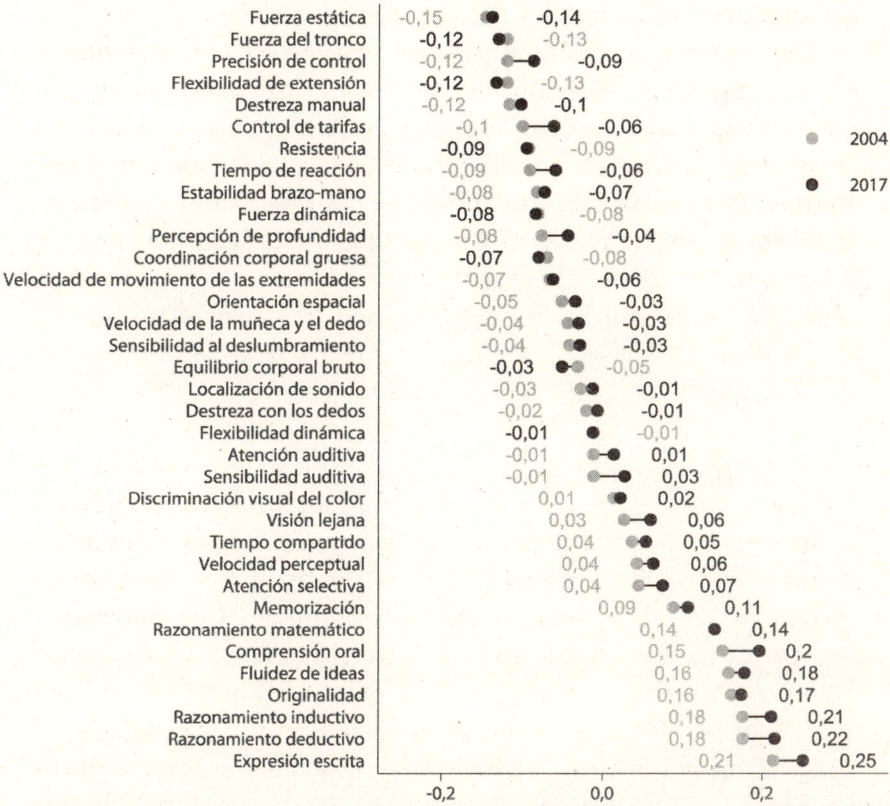

Nota: Los valores positivos en el índice de necesidades de habilidades representan escasez, mientras que los valores negativos corresponden a excedentes. El índice varía entre -1 y +1. El valor máximo representa la mayor escasez observada en los países y áreas de habilidades de la OCDE (31).
Fuente: Elaboración propia a partir de datos de OECD Skills for Jobs database.

En el caso de España, se han detectado efectivamente importantes problemas de desajuste de habilidades en el mercado laboral. Por ejemplo, según un informe del Servicio Público de Empleo Estatal (SEPE), en 2019 se registraron más de 55.000 vacantes de empleo que no se pudieron cubrir debido a la falta de candidatos con las habilidades adecuadas.[197] Además, según el informe anual de la OCDE sobre el mercado laboral español, el desajuste de habilidades es particularmente pronunciado en el sector de las tecnologías de la información y la comunicación (TIC), así como en el sector de la salud y la atención social.[198] En este informe, que analiza las tendencias del mercado laboral y en el que se proporciona una evaluación de las políticas de empleo en los países miembros de la OCDE, entre ellos España, se presta especial atención a los desafíos que enfrentan los jóvenes y los trabajadores con bajos niveles de formación finalizada en el mercado laboral. También se identifican las oportunidades y los desafíos que plantea la digitalización y la transición a una economía más ecológica. La propia OCDE señala la necesidad de ofrecer una formación orientada a las nuevas tecnologías para adecuar la oferta y la demanda de habilidades, para lo que España representa un claro ejemplo.

197. Servicio Público de Empleo Estatal, «Informe del mercado de trabajo estatal. Datos de 2019», Ministerio de Trabajo y Economía Social, 2020, <https://www.sepe.es/SiteSepe/contenidos/que_es_el_sepe/publicaciones/pdf/pdf_mercado_trabajo/2020/imt2020_datos2019_estatal.pdf>.

198. OCDE, *OECD employment outlook 2021: Navigating the COVID-19 crisis and recovery*, OECD Publishing, Francia, 2021, <https://doi.org/10.1787/5a700c4b-en>.

Gráfico 6.2. Proporción de jóvenes y adultos con conocimientos especializados en tecnologías de la información y la comunicación (TIC), por nivel de cualificación (2021)

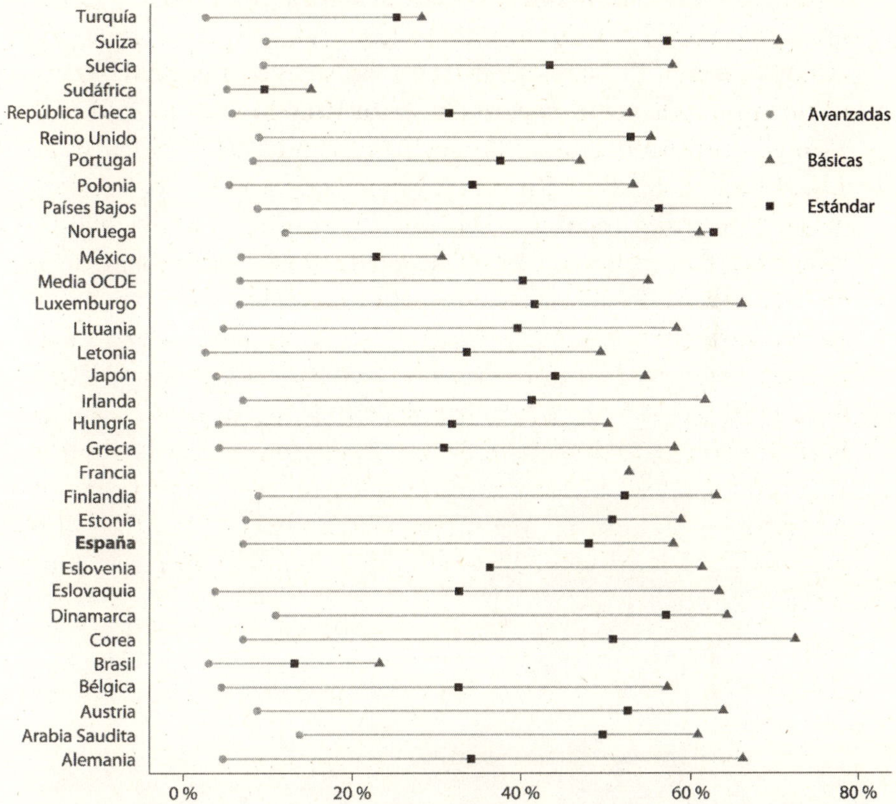

Nota: Para cada país, el valor de las habilidades básicas es el valor promedio de los datos recientes disponibles para las siguientes cuatro actividades: copiar o mover un archivo o carpeta, utilizar herramientas de copiar y pegar para duplicar o mover información dentro de un documento, enviar correos electrónicos con archivos adjuntos y transferir archivos entre una computadora y otros dispositivos. El valor de las habilidades estándar es el valor promedio de los datos recientes disponibles para las siguientes cuatro actividades: utilizar fórmulas aritméticas básicas en una hoja de cálculo, conectar e instalar nuevos dispositivos, crear presentaciones electrónicas con software de presentación y encontrar, descargar, instalar y configurar software. El valor de las habilidades avanzadas es el valor de escribir un programa de computadora utilizando un lenguaje de programación especializado.

Fuente: Elaboración propia a partir de datos de OECD, «Education at a glance, OECD indicators» (2022).

Otro informe de la OCDE[199] también señala que España tiene una tasa relativamente alta de trabajadores con habilidades bajas en comparación con otros países de la Unión Europea. Sin duda, esta falta de adecuación puede deberse a la falta de inversión en educación y formación, así como a la dificultad para atraer y retener talento en el mercado laboral español.

Gráfico 6.3. Porcentaje de trabajadores con educación secundaria o inferior (2021)

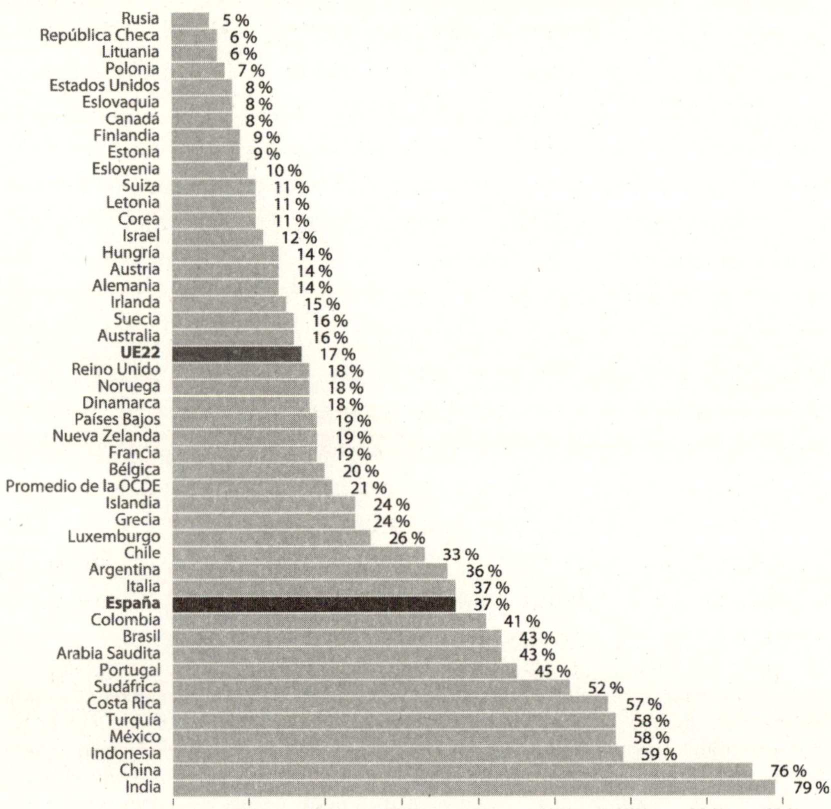

Fuente: Elaboración propia a partir de datos de OCDE, «Education at a glance, OCDE indicators» (2022).

199. OCDE, «Education at a glance 2022, OECD indicators», OECD Publishing, Francia, 2022, <https://doi.org/10.1787/3197152b-en>.

Esta falta de habilidades (de oferta) implica que buena parte de su demanda quede insatisfecha. No es de extrañar, por tanto, que estructuralmente las vacantes en las empresas españolas se concentren en empleos donde las habilidades asociadas a las nuevas tecnologías son más demandadas.

Por ejemplo, el informe InfoJobs y Esade, *Estado del mercado laboral en España* (2021), que analiza las tendencias y perspectivas del mercado laboral español, en su sección sobre habilidades más demandadas destaca la importancia de las habilidades técnicas relacionadas con la tecnología y la informática, como la programación, el desarrollo web y la ciberseguridad.[200] Esto significa que en ocasiones lo que demandan los empleadores y lo que ofrecen las personas candidatas en el plano formativo o competencial no coincide. Esta brecha formativo-laboral es mucho más evidente cuando observamos las necesidades formativas de las vacantes que publican las empresas y los estudios de quienes se postulan para los puestos.

Y en el entorno tecnológico, ¿qué demandan las empresas? El *Informe Infoempleo Adecco* de 2020 aclara esta cuestión.[201] Entre las habilidades técnicas más valoradas se encuentran la programación, la analítica de datos y la inteligencia artificial. Concretamente, las ocupaciones más demandadas en España en 2020 fueron las relacionadas con las tecnologías de la información y la comunicación (TIC), junto con otras solicitadas por empresas industriales, así como en sanidad. En el sector TIC destacaron los perfiles de desarrollador de software, ingeniero de software, consultor tecnológico, programador y analista de datos.

Por su parte, el estudio de ManpowerGroup, «The talent shortage» (2021), analiza las dificultades que tienen las empresas para encontrar talento en todo el mundo, y apunta a que en

200. Infojobs y Esade, *Estado del mercado laboral en España*, Infojobs, Madrid, 2022, <https://nosotros.infojobs.net/wp-content/uploads/2022/03/Informe-Anual-InfoJobs-Esade-2021.pdf>.

201. Adecco, *Informe Infoempleo Adecco 2021: Oferta y demanda de empleo en España*, The Adecco Group, Madrid, 2021, <https://cdnazure.infoempleo.com/infoempleo/documentacion/Informe-infoempleo-adecco-2021.pdf>.

España la dificultad para encontrar habilidades técnicas relacionadas con la tecnología, como programadores, desarrolladores web o especialistas en ciberseguridad es importante.[202] Según una encuesta de esta firma de recursos humanos, el 69 por ciento de los empleadores informaron de que tuvieron dificultades para encontrar candidatos con las habilidades necesarias para llenar las vacantes de trabajo en 2019.

Finalmente, el informe del Foro Económico Mundial, *The Future of jobs report 2023*,[203] muestra la magnitud del cambio en el mundo laboral —combinación de nuevos empleos emergentes y pérdida de empleos en declive—, así como el notable esfuerzo de adaptación por parte de las empresas. Por todo ello, es importante el diseño de nuevas políticas que favorezcan la capacitación de los trabajadores para adquirir la formación reglada adecuada que permita que los futuros trabajadores estén en una mejor posición de empleabilidad en un futuro cercano.

En este contexto, las políticas de recualificación, o *reskilling*, pueden tener un impacto significativo en los mercados de trabajo actuales, en tanto que elevan la empleabilidad de los trabajadores al adquirir nuevas habilidades y conocimientos, aumentando su atractivo laboral y, con ello, la probabilidad de que sean contratados. Además, contribuyen a la reducción del desempleo a largo plazo, ya que la adquisición de estas capacidades puede ayudar a los trabajadores que han perdido sus trabajos debido a la automatización, o a otros cambios en la industria, a encontrar nuevos trabajos que requieren habilidades actualizadas. También permite impulsar la innovación de las empresas al brindar a los trabajadores la capacitación y las habilidades necesarias para trabajar en áreas emergentes, impulsando a la vez el crecimiento económico. Finalmente, aumenta la productividad, pues eleva de igual modo las habilidades y la experiencia de los trabajadores.

202. ManpowerGroup, «The talent shortage», 2022, <https://go.manpowergroup.com/talent-shortage>.

203. Foro Económico Mundial, *The future of jobs report 2023*, World Economic Forum, Suiza, 2023, <https://www3.weforum.org/docs/WEF_Future_of_Jobs_2023.pdf>.

A todo esto hay que añadir las externalidades que generan los trabajadores cuya cualificación encaja mejor con las necesidades que las empresas demandan. Por ejemplo, una adecuada formación de los trabajadores puede cambiar la demanda de habilidades en el mercado laboral, lo que puede tener un impacto en los salarios y en la distribución de empleos en diferentes sectores.

Cambios y reformas recientes

Marco estratégico: el Plan de Recuperación, Transformación y Resiliencia

El ambicioso y multisectorial Plan de Recuperación, Transformación y Resiliencia (PRTR), que articula la salida de la crisis pospandemia a través de los retos digital y verde, establece el marco para desarrollar varias medidas que buscan mejorar las habilidades de los trabajadores y fomentar la formación continua en los ámbitos de la digitalización y el cambio tecnológico, así como en el reto medioambiental. Para ello, las actuaciones del PRTR se enfocan en tres áreas principales: educación y formación, digitalización y transición ecológica.

Respecto a la educación y formación, el PRTR incluye una serie de medidas destinadas a mejorar la educación y la formación de los trabajadores. Entre ellas, cabe destacar el definitivo desarrollo de un sistema de Formación Profesional Dual, que combina la formación en centros educativos con la formación en empresas, así como el fomento de la formación continua para los trabajadores y la mejora de la calidad y la accesibilidad de la formación en línea. En el ámbito de la digitalización, el PRTR incluye medidas para fomentar la transformación digital de las empresas y la mejora de las habilidades digitales de los trabajadores: la creación de un programa de formación en competencias digitales para trabajadores, o la mejora de la formación en tecnologías de la información y la comunicación (TIC) en la educación. Finalmente, en lo que respecta a la transición ecológica, el PRTR incluye medidas para fomentar la formación en habilidades relacionadas con la sostenibilidad y la economía circular, así como la mejora de la formación en áreas como la eficiencia energética y las energías renovables.

Así pues, dado el contexto de cambios definidos anteriormente, el PRTR pretende reducir las brechas digitales y de formación que ha caracterizado secularmente a los trabajadores españoles. En general, el PRTR aborda la mejora de las habilidades de los trabajadores desde una perspectiva amplia y multidimensional, que incluye tanto la educación y la formación como la digitalización y la transición ecológica. Se trata de un enfoque ambicioso y necesario para mejorar la empleabilidad y la competitividad de los trabajadores españoles en el contexto actual de transformación económica y social.

En cualquier caso, el PRTR debe considerarse en un contexto más global, más allá de la situación coyuntural que lo ha motivado, y en el marco de los grandes retos a los que se enfrentan la economía y la sociedad españolas, especialmente las transformaciones digital y verde. De hecho, entre las reformas e inversiones contenidas en él se encuentran políticas públicas ya presentes en numerosos documentos programáticos, estratégicos o de evaluación anteriores al plan. Por tanto, cualquier análisis o propuesta estarían incompletos sin tener en cuenta, por un lado, las grandes reformas pendientes y, por otro, los avances que se han realizado durante los últimos años.

Un sistema de formación que camina hacia la flexibilidad y la adaptación a la demanda

Uno de los primeros cambios en materia de formación profesional ha sido el nuevo reparto de competencias entre los Ministerios de Educación y Formación Profesional, por un lado, y de Trabajo y Economía Social, por otro.[204] De este modo, la Forma-

204. Real Decreto 2/2020, de 12 de enero, por el que se reestructuran los departamentos ministeriales, BOE, 11, de 13 de enero de 2020.

ción Profesional para el Empleo pasaba a corresponder de manera genérica a Educación.[205, 206] Es decir, se ha configurado un sistema que separa de manera clara la política de formación profesional del sistema educativo y para el empleo (incluyendo la dirigida a desempleados y ocupados, y la vinculada a los certificados de profesionalidad) de determinadas acciones de formación para el empleo muy vinculadas al puesto de trabajo, en la línea de lo que se ha venido a denominar «formación en el trabajo»,[207] y no vinculadas a certificados de profesionalidad. Esta nueva configuración, que podría parecer meramente organizativa, pero que tiene una enorme trascendencia práctica, debe ser un primer paso hacia la necesaria flexibilización de determinadas actuaciones de adquisición de competencias profesionales con un enfoque más formativo, frente al más tradicional de corte educativo o académico.

En paralelo, el propio sistema de Formación Profesional, ordenado ahora en un sistema único e integrado, también ha sido objeto de reforma y flexibilización, introduciéndose una tipología de ofertas de carácter parcial y acumulable que abarca desde la acreditación parcial de competencias (las denominadas «microformaciones») hasta los cursos de especialización, pasando

205. Real Decreto 499/2020, de 28 de abril, por el que se desarrolla la estructura orgánica básica del Ministerio de Trabajo y Economía Social, y se modifica el Real Decreto 1052/2015, de 20 de noviembre, por el que se establece la estructura de las Consejerías de Empleo y Seguridad Social en el exterior y se regula su organización, funciones y provisión de puestos de trabajo, BOE, 121, de 1 de mayo de 2020.

206. Quedan en Trabajo, entre otras, la formación en alternancia, la formación con compromiso de contratación, la ligada al diálogo social y la negociación colectiva, y la formación programada en las empresas para la mejora de las competencias, así como, específicamente, «las convocatorias de formación de oferta para ocupados cuando estas acciones formativas no estén ligadas a los certificados de profesionalidad y estén vinculadas al catálogo de acciones formativas del Servicio Público de Empleo Estatal».

207. CEOE, *Libro blanco sobre el sistema de formación en el trabajo*, Confederación Española de Organizaciones Empresariales, Madrid, 2017, <https://www.ceoe.es/es/publicaciones/formacion/libro-blanco-sobre-el-sistema-de-formacion-en-el-trabajo>.

por los certificados de competencia, certificados profesionales y ciclos formativos.[208]

Este nuevo marco normativo y competencial es, sin duda, un cambio necesario, aunque insuficiente si no se desarrolla reglamentariamente y se dota de recursos, tanto financieros como humanos, y se garantiza que los requisitos burocráticos (por ejemplo, en lo referente a la actualización de las formaciones o las certificaciones) no limiten su flexibilidad y su capacidad de adaptación a los cambios productivos, tecnológicos y sectoriales. En particular, todavía queda pendiente el despliegue de tres elementos clave para la adquisición de cualificaciones profesionales que deberían ser prioritarios: la regulación de las «microformaciones», la ordenación de la orientación profesional y la reforma de los procedimientos de evaluación y acreditación de competencias básicas en la población adulta.

Unas políticas activas de empleo más enfocadas

Las políticas activas de empleo (PAE) son una palanca de empleabilidad clave en un país con un alto desempleo estructural, como muestra la evidencia empírica.[209] Sin embargo, en nuestro país se encuentra sesgada hacia los incentivos al empleo, frente a la formación y la orientación, con unos resultados manifiestamente mejorables en las últimas décadas.

El diagnóstico más completo sobre las PAE publicado recientemente es el informe de evaluación del gasto público (*spending review*) realizado por la Autoridad Independiente de Responsabilidad Fiscal (AIReF) y publicado en 2019.[210] En éste se analizan programas y servicios por un importe que asciende a unos

208. Ley Orgánica 3/2022, de 31 de marzo, de ordenación e integración de la Formación Profesional, BOE, 78, de 1 de abril 2022.

209. Véase, por ejemplo, Card, D.; Kluve, J.; y Weber, A., «What works? A meta analysis of recent active labor market program evaluations», *Journal of the European Economic Association*, 16, 3 (2018), pp. 894-931, <https://doi.org/10.1093/jeea/jvx028>.

210. AIReF, *Evaluación del gasto público 2018. Proyecto 3 (PAE)*, Madrid,

seis mil quinientos millones de euros, correspondientes al año 2017. La AIReF evidencia que existen claras deficiencias que cuestionan la calidad del gasto en este ámbito: no se perfila a los desempleados ni se asignan los itinerarios formativos de forma normalizada o coordinada; la intermediación es baja (por ejemplo, el ajuste oferta-demanda sigue siendo marginal y el grado de digitalización es muy heterogéneo); y no hay una integración suficiente de las PAE con las políticas sociales.

Para tratar de afrontar estos problemas, en el marco del PRTR se ha aprobado recientemente una nueva Ley de empleo,[211] que busca potenciar la intermediación laboral, fundamentar la toma de decisiones en materia de PAE en el análisis de datos del propio sistema y del mercado de trabajo, crear un catálogo de servicios garantizados mediante el refuerzo de la Cartera Común de Servicios, y apostar de manera decidida por la evaluación.[212] Sin embargo, un nuevo marco normativo es una pieza necesaria pero no suficiente, en particular si existen carencias organizativas y de capacidad en las administraciones responsables (por ejemplo, en materia de personal o de gestión), y, especialmente, si la dotación presupuestaria y de personal es insuficiente para dar cumplimiento efectivo a los nuevos derechos recogidos en la ley.[213]

2019, <https://www.airef.es/wp-content/uploads/2019/06/Estudio3-PAE/protegido_Proyecto_03.pdf>.

211. Ley 3/2023, de 28 de febrero, de empleo, BOE, 51, de 1 de marzo de 2023.

212. Curiosamente, este nuevo marco normativo coexistirá con un documento estratégico cuya aprobación fue anterior a la de la ley, el Real Decreto 1069/2021, de 4 de diciembre, por el que se aprueba la Estrategia Española de Apoyo Activo al Empleo 2021-2024, BOE, 292, de 7 de diciembre de 2021, pero que, no obstante, ya recogía algunas de las grandes líneas de actuación que se antojan imprescindibles para la adaptación al cambio sectorial en general y a las grandes transformaciones digital y tecnológica en particular, como son lograr un mejor conocimiento de los desajustes de la oferta y la demanda de habilidades, planificar mejor las actuaciones de formación y hacer un mejor uso de los datos y de las herramientas tecnológicas disponibles.

213. García Díaz, M. A., «Algunos comentarios sobre el proyecto de ley de

Medidas complementarias

Finalmente, cabe señalar que todo proceso de cambio sectorial, además de llevar aparejado un profundo proceso de recualificación competencial, no puede ser ajeno a las necesarias actuaciones de protección social que acompañen a los trabajadores y desempleados en éste.

De manera más coyuntural y sobrevenida, derivada de la pandemia, pero también más estructural, se han dado ciertos pasos en la adaptación de nuestro sistema de protección social a la política de empleo y formación que han mejorado su integración y vinculación. Por ejemplo, el nuevo Mecanismo RED de Flexibilidad y Estabilización del Empleo cuenta con una modalidad sectorial, específicamente destinada a aquellos sectores que sufran «cambios permanentes que generen necesidades de recualificación y de procesos de transición profesional».[214] O, en el marco del ingreso mínimo vital, se prevé el despliegue de itinerarios de inclusión adaptados a las características de los perceptores (por ejemplo, con componentes formativos o de orientación laboral).[215] Sin embargo, de momento estos itinerarios se encuentran en una fase piloto a la espera de su evaluación.

Propuestas de reforma

Más allá de las reformas que ya se han llevado a cabo, quedan pendientes cambios normativos y organizativos e inversiones en materia de formación, PAE y apoyo a la recualificación profesional que permitan alinear la imprescindible adaptación a las

empleo», Fedea, Colección Apuntes n.º 2022-30, Madrid, 2022, <https://fedea.net/algunos-comentarios-sobre-el-proyecto-de-ley-de-empleo/>.

214. Real Decreto Ley 32/2021, de 28 de diciembre, de medidas urgentes para la reforma laboral, la garantía de la estabilidad en el empleo y la transformación del mercado de trabajo, BOE, 313, de 30 de diciembre de 2021.

215. Ley 19/2021, de 20 de diciembre, por la que se establece el ingreso mínimo vital, BOE, 304, de 21 de diciembre de 2021.

transformaciones digital y verde, de manera que la primera sirva a la segunda, y ambas sirvan a la actualización de nuestras carreras laborales. El objetivo es una reorientación inclusiva de las políticas activas, y los mecanismos con los que se pretende llevar a cabo son la evaluación, la puesta a disposición de la orientación de los avances y hallazgos de este proceso, y la financiación.

Objetivo: reorientar las políticas activas de empleo

El objetivo último es reorientar las políticas activas de empleo hacia un esquema en el que la orientación y la formación tengan un papel fundamental, lo que pasa por la necesaria (y todavía pendiente) reforma del sistema de incentivos al empleo. Estos potenciales avances en intermediación y formación no deben dejar de lado el hecho de que la política de orientación y formación puede tener un valor muy heterogéneo en función de determinadas características de los trabajadores. Por ejemplo, existe evidencia de que los trabajadores de menor nivel de cualificación, que son precisamente quienes se ven más afectados por el cambio sectorial, pueden encontrarse en una «trampa de bajas habilidades», con pocas oportunidades para la recualificación.[216]

Un verdadero despliegue de las actuaciones de apoyo integral y personalizado como las contenidas en la nueva Ley de empleo (que requiere garantizar el derecho subjetivo contenido en la norma) o la generalización de sistemas de reconocimiento de las competencias profesionales adquiridas por experiencia laboral y de oportunidades de aprendizaje modular (como las nuevas «microformaciones») pueden eliminar algunas de las barreras que sufren aquellos trabajadores y desempleados más vulnerables.

216. OCDE, *Getting skills right: Engaging low-skilled adults in learning*, OECDE Publishing, Francia, 2019, <www.oecd.org/employment/emp/engaging-low-skilled-adults-2019.pdf>.

Mecanismos instrumentales: prospección y detección de necesidades formativas, de orientación y de financiación

Para hacer efectivo el derecho a determinados servicios garantizados en la nueva Ley de empleo relevantes para la recualificación profesional, como son la elaboración de un perfil individualizado, la tutorización individual y el asesoramiento continuado, el itinerario o plan personalizado y la formación en el trabajo, así como para la adecuada implementación de las actuaciones de intermediación recogidas en esta misma ley, es necesario avanzar en el desarrollo de herramientas y metodologías de análisis de datos que permitan hacer un uso exhaustivo y más completo de las numerosas fuentes estadísticas ya disponibles.[217] Esto permitiría mejorar la explotación tanto de la información disponible a través del Sistema Público Integrado de Información de los Servicios de Empleo y el Observatorio de las Ocupaciones como de la existente sobre contratación y mercado de trabajo, así como de otros datos públicos o privados (por ejemplo, datos de portales de empleo, de formación o similares), en colaboración con otras entidades y organizaciones públicas y privadas.

El uso de nuevas herramientas y metodologías, y de las fuentes de datos disponibles permitiría planificar de manera estratégica: dar cumplimiento a la función permanente de prospección y detección de necesidades formativas del sistema,[218] así como a la elaboración de escenarios de largo plazo que permitan identificar las tendencias y la evolución de la economía, los sectores en auge y en reconversión (junto con las necesidades de formación y recualificación de sus trabajadores), y las competencias transversales prioritarias. Sin una identificación adecuada y ágil de

217. Para más información, véase el capítulo 2 sobre la necesidad de que la administración, para ser moderna, debe basarse en los datos, escrito por Almunia, Rey y Raigada.

218. Ley 30/2015, de 9 de septiembre, por la que se regula el sistema de Formación Profesional para el empleo en el ámbito laboral, BOE, 217, de 10 de septiembre de 2015.

las carencias y necesidades formativas de los trabajadores ni de los requerimientos de cualificaciones del sistema productivo, no se podrá realizar un adecuado diseño de la oferta formativa, lo que mermará la eficiencia del gasto. Además, debe llevarse a cabo la reforma de la Ley 30/2015, por la que se regula el sistema de Formación Profesional para el empleo en el ámbito laboral, para corregir aquellos aspectos que se han mostrado insuficientes o contraproducentes en su implementación, avanzando hacia un verdadero sistema de formación en el trabajo.

El despliegue completo del nuevo sistema de Formación Profesional y la mayor flexibilidad de la formación en el trabajo no vinculada a certificados de profesionalidad debe permitir trasladar estos hallazgos en materia de prospección y detección de necesidades formativas a los instrumentos de planificación estratégica de la oferta formativa. De manera paralela, determinados instrumentos de apoyo financiero (en forma de ayudas a las personas o a las empresas) y de apoyo en términos de tiempo para dedicar a la formación (flexibilidad, permisos, etcétera) también pueden contribuir a lograr la adquisición de formación y competencias por parte de estos colectivos.

Por último, se deberá dotar de herramientas y de formación continuada al personal de la nueva Agencia Española de Empleo y constituir la Oficina de Análisis de Empleo prevista en la Ley de empleo. Un mero cambio nominal del Servicio Público de Empleo no será suficiente si no se aprovecha la mayor flexibilidad que otorga el régimen jurídico de estos organismos para acometer los cambios que se han identificado en las evaluaciones y los procesos de revisión del gasto público.

Conclusiones

El cambio tecnológico y los retos de la transición ecológica conllevarán un proceso de cambio sectorial que va a suponer un esfuerzo extraordinario de recualificación profesional de la fuerza de trabajo. Con el fin de estar preparados para unos retos que ya son del presente, debemos, en primer lugar, convertir las amenazas en oportunidades, haciendo un uso exhaustivo de las herramientas de análisis de datos disruptivas para diseñar una oferta formativa adecuada, flexible y adaptada que permita a los trabajadores y a los desempleados acometer los necesarios procesos de *upskilling* y *reskilling*, garantizando la adecuada protección y acompañamiento en aquellas empresas y sectores en transformación.

7

Cómo descarbonizar de manera eficaz y justa

Pedro Linares[219], Marta Suárez-Varela[220]
y Natalia Collado[221]

Introducción

La descarbonización es uno de los mayores retos a los que se enfrenta la economía española en los próximos años. Nuestro país debe reducir sus emisiones de gases de efecto invernadero en un 23 por ciento con respecto a 1990 para 2030, y alcanzar la neutralidad en 2050, de acuerdo con la Ley de cambio climático y transición energética. Para ello será preciso hacer nuestras economías menos intensivas en energía, y modificar los vectores energéticos utilizados por los distintos sectores, sustituyendo combustibles fósiles por fuentes libres de emisiones. Esto plantea retos técnicos, económicos y políticos, aunque también muchas oportunidades si la transición a esta economía neutra en emisiones se diseña de forma adecuada.

La transición ha comenzado ya con propuestas como la ley antes mencionada, el Plan Nacional Integrado de Energía y Cli-

219. Profesor en IIT-ICAI, Universidad Pontificia Comillas y *senior fellow* en EsadeEcPol.

220. Economista sénior en Banco de España.

221. Economista investigadora en EsadeEcPol.

ma, la Estrategia de Descarbonización a Largo Plazo, diversas hojas de ruta sectoriales o normativas aprobadas sobre subastas renovables, autoconsumo o comunidades energéticas. Sin embargo, serán necesarias aún políticas más ambiciosas, en particular en el ámbito fiscal, pero también regulatorias, institucionales y compensatorias si se pretende alcanzar los objetivos de reducción de emisiones en los plazos previstos, y además hacerlo de forma justa y con creación de empleo y bienestar.

En este sentido, es fundamental comenzar ya a enviar a los agentes las señales necesarias para invertir en las nuevas tecnologías bajas en emisiones, pero también para cambiar sus comportamientos. En los próximos cuatro años deben desplegarse estas señales para lograr un sistema eléctrico renovable y seguro, para comenzar a modificar los patrones de movilidad, para reducir el consumo energético en los edificios y para impulsar la transformación de la industria hacia una más competitiva a nivel global.

Una aproximación transversal

Hay dos maneras de abordar algo tan omnipresente como la descarbonización de una economía: a través de los segmentos que la componen o de los instrumentos que se pueden emplear para caminar hacia esa descarbonización. La perspectiva de los instrumentos ofrece una idea del tipo de herramientas que usaremos, mientras que la de los segmentos arroja luz sobre dónde se aplicará cada uno de ellos.

La manera más natural de delimitar la tarea que tenemos por delante es siguiendo un recorrido más transversal a través de las dinámicas económicas: la fuente o *input* que nutre la actividad económica y es el principal causante de las emisiones de gases de efecto invernadero (es decir: la energía), cómo la transformamos en producción de bienes y servicios (la industria), cómo nos movemos y dónde vivimos (o trabajamos). La descarbonización debería suceder en todos estos frentes de manera más o menos simultánea. Y en todos, como veremos en las siguientes secciones, es necesario actuar de manera decidida.

En contraste, los instrumentos ofrecen la perspectiva natural para quien elabora, analiza o vota por políticas públicas determinadas. Una forma de clasificación es precisamente según el tipo de influencia que ejercen sobre la economía: los que incentivan ciertos comportamientos o desincentivan otros (incentivos económicos, principalmente impuestos y subvenciones), aquellos basados en la regulación, los sistemas que impulsan la economía en la dirección deseada (la de descarbonización) y los que compensan por los costes producidos en la transición.

- **Incentivos.** El establecimiento de señales de precios es fundamental para orientar las inversiones hacia las alternativas más sostenibles. Sin embargo, actualmente España mantiene una de las recaudaciones por impuestos medioambientales más reducidas de la Unión Europea. Si bien el sistema de comercio de derechos de emisiones europeo (ETS) ya cubre en torno a la mitad de las emisiones,[222] y está previsto que se extienda a transporte y edificios, será necesario añadir una serie de figuras impositivas a nivel nacional, así como modificar algunas de las existentes para evitar las distorsiones que actualmente generan.
- **Regulaciones.** Las medidas de naturaleza impositiva son necesarias, pero no suficientes: han de acompañarse de regulaciones que catalicen las inversiones que se requieren y un cambio en el comportamiento de los ciudadanos y empresas que en algunos casos sólo puede lograrse a través de obligar o forzar dichos comportamientos.
- **Impulsos.** La descarbonización supondrá un esfuerzo para los agentes económicos. Retener las cadenas de valor asociadas a los procesos de descarbonización, al mismo tiempo que se promueve la innovación y el desarrollo industrial en torno a éstos, es clave para aprovechar las oportunidades económicas de la transición.
- **Compensaciones.** La descarbonización generará costes de transición —en particular entre las rentas bajas, las zonas

222. De acuerdo con datos del Inventario Nacional de Emisiones.

rurales y las regiones dependientes de actividades económicas basadas en el uso de combustibles fósiles—. Además, la visibilidad para los contribuyentes de este tipo de políticas puede generar un importante rechazo social. Si no queremos reproducir en España fenómenos como el de los «chalecos amarillos» en Francia, se deberán incorporar mecanismos de compensación que permitan revertir los impactos distributivos negativos. Siguiendo las recomendaciones del Banco de España[223] y del *Libro Blanco para la reforma tributaria*,[224] dichas compensaciones deberían implementarse a través de transferencias directas o compensaciones, preferiblemente articuladas a través de la imposición personal sobre la renta (IRPF), o «cheques» específicos. En términos generales, es preferible evitar el uso de transferencias universales y diseñar en su lugar medidas altamente focalizadas, que queden limitadas a aquellos grupos socioeconómicos más expuestos en función de su renta, hábitat o composición familiar.[225] Y combinando las compensaciones y los incentivos, será también necesario diseñar instrumentos mixtos, que faciliten el acceso de los hogares de renta baja a las necesarias inversiones, como las destinadas a la renovación de vivienda o los vehículos de bajas emisiones.

La tabla 7.1 es la caja de herramientas que proponemos desde esta doble perspectiva. No están todas las que son, pero sí las que nos parecen más destacables, urgentes o implementables para el caso español. En las siguientes secciones las consideramos una a una, siguiendo el orden de las áreas sobre las que actuar: fuentes energéticas, industria, movilidad y edificación.

223. Banco de España, *Informe anual 2021. La economía española ante el reto climático*, BCE, Madrid, 2021.

224. Comité de personas expertas, *Libro Blanco sobre la reforma tributaria, Instituto de Estudios Fiscales*, Ministerio de Hacienda y Función Pública, Madrid, 2022.

225. En el *Libro Blanco sobre la reforma tributaria* (Comité de personas expertas, 2022) y en Gago, Labeaga y López-Otero (2021) se muestran algunos posibles diseños de estas transferencias y sus implicaciones distributivas.

Tabla 7.1. Matriz de propuestas para la descarbonización

	INCENTIVAR	REGULAR	IMPULSAR	COMPENSAR
Fuente de una energía descarbonizada: electrificación	Supresión del impuesto sobre el valor añadido de la producción eléctrica (IVPEE)	Opciones de fiabilidad a largo plazo		Opciones de asequibilidad
	Reducción del impuesto especial sobre la electricidad (IEE)	Obligaciones de creadores de mercado		Bonos compensatorios más generales, con criterios de renta y tamaño del hogar, accesibles e integrados con el resto de los sistemas de transferencias
Cómo producimos: industria e innovación		Contratos por diferencia de carbono	Redes de centros de investigación para la transferencia efectiva y coordinada de conocimiento	
		Compra pública verde	Agencias capaces de asumir riesgos	
		Contratos de compra de energía competitiva para grandes consumidores	Evaluación de propuestas de investigación más ágiles	
			Financiación de I+D amplia, estable y de largo plazo; transparente y con rendición de cuentas, con flexibilidad y autonomía	
			Proyectos piloto para probar a escala comercial tecnologías prometedoras	

	INCENTIVAR	REGULAR	IMPULSAR	COMPENSAR
Cómo nos movemos: transporte	Peajes	Zonas de bajas emisiones	Mejora, ampliación y rediseño de rutas del transporte público	Ayudas para la compra de vehículos de bajas emisiones con criterios de renta
	Igualar impuestos gasolina y diésel			
	Impuesto de matriculación extendido y por peso			
	Impuesto de circulación en función de emisiones en lugar de valor			
Dónde habitamos: edificación	IBI de acuerdo con estándares energéticos	Pasaporte energético		Asegurar criterios de renta en las deducciones
	Deducciones fiscales o subvenciones a cambio de mejoras energéticas	Certificados blancos		Considerar subvenciones directas
		Estándar mínimo energético de cartera hipotecaria para entidades financieras		Priorización de viviendas con más necesidades

Fuente: Elaboración propia, EsadeEcPol.

La fuente: renovables y electrificación

La mayor electrificación de la demanda es un elemento fundamental para la descarbonización de la economía y debe ir necesariamente acompañada de un aumento de la penetración de las energías renovables en la generación de electricidad.

Para lograr la integración masiva de estas tecnologías es necesario revisar el diseño del mercado eléctrico para asegurar que envía las señales correctas para compatibilizar un funcionamiento y una inversión eficientes con el traslado de precios más estables y ajustados a los consumidores finales.

En primer lugar, hay que mejorar los mercados a corto plazo: aquellos en los que se compra y vende electricidad. Éstos deben tener la mayor granularidad posible, tanto temporal como geográfica, para conseguir la flexibilidad y la eficiencia necesarias en un sistema eléctrico renovable.

Pero simultáneamente hay que fomentar los mercados a largo plazo. Tal y como funcionan actualmente los de corto plazo, los generadores (es decir, los vendedores) de energía ofertan en un día determinado a un precio por kilovatio según la tecnología que empleen para generar electricidad. Estas ofertas se ordenan de la más barata a la más cara hasta cubrir la demanda total (según el conocido como «orden de mérito»). La oferta más cara, denominada marginal, es la que marca el precio para todos, consumidores y generadores. De este modo, los generadores con ofertas más baratas, denominados inframarginales, obtienen un beneficio equivalente a la diferencia entre su coste variable y el precio del mercado. Esto permite, por un lado, asegurar la recuperación de costes y, por otro, trasmitir las señales adecuadas a productores y consumidores para una operación eficiente. Habitualmente las centrales que usan gas o carbón, que son las que determinan el precio, son también las más caras, al tener que cubrir los costes de dichos combustibles fósiles, mientras que las renovables, con elevados costes de instalación pero bajos costes de operación, obtienen mayor beneficio. Ahora bien, a medida que aumente la cantidad de vendedores que acuden a este mercado con kilovatios producidos a partir de renovables, se irá reduciendo el precio por puro desplazamiento de las tecnologías más caras en costes variables. Así, cuando las renovables dominen la matriz de generación energética, los precios a corto plazo serán mucho más baratos, reduciendo la rentabilidad de todas las tecnologías, incluidas las renovables.[226]

Por lo tanto, es importante establecer mecanismos que per-

226. Peña, J. I.; Rodríguez, R.; y Mayoral, S., «Cannibalization, depreda

mitan a los inversores recuperar los costes fijos a largo plazo y fomentar la inversión en energías renovables. Para ello, tal y como proponen Chaves *et al.*,[227] necesitamos productos y plataformas de negociación estandarizados y tecnológicamente neutros a escala europea. De forma complementaria, hay que desarrollar mecanismos competitivos que garanticen la seguridad de suministro y doten al sistema de flexibilidad. Las opciones de fiabilidad son una alternativa que permitiría alcanzar ambos objetivos: contratos a largo plazo basados en opciones de compra que el comprador puede ejercer cuando el precio de mercado supere un valor determinado, que se utiliza como indicador de escasez en el mercado y que debe fijarse por encima del coste variable de la tecnología más cara del sistema. Estas opciones de fiabilidad ofrecen a los inversores la seguridad necesaria para invertir en proyectos de energías renovables a largo plazo, ya que les garantizan una rentabilidad estable y protegen contra la volatilidad de los precios de mercado. Además, al fijar un precio por encima del coste variable de la tecnología más cara, se incentiva la inversión en energías renovables, lo que a su vez reducirá el precio de mercado a largo plazo al aumentar la cantidad de energía renovable disponible.

Finalmente, también hay que reformar algunos mecanismos del mercado minorista que nos permitan asegurar la competencia, la promoción de un comportamiento eficiente de la demanda y la protección a los consumidores más vulnerables. En particular:

- **Para asegurar la competencia** se pueden aplicar obligaciones de «creadores de mercado» para las empresas integradas verticalmente.[228] Esto mitigaría la ventaja competi-

---

tion, and market remuneration of power plants», *Energy Policy*, 167 (2022), 113086, <https://doi.org/10.1016/j.enpol.2022.113086>.

227. Chaves, J. P., *et al.*, «An assessment of the European electricity market reform options and a pragmatic proposal», Instituto de Investigación Tecnológica, Madrid, 2023, <https://www.iit.comillas.edu/documentacion/workingpaper/IIT-23-035WP/An_assessment_of_the_European_electricity_market_reform_options_and_a_pragmatic_proposal.pdf>.

228. Schittekatte, T.; y Batlle, C., «Calls of an electricity market reform in the EU: don't shoot the messenger», MIT Center for Energy and Environmen-

tiva que tienen dichas empresas por contar con una cartera de generación diversificada y mejoraría la gestión del riesgo del resto de las comercializadoras, con el consiguiente beneficio para los consumidores.

- **Respecto al diseño de tarifas**, es necesario asegurar que tanto los peajes de red como otros cargos o costes de políticas deben trasladarse sin causar distorsiones y de forma equitativa.
- Por último, **los consumidores vulnerables** deben ser protegidos eficazmente, mediante opciones de asequibilidad o cheques energéticos financiados con cargo al presupuesto público. Se trata de acuerdos a largo plazo en los que se establecen precios asequibles para un grupo de consumidores, normalmente aquellos más vulnerables. En lugar de evitar los picos de precios relacionados con la escasez, estos contratos ofrecen precios medios razonables. Para llevarlos a cabo se pueden utilizar opciones de compra asiáticas, con un precio de ejercicio que representa el límite del precio asequible. En caso de tratarse de consumidores vulnerables, estas opciones deberían ser contratadas o subastadas por el regulador.

Estas medidas han de acompañarse por otras de índole fiscal, que eviten gravar de forma excesiva la electricidad, para no desincentivar que los individuos adopten inversiones que permitan un mayor grado de electrificación (como el coche eléctrico o la climatización). En este sentido, el *Libro Blanco sobre la reforma tributaria*[229] recomienda la supresión del impuesto sobre el valor de la producción eléctrica (IVPEE) y una reducción del impuesto especial sobre la electricidad (IEE), además de mejorar el diseño de los impuestos propios autonómicos con efectos sobre el sector eléctrico. El comité de expertos no encontró deseable, sin embargo, añadir a estas medidas una reducción del tipo del

tal Policy Research, 2023, <https://ceepr.mit.edu/wp-content/uploads/2023/02/MIT-CEEPR-RC-2023-02.pdf>.

229. Comité de personas expertas, *op. cit.*

IVA aplicado sobre la electricidad, ya que podría generar un elevado coste recaudatorio y el abaratamiento derivado podría ir en detrimento de la eficiencia energética.

Desde el punto de vista de las compensaciones, con respecto a los bonos asociados al consumo energético, una reforma de los actuales bonos sociales eléctrico y térmico permitiría mejorar su eficacia. Así, en la actualidad la inclusión de criterios distintos de los de renta (por ejemplo, familia numerosa) implica que estos instrumentos recaigan también en hogares de renta alta, mientras que no consiguen cubrir todos los hogares de menor renta que se encuentran en situación de pobreza energética. Para corregir estas deficiencias se recomienda combinar los criterios de renta con los de tipo de hogar, en lugar de fijar un umbral de renta universal —como los 26.000 euros que se han venido discutiendo—.[230] También es preciso tener en cuenta que el consumo de energía eléctrica representa únicamente una fracción del gasto energético de los hogares españoles, por lo que sería recomendable extenderlo a otros vectores energéticos (gas, combustibles de transporte...).[231] Finalmente, la eliminación de las barreras burocráticas para solicitar estos bonos a través de, por ejemplo, un sistema de concesión automática, permitiría mejorar sustancialmente su funcionamiento.

Cómo producimos: una política industrial innovadora

La única forma de aprovechar las oportunidades que presenta la transición ecológica, en términos de crecimiento económico y empleo, es retener las cadenas de valor asociadas a todos los procesos de descarbonización: las energías renovables, los vehículos

230. Para mayor nivel de detalle, véase: Martínez, A.; Collado, N.; y Galindo, J., «A quién llegan los bonos energéticos: un análisis por nivel de renta y tipos de familia», EsadeEcPol, Insight n.º 47, marzo de 2023.

231. Economics for Energy, *Pobreza energética en España. Análisis económico y propuestas de actuación*, Vigo, 2014.

eléctricos, la construcción sostenible, los equipos de usos finales eficientes o la industria libre de emisiones. Ser capaces de producir electricidad renovable (o hidrógeno) de forma más competitiva que otros países europeos, o desplegar tecnologías descarbonizadas, no garantiza esta retención de las cadenas de valor si no va acompañado de un marco que promueva la innovación y el desarrollo industrial en torno a estos procesos.[232]

Este marco debe constar de dos componentes: un entorno institucional que promueva la innovación significativa y disruptiva, y una política industrial que incentive la adopción y desarrollo de estas innovaciones.

En cuanto al entorno institucional de la innovación, como queda reflejado y ampliado en el capítulo 6 del presente libro, las mejores prácticas internacionales[233] incluyen:

- La creación de economías de escala, que unan los centros de investigación o creen redes, como el Instituto Tecnológico Italiano o los Energy Frontier Research Centers de Estados Unidos.
- La transferencia efectiva de conocimiento y tecnología, como la lograda en Singapur, en la Sociedad Fraunhofer de Alemania o en los Energy Innovation Hubs de Estados Unidos.
- La coordinación entre administraciones, centros de investigación y socios industriales, como en el Plan de Hidrógeno alemán o los clústeres del País Vasco.
- La creación de agencias capaces de asumir riesgos y, por tanto, promover la innovación disruptiva, como ARPA-E en Estados Unidos o ARIA en el Reino Unido.

232. Además de establecer sistemas que protejan frente a la competencia desleal de regiones sin precio al carbono, en la línea de los mecanismos de ajuste en frontera. Para entender el sistema europeo actual y sus problemas, véase: Linares, P., «Una modesta propuesta para mejorar el mecanismo de ajuste de carbono en frontera», EsadeEcPol, Insight n.º 40, junio de 2022.

233. Véase, por ejemplo: Meckling, J., *et al.*, «Energy innovation funding and institutions in major economies», *Nature Energy*, 7, 9 (2022), pp. 876-885, <https://doi.org/10.1038/s41560-022-01117-3>.

- Sistemas de evaluación de propuestas de investigación más ágiles, menos sesgados hacia investigadores consolidados y con menor carga burocrática.
- Y, por supuesto, financiación amplia, estable y a largo plazo, transparente y con rendición de cuentas, con flexibilidad, autonomía y sin burocracia innecesaria. En España estamos por debajo de la media europea; nuestro presupuesto público en I+D en energía por PIB es el cuarto por la cola en la OCDE. La financiación europea (Innovation Fund) no es suficiente: es preciso generar una fuente de financiación nacional adicional. Y, llegado el caso, puede ser necesario jerarquizar por sectores estratégicos.

El segundo componente es una política industrial que incentive la innovación en tecnologías y productos descarbonizados, y que podría desarrollarse en una ley de industria moderna y coherente con la transición ecológica. La lentitud y la falta de flexibilidad en la asignación de los fondos europeos para la industria apuntan a la conveniencia de la creación de una agencia de desarrollo e innovación industrial, que pueda además desplegar cuatro mecanismos básicos[234] para una política industrial descarbonizadora, inteligente e innovadora:

1. **Contratos por diferencia de carbono** para dar seguridad en las inversiones necesarias a aquellas industrias que se comprometan a descarbonizar: estos contratos son un mecanismo financiero que busca proporcionar seguridad en las inversiones necesarias para la descarbonización de la economía. Estos contratos funcionan mediante la fijación de un precio cierto para el carbono que se emitirá en el futuro. El comprador se compromete a pagar dicho precio, independientemente del precio de mercado

234. Neuhoff, K., *et al.*, «Building blocks for a climate-neutral European industrial sector: Policies to create markets for climate-friendly materials to boost EU global competitiveness and jobs», *Climate Strategies*, octubre de 2019, <https://climatestrategies.org/publication/buildingblocks/>.

en el momento de la emisión de carbono, mientras que el vendedor se compromete a entregar una cantidad específica de emisiones de carbono en una fecha determinada. Si el precio de mercado del carbono es inferior al fijado en el CDC, el comprador recibe la diferencia, mientras que si es superior al del CDC, el comprador paga la diferencia.

2. **Compra pública verde** (la adquisición de bienes y servicios que cumplen con criterios de descarbonización determinados) para crear mercados para las innovaciones desarrolladas.
3. **Contratos de compra de energía competitiva para las industrias intensivas en energía**: se trata de un mecanismo que permite a las empresas comprar energía baja en emisiones a largo plazo a precios competitivos, lo que les permite reducir su exposición a la volatilidad de los precios y acceder a precios menores a los del largo plazo.
4. **Desarrollo de proyectos piloto** para probar a escala comercial tecnologías prometedoras. Es decir: además de un entorno institucional favorable a la innovación, se debe poner en marcha una política industrial que incentive la adopción y el desarrollo de estas innovaciones. A tal efecto, y para articular estos mecanismos, sería conveniente desarrollar una ley de industria consecuente con la transición ecológica y crear una agencia de desarrollo e innovación industrial que pueda poner en marcha los elementos clave de esta nueva política industrial.

Cómo nos movemos: transporte descarbonizado

El transporte es el responsable de una de cada cuatro toneladas de gases de efecto invernadero que se emiten a la atmósfera en España. Avanzar en la descarbonización de este sector es clave para alcanzar la neutralidad climática y se sustenta en tres pilares fundamentales: el cambio modal hacia medios más sostenibles, la promoción de la electromovilidad y la retirada de los vehículos convencionales.

Para que estas transformaciones se produzcan, es necesario actuar en varios frentes. En primer lugar, es necesario mejorar y ampliar la red de transporte público. Contrariamente a lo que se podría pensar, esto no necesariamente implica un aumento de la inversión en infraestructura: se pueden conseguir mejoras sustanciales con el rediseño de rutas.[235] No obstante, a la hora de diseñar estas políticas es importante tener en cuenta que suelen ser más eficientes en entornos urbanos, por lo que en áreas menos densamente pobladas las actuaciones deben tener un enfoque distinto.

En paralelo, se pueden implementar otras medidas de índole regulatorio para desincentivar el uso del vehículo privado, como las zonas de bajas emisiones (ZBE) y los peajes urbanos. Hay que tener presente que pese a que las primeras son más populares y su uso está más extendido,[236] son menos efectivas a la hora de reducir la contaminación, pero no la congestión y la contaminación derivada del tráfico.[237] Una combinación de ambas puede resultar más efectiva al abordar ambos problemas y generar recursos que, a su vez, pueden ser reinvertidos en la red de transporte público.[238]

Un segundo bloque de políticas tendrían relación con la fiscalidad del transporte. En particular, como se expone en el *Libro Blanco sobre la reforma tributaria*,[239] habría que aumentar la fis-

235. Declercq, D., *et al.*, *Estrategias para la descarbonización del transporte terrestre en España. Un análisis de escenarios*, Economics for Energy, Vigo, 2021.

236. Por ejemplo, la Ley de cambio climático incluye el establecimiento de zonas de bajas emisiones en 2023 para todas las ciudades españolas de más de 50.000 habitantes y para aquellas de más de 20.000 que muestren una insuficiente calidad del aire.

237. Bernardo, V.; Fageda, X.; y Flores-Fillol, R., «Pollution and congestion in urban areas: The effects of low emission zones», *Economics of Transportation*, 26-27 (2021), 100221, <https://doi.org/10.1016/j.ecotra.2021.100221>.

238. Fageda, X.; Flores-Fillol, R.; y Theilen, B., «Price versus quantity measures to deal with pollution and congestion in urban areas: A political economy approach», *Journal of Environmental Economics and Management*, 115 (2022), 102719, <https://doi.org/10.1016/j.jeem.2022.102719>.

239. Comité de personas expertas, *op. cit.*

calidad de los carburantes de automoción, que se sitúa muy por detrás de la media europea. Para ello, se propone igualar los impuestos especiales de la gasolina y el diésel de automoción, que se sumaría a la reciente inclusión del transporte por carretera en el sistema de comercio de emisiones de la Unión Europea. En paralelo, y en línea con las recomendaciones del Fondo Monetario Internacional[240] y el propio Comité de Expertos de la Reforma Tributaria, habría que modificar el impuesto de matriculación (IEDMT) y circulación (IVTM). En el primer caso, se debería extender el número de tramos, subir los tipos impositivos para adecuarlo a la evolución tecnológica del sector, y sería conveniente considerar la introducción de recargos en función del peso del vehículo por categoría, que es un *proxy* claro de emisiones que, al mismo tiempo, no penaliza *per se* la necesidad de movilizarse en vehículo privado del contribuyente. Alternativamente se podría sustituir el actual gravamen sobre el precio (*ad valorem*) por un impuesto unitario que aplicar sobre las emisiones esperadas del vehículo, como hacen en los Países Bajos. En cuanto al impuesto de circulación, se debería sustituir por una cuota tributaria creciente con el nivel de las emisiones de CO_2 del vehículo y no de su valor fiscal. El Comité de Expertos recomienda además, y nosotros lo aprobamos, el establecimiento de un gravamen tanto para el queroseno para aviación como para el gasóleo y el fuelóleo utilizados en la navegación marítima.

No hay que perder de vista que algunos colectivos podrían enfrentarse a dificultades para afrontar los costes de adquisición de vehículos menos contaminantes. En esta misma línea, de forma complementaria se deberían proporcionar subsidios para la compra de vehículos de bajas emisiones definiendo el acceso por criterios de renta. En la actualidad, el Plan Moves ofrece estas ayudas, pero la inexistencia de criterios de renta hace que los hogares de mayor renta sean quienes más se benefician.[241] Ha-

240. Fondo Monetario Internacional, «IMF Country Report, Spain: Selected Issues», n.º 22/46, febrero de 2022, <https://www.imf.org/en/Publications/CR/Issues/2022/02/15/Spain-Selected-Issues-513181>.

241. Gago, A.; Labeaga, J. M.; y López-Otero, V., «Cómo utilizar la fiscali-

bría que ampliar la cuantía de los subsidios y focalizarlos en los hogares con menores recursos económicos.

Dónde habitamos: edificios eficientes

Los edificios españoles suponen cerca del 30 por ciento del consumo final de energía.[242] Por tanto, su descarbonización es clave para la transición. Ésta ha de basarse en tres líneas de actuación:

1. Rehabilitación y mejora de la eficiencia térmica de los edificios.
2. Sustitución de tecnologías dependientes de combustibles fósiles por alternativas eficientes y renovables (electrificación y uso final, por ejemplo, calentadores solares).
3. Implementación de un código técnico de edificación que asegure unos estándares energéticos ambiciosos en viviendas nuevas.

El papel del sector público es vital para catalizar este proceso. Los fondos europeos procedentes del programa Next Generation EU son una excelente oportunidad, pero será necesario acompañarlos de un marco regulatorio y fiscal propicio, que facilite la acometida de las inversiones. Para ello, hay que diseñar y llevar a cabo un plan a gran escala basado en tres pasos fundamentales: identificación, financiación y ejecución.[243]

Respecto a la identificación, uno de los principales obstáculos para seguir avanzando es la falta de información de los propietarios acerca del estado energético de las viviendas, así como

---

dad energético-ambiental para una transición ecológica justa en España: una propuesta enfocada a los carburantes», EsadeEcPol, *Brief* n.º 11, mayo de 2021.

242. Ministerio de Transportes, Movilidad y Agenda Urbana, «Estrategia de rehabilitación a largo plazo para la rehabilitación energética en el sector de la edificación en España», 2020.

243. Sweatman, P., «Cómo la rehabilitación de edificios puede ayudar a la independencia energética y a la descarbonización de España», EsadeEcPol, *Insight* n.º 35, mayo de 2022.

del coste de la rehabilitación y el ahorro que podría generar en la factura energética. En este contexto, la introducción de medidas regulatorias podría resultar especialmente útil. En particular:

- **El fomento de un «pasaporte energético»** que proporcione una hoja de ruta para la renovación por etapas de edificios y viviendas, proponiendo un plazo determinado para su total ejecución.
- **Una mayor obligatoriedad en la obtención de certificados de eficiencia energética de las viviendas y las auditorías** energéticas, así como instrumentos alternativos de promoción de la eficiencia, como los certificados blancos, estableciendo subvenciones para los hogares de rentas bajas. Los certificados blancos o de ahorro energético son mecanismos que permiten la acreditación del nivel de ahorro energético resultante de la realización de las actuaciones de eficiencia energética. Potencialmente, estos certificados podrían ser comercializables, de manera que aquellas empresas que consigan ahorros superiores a las obligaciones legales contraídas podrían venderlos.

La utilización de tecnologías basadas en inteligencia artificial para estimar la calificación energética de una vivienda a partir de información pública, como las empleadas en Dinamarca, Francia, Alemania, Austria o Italia, o la desarrollada en España por la empresa de valoración de inmuebles Sociedad de Tasación, podría reducir los costes de dichas certificaciones energéticas.[244]

Un segundo paso es la financiación de las intervenciones. En este sentido, un primer grupo de medidas debería consistir en ofrecer incentivos fiscales a través de la utilización de los fondos europeos. Un modelo que emular podría ser el del Crédit d'Impôt Transition Énergétique francés,[245] considerado como una de

244. Ibídem.

245. Con un coste de unos 1.600 millones de euros, benefició a más de 1 millón de hogares franceses (Joint Research Centre, 2019). Recuérdese que se

las «mejores prácticas» dentro de la Unión Europea.[246] Consiste en deducciones fiscales de un importe relativamente elevado —de hasta un 30 por ciento, con ciertos límites en su cuantía— con la obligatoriedad de contratar con una empresa certificada. Sería preciso establecer criterios de renta, aumentando la bonificación para aquellos grupos de menor renta y estableciendo un límite de ingresos para acceder a ellos. Además, las deducciones deberían ser reembolsables, para permitir que los hogares de menor renta —exentos de realizar la declaración de la renta— puedan también obtener las cantidades comprometidas. De hecho, en el caso de los hogares más vulnerables, las ayudas económicas podrían plantearse a través de subvenciones directas que cubran una elevada cuantía de la inversión.

A medio plazo, otras medidas de naturaleza fiscal, como la elevación del impuesto sobre bienes inmuebles (IBI) a aquellos hogares que no cumplan unos estándares energéticos mínimos, podrían resultar también un importante aliciente para rehabilitar la vivienda. La propuesta europea de introducir un sistema de comercio de emisiones para el sector de la edificación también contribuiría a transmitir correctamente las señales de precios en estos sectores.

Asimismo, ciertas medidas de regulación financiera permitirían mejorar el acceso a la financiación a un menor coste. Se puede aprobar un estándar de cartera hipotecaria (MPS) en los términos definidos en la Directiva europea sobre la eficiencia energética de los edificios (EPBD), que exija un nivel medio de eficiencia a la cartera de edificios financiados por los bancos —de manera que este parámetro influya en las decisiones de concesión hipotecaria—, así como poner en marcha un instrumento de

---

estima que el 10 por ciento de los fondos europeos sea destinado a rehabilitación de vivienda en España (Roldán *et al.*, 2021), por lo que un programa de este tipo podría llegar a un número sustancial de hogares.

246. Economidou, M.; Todeschi, V.; y Bertoldi, P., «Accelerating energy renovation investments in buildings», EUR 29890 EN, Publications Office of the European Union, Luxemburgo, 2019, <https:// publications .jrc .ec .europa .eu/ repository/ handle/ JRC117816>.

préstamo europeo de cupón cero, sobre todo para los propietarios de rentas bajas.[247]

Finalmente, se han de concentrar esfuerzos en promover una adecuada ejecución de las inversiones. Esto implicará focalizar los recursos en aquellas viviendas de rehabilitación prioritaria que formen parte de la lucha contra la pobreza energética[248] y en las medidas más coste-efectivas, como mejorar los cerramientos en las ventanas, sustituir las calderas de gas o petróleo por bombas de calor, mejorar el aislamiento de suelos, techos y paredes, o cambiar los calentadores de agua y aires acondicionados por otros más eficientes.[249] Para ello, resultará primordial contar con una red de «agentes rehabilitadores» acreditados, como la ya establecida en Alemania o Francia, que permita garantizar que se cuenten con los conocimientos técnicos necesarios para llevar a cabo la renovación de manera efectiva.[250]

Conclusión

Las medidas de política pública anteriormente expuestas, que desarrollan los ámbitos de actuación en cada una de las áreas que se consideran de acción prioritaria para la transición ecológica (movilidad sostenible, renovables y sector eléctrico, rehabilitación de

247. Para un mayor nivel de detalle acerca de estas propuestas, véase: Sweatman, P., «Cómo la rehabilitación de edificios puede ayudar a la independencia energética y a la descarbonización de España», EsadeEcPol, Insight n.º 35, mayo de 2022.

248. Según la «Estrategia de rehabilitación a largo plazo para la rehabilitación energética en el sector de la edificación en España» (Ministerio de Transportes, Movilidad y Agenda Urbana, 2020), en España 7,1 millones se consideran de «rehabilitación prioritaria», por situarse en zonas de clima frío y edificios energéticamente ineficientes, lo que permitiría generar un mayor ahorro energético por cada euro invertido.

249. Directorate General for Internal Policies, «Boosting building renovation. What potential and value for Europe?», Parlamento Europeo, Bélgica, 2016.

250. Sweatman, *op. cit.*

vivienda, etcétera), pueden resumirse en una serie de propuestas transversales que permitirían catalizar los cambios necesarios: un sistema impositivo que nos ponga al nivel del resto de la OCDE en lo que a ofrecer los incentivos apropiados para la descarbonización se refiere; una regulación más acorde con la fase del proceso en que nos encontramos; un impulso desde la innovación y la industria para acelerar ese mismo proceso; y un sistema ambicioso de compensaciones que haga la transición no sólo eficaz, sino también justa.

Parte III

Una infraestructura de protección adaptada a los nuevos desafíos

8

Reformas fiscales para reducir la desigualdad e impulsar un crecimiento inclusivo

Clara Martínez-Toledano[251]

> Es erróneo ver la alta desigualdad actual como el producto de fuerzas sobre las que no tenemos control.
>
> ANTHONY B. ATKINSON,
> *Inequality*, 2015

Logros y asignaturas pendientes

España ha logrado importantes avances en materia social, principalmente desde la década de 1980, cuando se llevaron a cabo reformas de gran calado que permitieron aumentar el gasto público en transferencias sociales (principalmente, desempleo y pensiones), incrementar la progresividad del sistema de impuestos y universalizar el acceso a la educación secundaria y la salud. Todas estas medidas contribuyeron a una reducción importante de las desigualdades socioeconómicas y la pobreza, así como al aumento de la igualdad de oportunidades. Asimismo, España experimentó durante esos años un aumento de la movi-

251. Profesora en el Imperial College Business School, coordinadora de distribución de la riqueza en WID.world y *senior fellow* en EsadeEcPol.

lidad social intergeneracional, ya que muchas personas lograron una posición social mejor que la que habían tenido sus padres (gráfico 8.1).

Gráfico 8.1. El ascensor social en España

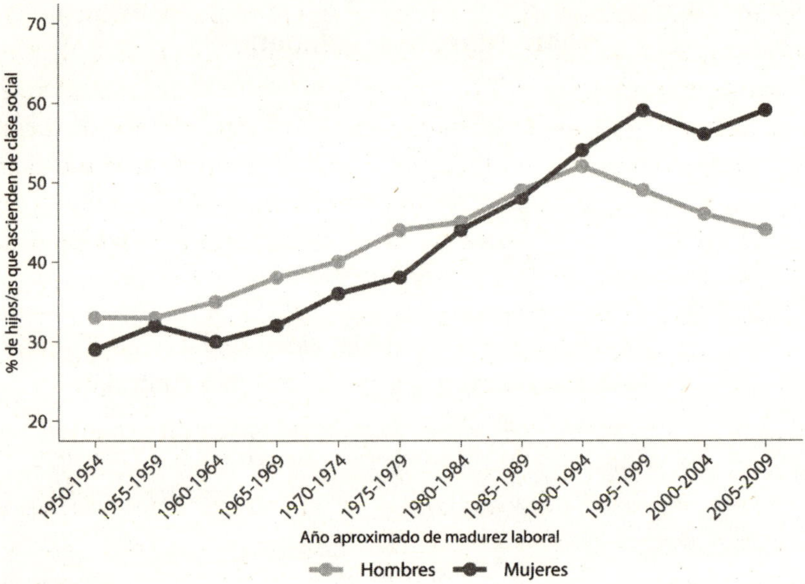

Nota: Año de madurez laboral – 35 = año de nacimiento (por ejemplo, 1950 – 35 = 1915). *Fuente*: Elaboración propia a partir de datos de Marqués Perales (2015, pp. 78-98) a partir de datos de las encuestas: ESD-1991, ECV-2005 y ECV-2011, (n = 115.675).

Durante la década de 1990 y principios de la de 2000, se expandió el gasto en asistencia social con la introducción de nuevas medidas, como las pensiones no contributivas y las rentas mínimas autonómicas. No fue hasta el estallido de la crisis económica de 2008 cuando se detuvo la expansión del estado de bienestar, reduciendo su capacidad para mitigar el significativo aumento de la desigualdad y la pobreza. La desigualdad se redujo de nuevo a partir de 2014 con el comienzo de la recuperación económica, aunque de forma moderada, sin llegar a alcanzar los niveles de desigualdad de finales de la década de 1990. La última medida redistributiva más importante ha sido la introducción del ingreso mínimo vital en 2020, una prestación nacional que sirve como última red de protección para los hogares en riesgo de pobreza y exclusión social.

A pesar de todos los avances anteriormente mencionados, España sigue siendo hoy uno de los países con mayor desigualdad de la renta de Europa (gráfico 8.2). Estos altos niveles de desigualdad contribuyen, a su vez, a una elevada incidencia de la pobreza, especialmente en la población más joven. Los niveles de desigualdad en términos de riqueza también son significativos, aunque moderados en el contexto europeo.[252] Cabe destacar el aumento de la desigualdad intergeneracional de la riqueza en las últimas dos décadas, debido principalmente al aumento del precio de los activos inmobiliarios y a la limitada capacidad de ahorro de la población más joven, lo que dificulta sobremanera su acceso a la vivienda en propiedad.[253] Aunque es todavía pronto para sacar conclusiones definitivas, el contexto inflacionario actual puede estar exacerbando las desigualdades, puesto que la evidencia más reciente encuentra que las tasas de inflación decrecen con el nivel de renta.[254]

Estos patrones de desigualdad están íntimamente relacionados con el modelo de crecimiento de la economía española, caracterizado por una baja productividad y una composición sesgada hacia sectores de bajo valor añadido e intensivos en trabajo. Estas características hacen que el empleo sea muy sensible a las fluctuaciones del PIB y configuran un mercado laboral con salarios bajos y una alta incidencia de la temporalidad. En consecuencia, el crecimiento de la economía y del empleo son condi-

252. Blanchet, T.; y Martínez-Toledano, C., «Wealth inequality dynamics in Europe and the United States: Understanding the determinants», Journal of Monetary Economics, 133 (2023), pp. 25-43.

253. Sobre la desigualdad intergeneracional, véase: Artola, M.; Bauluz, L.; y Martínez-Toledano, C., «Wealth in Spain 1900–2017 A country of two lands», The Economic Journal, 131, 633 (2021), pp. 129-155. Véase también: Martínez-Toledano, C., «House price cycles, wealth inequality and portfolio reshuffling», 2023.

254. Jaravel, X., «Inflation inequality: Measurement, causes, and policy implications», Annual Review of Economics, 13 (2021), pp. 599-629.

ciones necesarias, pero no suficientes, para reducir la desigualdad: mientras la desigualdad de la renta crece durante las recesiones, apenas se reduce durante las expansiones. El sesgo del ahorro hacia formas de riqueza no productiva como la vivienda contribuye también a explicar la ausencia de inversión productiva y el estancamiento de los salarios reales y la productividad, exacerbando el conflicto distributivo en el reparto de la renta.

Gráfico 8.2. Desigualdad de la renta disponible expresada mediante el coeficiente de Gini (2021)

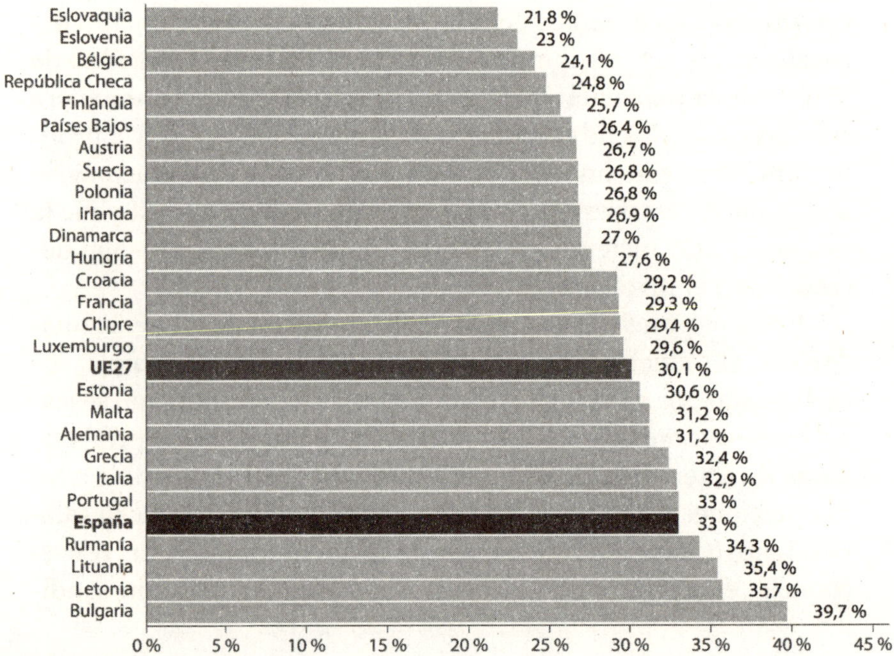

Fuente: Elaboración propia a partir de datos de Eurostat.

La gran desigualdad y el bajo crecimiento de la productividad merman la capacidad recaudatoria del sistema tributario y plantean un desafío para la Seguridad Social en un contexto de progresivo envejecimiento de la población. A su vez, el diseño del sistema de impuestos y prestaciones tiene debilidades propias (por ejemplo, beneficios fiscales, competencia, evasión y elusión fiscal, etcétera) que disminuyen tanto la capacidad de recaudación como la progresividad del sistema. Por lo que respecta al gasto, las prestaciones sociales amortiguan las caídas de ingresos menos que en otros países, particularmente en el caso de las prestaciones no contributivas. Aunque el sistema de impuestos y transferencias reduce la desigualdad más en la actualidad que en 1980, dicha reducción sigue siendo menor que la media de la Unión Europea (gráfico 8.3).

Gráfico 8.3. Reducción de la desigualdad en España como resultado del sistema de impuestos y prestaciones

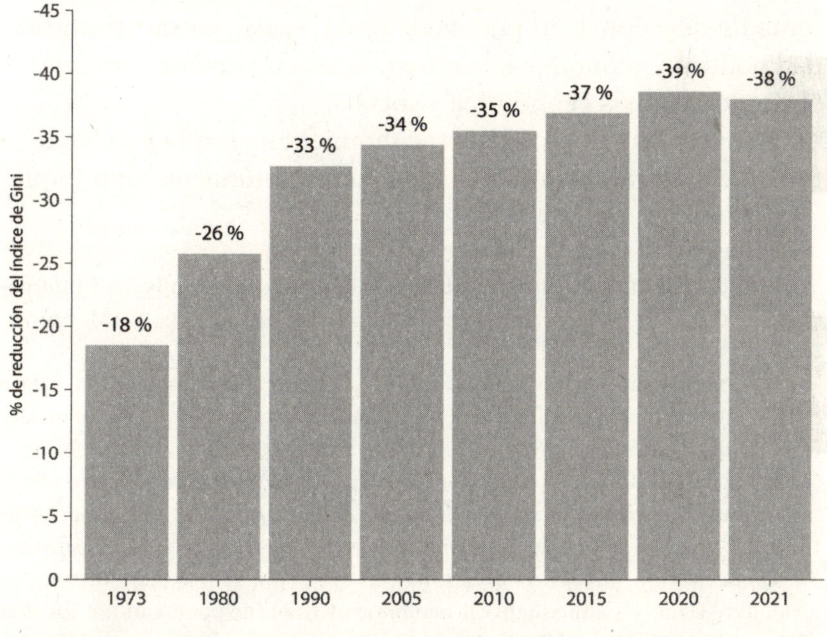

Fuente: Elaboración propia a partir de Ayala y Cantó (2018), series actualizadas a partir de datos de la ECV.

Hay un consenso cada vez más amplio, tanto en el ámbito académico como en el político, sobre la necesidad de revertir las tendencias crecientes de las desigualdades económicas que observamos a lo largo de las últimas décadas. Un cierto nivel de desigualdad económica es esencial para impulsar el crecimiento y el progreso, recompensar el esfuerzo, el talento, la innovación y la toma de riesgos. No obstante, el aumento de las desigualdades económicas suele estar íntimamente ligado a la falta de movilidad social y de oportunidades,[255] un reflejo de las persistentes desventajas para ciertos segmentos de la sociedad, lo cual es muy cuestionable desde el punto de vista de la justicia distributiva. Un alto nivel de desigualdad económica también puede tener implicaciones significativas para el crecimiento y la estabilidad macroeconómica, ya que puede conducir a un uso subóptimo de los recursos, debido tanto a la inversión improductiva de los más adinerados como a que no toda la sociedad puede contribuir al progreso.[256] Asimismo, un alto nivel de desigualdad económica puede concentrar el poder político y de toma de decisiones en manos de unos pocos, causar inestabilidad política y económica, lo que reduce la inversión, y aumentar el riesgo de crisis económica y social.[257]

Reducir las desigualdades económicas no implica necesariamente empeorar los indicadores macroeconómicos, sino imple-

255. Corak, M., «Income inequality, equality of opportunity, and intergenerational mobility», *Journal of Economic Perspectives*, 27, 3 (2013), pp. 79-102.

256. Varios autores han tratado sobre las significativas implicaciones para el crecimiento y la estabilidad macroeconómica que puede provocar un alto nivel de desigualdad económica. Véase, por ejemplo: Aghion, P.; Caroli, E.; y García-Peñalosa, C., «Inequality and economic growth: the perspective of the new growth theories», *Journal of Economic Literature*, 37, 4 (1999), pp. 1615-1660. Alesina, A.; y Rodrik, D., «Distributive politics and economic growth», *The Quarterly Journal of Economics*, 109, 2 (1994), pp. 465-490. Milanovic, B.; y Van der Weide, R., «Inequality is bad for growth of the poor (but not for that of the rich)», *The World Bank Economic Review*, 32, 3 (2018), pp. 507-530. Perotti, R., «Growth, income distribution, and democracy: What the data say», *Journal of Economic Growth*, 1, 2 (1996), pp. 149-187. Persson, T.; y Tabellini, G., «ls inequality harmful for growth», *American Economic Review*, 84, 3 (1994), pp. 600-621.

257. Haggard, S.; y Kaufman, R. R., «Inequality and regime change: Democratic transitions and the stability of democratic rule», *American Political Science Review*, 106, 3 (2012), pp. 495-516. Véase también: Houle, C., «Inequality and democracy: Why inequality harms consolidation but does not affect democratization», *World Politics*, 61, 4 (2009), pp. 589-622.

mentar medidas y políticas en las que una mayor parte de la sociedad contribuya a mejorarlas. Este capítulo propone una serie de reformas fiscales que podrían contribuir a reducir la desigualdad en España y a lograr un sistema de impuestos y transferencias más eficiente y equitativo. No obstante, es importante enfatizar que la política fiscal no es suficiente para la reducción de las desigualdades económicas. La desigualdad es un fenómeno complejo y multidimensional que depende tanto de tendencias nacionales como globales, por lo que para reducirla se requiere de la participación de todos los agentes sociales en su conjunto. Para reducir la desigualdad, por tanto, necesitamos principalmente un estado de bienestar que promueva la igualdad de oportunidades, especialmente en materia de educación y salud, un modelo de crecimiento productivo, sostenible e inclusivo que contribuya a lograr un mercado laboral más diverso, mejor remunerado y menos vulnerable a los ciclos económicos, y un sistema de impuestos y prestaciones que corrija aquellas desigualdades que son injustas y limitan las oportunidades de ciertos grupos de ser partícipes del progreso social.

Tres propuestas para conseguir un sistema de impuestos y transferencias más equitativo y eficiente

Una mayor integración del sistema de impuestos sobre la renta y prestaciones sociales

El sistema de impuestos sobre la renta, junto con las prestaciones sociales y los servicios públicos, puede mitigar los niveles de pobreza y de desigualdad de la renta y de la riqueza, y lograr un crecimiento económico más inclusivo. En las últimas décadas, numerosos países europeos (Alemania, Bélgica, Dinamarca, Finlandia, Francia, Países Bajos, Hungría, Irlanda, Reino Unido, Suecia, etcétera) han llevado a cabo reformas con el objetivo de lograr una mayor integración y coherencia entre el sistema de impuestos y las prestaciones sociales. Dichas reformas, a su vez, se han inspirado en cierta medida en los créditos fiscales (*earned income tax credits*, EITC) que ya desde la década de 1970 se introdujeron en el impuesto sobre la renta en Estados Unidos y posteriormente en otros países anglosajones. Existe, por tanto, un amplio consenso político y académico sobre la necesidad de llevar a cabo una mejor y mayor integración del sistema de impuestos y prestaciones sociales para mejorar la capacidad recaudatoria y redistributiva del sistema y reducir así la desigualdad de la renta y de la riqueza.

En España, las iniciativas que se han introducido en esa dirección son, sin embargo, muy escasas (por ejemplo, prestaciones por maternidad, etcétera). Asimismo, las prestaciones para los hogares más vulnerables (por ejemplo, rentas mínimas de inserción) son heterogéneas entre regiones, con una cobertura y cuantía muy escasas en muchas comunidades autónomas. La idea inicial del IMV era que las comunidades autónomas complementaran esta prestación con las rentas mínimas de inserción. No obstante, el gasto ejecutado y el número de beneficiarios de dichas rentas ha caído en la mayoría de las comunidades desde la introducción del IMV. Así pues, resulta especialmente relevante en el caso de España la integración del sistema de impuestos y prestaciones para reducir la pobreza y las desigualdades tanto a nivel nacional como regional.

La figura tributaria natural para llevar a cabo la integración del sistema de impuestos y prestaciones sociales sería el impuesto sobre la renta de las personas físicas. Entre las posibles opciones para llevar a cabo dicha integración, planteo dos:

- **Un mínimo social integrado fiscalmente**, esto es, una prestación integrada dentro del IRPF que recibirían aquellos individuos cuyas rentas caigan por debajo de un umbral de subsistencia. La prestación sería creciente para estos individuos hasta alcanzar dicho umbral, a partir del cual empezarían a sufrir una pérdida neta de renta en concepto de tributación. Para poder articular bien ese mínimo, se debería rediseñar el IRPF hacia un modelo en el que todos los residentes tengan obligación de presentar la declaración del IRPF y no sólo aquellos que superen el umbral de declaración como ocurre en la actualidad. Asimismo, todas las medidas destinadas a garantizar un mínimo vital, tanto las administradas a través del sistema fiscal (mínimo vital del IRPF, deducciones por trabajo asalariado, por hijos a cargo o por otras personas dependientes, etcétera) como el de protección social (rentas mínimas de inserción, IMV, etcétera), deberían estar integradas en este mínimo social, lo cual eliminaría las inconsistencias y duplicidades del sistema actual. Este mínimo social integrado fiscalmente podría perfectamente coexistir junto con otros estímulos fiscales o prestaciones con una justificación independiente. En España, el IRPF por defecto se declara a nivel del individuo, aunque aún existen incentivos para hacer la declaración conjunta en caso de algunos matrimonios con rentas bajas y familias monoparentales. Rediseñar el IRPF hacia un modelo de declaración basado en el hogar y no en el individuo podría tener sentido para articular mejor este tipo de políticas. Lo importante para reducir la desigualdad, especialmente la pobreza, es que independientemente de la condición o lugar de residencia, ningún hogar disponga de una renta por debajo del mínimo social fiscalmente integrado.

- **La conversión de la reducción por obtención de rendimientos del trabajo en una deducción reembolsable en la cuota**, similar al impuesto negativo sobre la renta (*earned income tax credit*) aplicado en algunos países, lo cual permitiría integrar el IRPF y las prestaciones públicas para los trabajadores con rentas bajas. Asimismo, se podría atribuir la condición de reembolsable al mínimo por descendientes menores de 18 años, con la finalidad de contribuir a la reducción de la pobreza infantil. Ambas medidas, recogidas en el *Libro Blanco sobre la reforma tributaria*[258] como medidas a corto plazo, son menos ambiciosas que el mínimo social fiscalmente integrado.

258. Comité de personas expertas, *op. cit.*

No obstante, junto con las prestaciones asistenciales, las rentas mínimas de inserción y el IMV, podrían constituir una base sólida a partir de la cual sería más fácil diseñar un mínimo social integrado fiscalmente.

Un sistema de imposición patrimonial y societaria más consistente e integrado

La imposición patrimonial y societaria son también herramientas importantes para mitigar la desigualdad de la riqueza y lograr un crecimiento económico más inclusivo. Sería conveniente revisar dicha imposición para eliminar las inconsistencias, ineficiencias y duplicidades del sistema actual, que en muchos casos exacerban la desigualdad. Entre las posibles medidas que se podrían llevar a cabo, sería conveniente:

- **Revisar la imposición patrimonial tanto de los impuestos corrientes** como el impuesto sobre bienes inmuebles (IBI) y el impuesto sobre el patrimonio (IP), **como de los no recurrentes**, como el impuesto sobre sucesiones y donaciones (ISD). Estos tres tributos deberían tener reglas uniformes de valoración de los activos a valor de mercado; por poner un ejemplo, en el caso de la vivienda, en la mayoría de ocasiones no lo es. En el caso del IP y del ISD, se podría aumentar su carácter progresivo eliminando algunas deducciones actuales de carácter muy cuestionable (como la de participar en empresas familiares con independencia de su tamaño). Asimismo, se podría minimizar la competencia fiscal a la baja entre comunidades autónomas, que beneficia en gran medida a las rentas y patrimonios más altos y aumenta las desigualdades regionales, estableciendo al menos unos tipos mínimos.[259] En el caso

259. Agrawal, D. R.; Foremny, D.; y Martínez-Toledano, C., «Wealth tax mobility and tax coordination», SSRN, 2020, <http://dx.doi.org/10.2139/ssrn.3676031>.

de la imposición corriente al patrimonio, el gobierno ha introducido este año un impuesto de solidaridad sobre las grandes fortunas a nivel estatal cuyo objetivo es neutralizar las bonificaciones autonómicas en el impuesto sobre el patrimonio: sería más adecuado si sólo hubiera un único impuesto sobre el patrimonio con un tipo mínimo obligatorio que limitase la competición fiscal a la baja y las duplicidades en la imposición patrimonial, y redujera los costes de administración y declaración. En el caso del IBI, sería conveniente asignar tipos diferentes a las viviendas principales y secundarias, ya que estas últimas suelen estar en manos de rentas y patrimonios más altos. Por ejemplo, un tipo de IBI más alto para las viviendas vacías podría contribuir no sólo a aumentar la progresividad del sistema, sino a incrementar el parque de viviendas en alquiler, como ha ocurrido en Francia,[260] lo cual beneficiaría en gran medida a los jóvenes y los hogares más vulnerables, que son los que más recurren al alquiler.

- **Alcanzar una mayor neutralidad sobre los distintos modos de organización de la actividad económica** para evitar la elección de determinadas formas jurídicas por razones tributarias. En ese sentido, en línea con lo que recoge el *Libro Blanco sobre la reforma tributaria*,[261] el impuesto de sociedades (IS) no debería facilitar la elusión de la progresividad en la imposición sobre la renta personal, la tributación del consumo personal de los socios, o la tributación patrimonial que grava la posesión o la transmisión de activos. Asimismo, se deberían revisar algunas particularidades del IS, como los gastos fiscalmente deducibles, así como la manipulación tanto en el cómputo de pérdidas que dan lugar a reducciones como de las reglas de amortización fiscal por parte de los contribuyentes, entre otras, que podrían mermar la recaudación y la progresividad del

260. Segú, M., «The impact of taxing vacancy on housing markets: Evidence from France», *Journal of Public Economics*, 185 (2020), 104079.

261. Comité de personas expertas, *op. cit.*

sistema en su conjunto. Por último, se deberían reforzar los requisitos para mejorar el cumplimiento efectivo de la naturaleza colectiva de la inversión a través de formas societarias como las SICAV, limitando, por ejemplo, el porcentaje de participación de los distintos inversores en la sociedad: el objetivo es evitar la utilización de dichas instituciones para la gestión personal exclusiva de grandes patrimonios y eludir así impuestos, lo cual merma indudablemente la progresividad del sistema fiscal.

Un registro nacional sobre renta y patrimonio globales: no podemos quedarnos atrás

Necesitamos un registro nacional sobre renta y patrimonio que registre anualmente cada uno de los flujos de renta y activos que cada individuo genere o posea tanto en España como en el exterior. El punto de partida para la creación de dicho registro podría ser la combinación de los diferentes registros administrativos existentes, como las declaraciones fiscales que recopila la Agencia Estatal de Administración Tributaria o las estadísticas sobre inmuebles que elaboran el Catastro y el Registro de la Propiedad. Para mejorar la cobertura del registro a toda la población, sería importante que todos los individuos residentes en España tuvieran la obligación de presentar la declaración del IRPF y del IP, incluso los que no están obligados a declarar por no llegar al umbral, y no sólo por las rentas generadas y los activos que se poseen en el país, sino por todas las rentas y activos a nivel global. El gran avance sería acabar con el agujero de las sociedades cuyo beneficiario último es desconocido, cuyas rentas y valor, en la mayoría de los casos, se desconocen porque están en paraísos fiscales.

La creación de dicho registro conllevaría claramente unos costes administrativos, tanto de elaboración y gestión como de coordinación (valoración de mercado de todos los activos, incluidas las propiedades inmobiliarias y las empresas no cotizadas, auditorías, intercambio de información entre países, etcétera).

No obstante, si se crea un registro nacional sobre renta y patrimonio globales fiable y se hace un uso efectivo de éste, los beneficios podrían superar con creces los costes. Por un lado, el registro ayudaría a monitorear mejor todas las rentas percibidas por los diferentes contribuyentes y los activos que poseen, lo cual permitiría reducir la evasión fiscal, aumentar la recaudación y destinar dichos fondos adicionales para políticas redistributivas y de lucha contra la pobreza. Por otro lado, este registro permitiría mejorar la medición de las desigualdades económicas, lo cual ayudaría en el diseño de políticas más eficientes y equitativas. En este sentido, sería importante que dicho registro fuera accesible al público con fines de investigación, como ya hacen de forma exitosa países como Dinamarca, Noruega y Suecia.

La evidencia empírica internacional muestra que una gran parte de la evasión fiscal se lleva a cabo más allá de las fronteras de los países a través de paraísos fiscales y que generalmente aquellos que evaden son los más adinerados. Por tanto, la fiabilidad y eficacia de dicho registro nacional sería aún mayor si fuera a nivel global o al menos regional, por ejemplo, para el caso de la Unión Europea. Un registro internacional permitiría monitorear los flujos de capital internacional y reducir así la evasión fiscal y la desigualdad, además de frenar el lavado de dinero y combatir la cleptocracia. Aunque ya se han impulsado iniciativas para el intercambio de información fiscal entre países, conseguir un acuerdo internacional para crear un registro global puede llevar años. Países como Dinamarca, Noruega y Suecia ya tienen lo más parecido a un registro nacional con cobertura de rentas y activos en el exterior. Asimismo, algunos países como Australia ya han puesto en marcha un sistema de cuentas nacionales distributivas y otros están trabajando en su diseño. España podría ser pionera junto con estos países si comienza a elaborar dicho registro nacional sobre renta y patrimonio globales. El registro nacional sería el primer paso antes de la elaboración de un registro global. Tenemos que avanzar a nivel nacional, si no, será imposible elaborar el registro global y pronto nos quedaremos atrás.

9

Retos futuros del mercado de trabajo en España

J. Ignacio Conde-Ruiz[262] y Jesús Lahera[263]

La reforma laboral de 2021 como punto de partida

Antes de la reforma laboral pactada y articulada en diciembre de 2021,[264] España presentaba un mercado de trabajo dual donde un tercio de los contratos eran temporales y existía una tasa de paro estructural (tanto general como juvenil) muy por encima de la media europea. Esta altísima tasa de temporalidad surgió en el año 1984, cuando se produjo la «descausalización» de la contratación temporal. Si bien es cierto que esta medida se introdujo como algo excepcional, vinculada al fomento del empleo, el resultado ha sido que la dualidad se ha perpetuado hasta nuestros días. Desde entonces, se han realizado seis reformas laborales tratando de reducir la temporalidad y todas ellas han fracasado en el intento.

Los objetivos consensuados de la reforma de 2021 fueron dirigidos a la reducción de la alta temporalidad. De hecho, esta reforma es la primera, en décadas, que ha buscado de forma decidida

262. Catedrático de Fundamentos del Análisis Económico en la Universidad Complutense de Madrid y subdirector de Fedea.

263. Catedrático de Derecho del Trabajo y Seguridad Social en la Universidad Complutense de Madrid e investigador asociado en Fedea.

264. Real Decreto Ley 32/2021, de 28 de diciembre, de medidas urgentes para la reforma laboral, la garantía de la estabilidad en el empleo y la transformación del mercado de trabajo, BOE, 313, de 30 de diciembre de 2021.

acabar con el uso abusivo de los contratos temporales. Al mismo tiempo, ha tenido la virtud de mantener el núcleo central de la necesaria flexibilidad interna de las empresas, introducida en las reformas de 2010 y 2012, y se ha limitado a reequilibrar la negociación entre las partes elevando la negociación salarial mínima a la escala de ámbito superior de la empresa. Por último, la reforma mejoró la flexibilidad laboral interna por la vía de la reducción del tiempo de trabajo ante causas empresariales o de fuerza mayor, tras la extraordinaria experiencia de los ERTE[265] en la pandemia.

Los ingredientes contra la temporalidad de la reforma pactada son los siguientes. Para empezar, la excesiva flexibilidad de los contratos temporales, la alta rotación de su breve duración y la poca contundencia de las reglas contra el fraude exigieron transformar el modelo de contratos de duración determinada, suprimiendo, por ejemplo, el extensamente utilizado contrato temporal de obra y servicio, penalizar la rotación con nuevos límites al encadenamiento contractual y encarecer de forma sustancial las sanciones administrativas por fraude, con la imposición de una multa por afectado en cada contrato temporal ilegal.

Pero la reducción de estos márgenes de flexibilidad en contratos temporales exigía modificar dos aspectos para que la flexibilidad que necesitan las empresas en una economía cada vez más globalizada no se viera mermada. Por un lado, no se alteró la regulación del despido y de la flexibilidad empresarial, provenientes de las reformas de 2010 y 2012. Por tanto, la regulación de los contratos indefinidos permaneció intacta. Por otro lado, se potenció la flexibilidad de otras dos modalidades de contratos indefinidos: i) los contratos «fijos discontinuos», mediante la reformulación de la causa productiva temporal en sus distintas modalidades (estacional, intermitente, contratas o empresa de trabajo temporal); y ii) el contrato indefinido de construcción, introduciendo una causa extintiva propia, que permite una mejor adaptación a las prestaciones laborales desarrolladas en cada circunstancia, para reducir la incertidumbre judicial en caso de despido. Todo ello, acompañado de un gran papel de la negociación colectiva en la regulación de estas nuevas modalidades indefinidas.

265. Expediente de regulación temporal de empleo.

Al mismo tiempo, para mantener la flexibilidad interna establecida en la reforma de 2010 y 2012 se han introducido modificaciones. Los excesos de devaluación salarial detectados en determinados supuestos de prioridad del convenio colectivo de empresa respecto al sectorial, en especial en el marco de contratas, fueron corregidos mediante la supresión de la materia salarial de dicha regla de concurrencia convencional, lo que tiene especial incidencia en empresas multiservicios e incentiva la firma de grandes acuerdos sectoriales estatales de salarios mínimos profesionales. Pero esta justa corrección salarial se articula, en otro cauteloso equilibrio, manteniendo la prioridad del convenio de empresa en el resto de las materias de organización del trabajo y dejando intacta la regulación de los descuelgues salariales si resultan necesarios por causa económica o productiva, en especial mediante acuerdos con comisiones *ad hoc* en pymes. Se logra así una dignificación de salarios, desde la referencia a las tablas mínimas sectoriales, sin sacrificar la capacidad de ajuste cuando sea necesario.

La mayor flexibilidad y seguridad jurídica de los ERTE y la incorporación de nuevos mecanismos RED[266] en ciclos económicos negativos y en sectores en reestructuración ofrecen a las empresas mayor capacidad de reducir tiempo de trabajo en situaciones críticas, lo que resulta esencial en las plantillas fijas. Pero este aumento de flexibilidad incorpora, de manera relevante en un nuevo equilibrio, la formación de los trabajadores mediante incentivos que vin-

266. «El mecanismo RED de flexibilidad y estabilización del empleo es un instrumento de flexibilidad y estabilización del empleo que, una vez activado por el Consejo de Ministros, permitirá a las empresas la solicitud de medidas de reducción de jornada y suspensión de contratos de trabajo. Este mecanismo RED tendrá dos modalidades: a) cíclica, cuando se aprecie una coyuntura macroeconómica general que aconseje la adopción de instrumentos adicionales de estabilización, con una duración máxima de un año; b) sectorial, cuando en un determinado sector o sectores de actividad se aprecien cambios permanentes que generen necesidades de recualificación y de procesos de transición profesional de las personas trabajadoras, con una duración máxima inicial de un año y la posibilidad de dos prórrogas de seis meses cada una» (artículo 47 bis del Estatuto de los Trabajadores).

culan exoneraciones sociales y ayudas públicas a acciones formativas dirigidas a la recualificación profesional de aquéllos.

Lo que ha funcionado y lo que no de la reforma de 2021

Tras un primer año de aplicación de esta reforma laboral pactada creemos que hay aspectos claramente positivos y otros preocupantes a los que habrá que prestar especial atención. Podemos decir que la reforma ha transformado nuestro mercado de trabajo en una doble dirección positiva.

De un lado, la reducción de los márgenes legales de temporalidad laboral, combinada con el aumento de la flexibilidad empresarial en la contratación indefinida, especialmente mediante modalidades de fijos discontinuos adaptadas a determinadas estructuras productivas, nos está acercando, rápidamente, a la media europea de contratos temporales. Así pues, no cabe duda de que, en términos de la tasa de temporalidad, esta reforma está siendo la más efectiva de todas las llevadas a cabo hasta la fecha en países con problemas similares. De otro lado, el mantenimiento de las fórmulas de flexibilidad laboral de anteriores reformas, combinado con la potenciación de las suspensiones contractuales y reducciones de jornada por causa empresarial, está logrando una enorme contención del empleo ante las dificultades económicas de las empresas, lo que da continuidad a la lección aprendida en la pandemia. El gran aumento de contratación indefinida favorece la flexibilidad laboral interna, como alternativa a los despidos, lo que supone una transformación evidente frente al comportamiento destructivo de empleo de anteriores crisis.

En materia salarial, algunos convenios de empresa se han tenido que atener a las tablas salariales mínimas de los convenios sectoriales, aunque el problema real ha sido la alta inflación de 2023, que está bloqueando buena parte de esta negociación colectiva sectorial. El crecimiento de los salarios ha sido moderado y están funcionando con eficacia los ajustes cuando han sido necesarios. La reciente firma del acuerdo social de negociación colectiva, que recomienda subidas del 10 por ciento repartidas en el período 2023-2025, con cláusula de salvaguarda ante un IPC superior a los porcentajes anuales previstos, desarrolla la reforma y acompaña, con responsabilidad sindical y empresarial, esta tendencia, que facilita el crecimiento económico y del empleo.

En la parte preocupante destacan dos aspectos. Por un lado, el contraste entre el buen comportamiento de la tasa de temporalidad del sector privado, que se ha estancado, y la ausencia de flexibilidad del sector público. En este sentido, la puesta en marcha de los procesos de consolidación de plazas fijas en el empleo público hasta 2025 también reducirá, seguramente, la temporalidad en este ámbito. Por otro lado, empezamos a ver indicios de que la caída de la temporalidad no viene acompañada de una reducción de la precariedad laboral. Es decir, hay un segmento de los trabajadores que, a pesar de que su contrato ahora tiene la etiqueta de indefinido, sigue siendo muy precario cuando miramos el número de días trabajados, su salario, el tipo de jornada y los elevados períodos de inactividad que presentan. Aunque aún hay que esperar un poco a que se consolide este nuevo marco contractual para una evaluación más justa de la reforma, se empiezan a ver señales preocupantes, como la alta creación y destrucción diaria de empleo, lo que indica una alta rotación e intermitencia o discontinuidad en el empleo, o la menor duración de los contratos indefinidos, con una utilización en ocasiones excesiva de la extinción en período de prueba. Si estas tendencias se acaban consolidando, es muy probable que, a pesar de que la tasa de temporalidad ha bajado prácticamente a la media europea, en breve volvamos a meter en la agenda de retos laborales la lucha contra la precariedad laboral y en favor de la estabilidad del empleo, principalmente entre los más jóvenes.

Además de este hipotético reto, en el capítulo nos vamos a centrar también en otros dos desafíos que consideramos que ya son una realidad y que va a ser urgente atajar en los próximos años. En línea con nuestra aproximación metodológica a las reformas laborales, a partir de estudios nuestros anteriores,[267] cree-

267. Para propuestas concretas (algunas recogidas en la reforma laboral

mos que se deben seguir manteniendo los aspectos positivos de los cambios normativos ya realizados (2010, 2011, 2012, 2013 y 2021) y mejorar el ordenamiento laboral con avances que pueden ser igualmente positivos. Se necesita ahora una mayor ambición ante los retos laborales que presenta el siglo XXI, con medidas que afronten mejor la digitalización, las nuevas formas de trabajar, la seguridad jurídica laboral y las perspectivas del cambio demográfico que se avecina con la jubilación del *baby boom.*[268]

Una regulación laboral con mayor certidumbre y seguridad jurídica

Certidumbre y seguridad jurídica en la contratación laboral

Como hemos indicado en la primera parte del capítulo, la aplicación de las nuevas reglas de contratación laboral está generando problemas de inseguridad jurídica que necesitarían una aclaración legal o una jurisprudencia rápida. Estos problemas se concentran en la frontera entre los nuevos contratos temporales de circunstancias de la producción y las distintas modalidades de fijos discontinuos creadas con la reforma de 2021. Al ser una reforma pactada,

---

pactada), véase: Conde-Ruiz, I.; Jansen, M.; y Lahera, J., «¿Cómo regular el teletrabajo?», Fedea, Colección Apuntes n.º 2022-16, Madrid, 2022a; o Conde-Ruiz, I.; Jansen, M.; y Lahera, J., «El teletrabajo tras la pandemia», *El País*, 14 de julio de 2022b, <https://elpais.com/economia/2022-07-14/el-teletrabajo-tras-la-pandemia.html>.

268. Algunas ideas de las aquí expuestas están elaboradas con detalle en Conde-Ruiz, Jansen y Lahera (2022a y 2022b), ya citados; Conde-Ruiz, I.; y Lahera, J., «Jubilación flexible y compatible», Fedea, Policy Papers, n.º 2023-01, Madrid, 2023a; Conde-Ruiz, I.; y Lahera, J., «Por una jubilación flexible y compatible con el salario», *El País*, 1 de febrero de 2023b, <https://elpais.com/economia/2023-02-01/por-una-jubilacion-flexible-y-compatible-con-el-salario.html>; y Sala Franco, T.; y Lahera, J., *La transformación del tiempo de trabajo. ¿Hacia la jornada laboral semanal de 4 días?*, Tirant lo Blanch, Valencia, 2022.

se han utilizado conceptos indeterminados o, a veces, confusos en la redacción consensuada de los artículos 15 y 16 del Estatuto de los Trabajadores que motivan discrepancias interpretativas. La seguridad jurídica es un factor determinante en las decisiones de contratación laboral de las empresas, más ahora con un régimen sancionador muy contundente ante el fraude (temporalidad y fijo discontinuo), por lo que sería necesaria una nueva intervención legal, en lo posible acordada, para despejar algunas dudas interpretativas entre ambos contratos. Por ejemplo, para aclarar la presencia de un «minidiscontinuo» temporal, la contratación temporal en vacaciones o las fronteras entre un fijo discontinuo y ordinario en determinados sectores de alta estacionalidad o intermitencia.

En este sentido, la negociación colectiva, en especial la sectorial, tiene un papel esencial en el desarrollo de la reforma de la contratación laboral, tanto para adaptar a cada sector las distintas modalidades de fijos discontinuos como para idear planes de reducción de la temporalidad laboral. Así lo recuerda el reciente acuerdo social 2023-2025.

Certidumbre y seguridad jurídica en la extinción contractual

Pese a la buena dirección de las reformas de 2010 y 2012, mantenidas en la reforma pactada de 2021, sigue pendiente una mayor certidumbre y seguridad jurídica en las causas objetivas económicas, organizativas, técnicas o de producción del artículo 52.c y 51 del Estatuto de los Trabajadores, así como una mejora del complejo procedimiento de extinción colectiva que ahora computa trabajadores en cada centro de trabajo y en toda la empresa.

En este sentido, una salida es la adoptada en el sector de la construcción, donde la disposición adicional tercera de la Ley 32/2006,[269] tras la reforma laboral articula un contrato indefinido con extinciones objetivas claras adaptadas al sector. Creemos

269. Ley 32/2006, de 18 de octubre, reguladora de la subcontratación en el sector de la construcción, BOE, 250, de 19 de octubre de 2006.

que este modelo se podría extender a otros sectores y, con ello, conseguir no sólo que caiga la tasa de temporalidad, sino también que mejore la estabilidad aumentando la duración de los contratos indefinidos. Muchas empresas, ante la incertidumbre judicial, pueden estar cayendo en la tentación de usar la contratación indefinida para períodos de tiempo cortos. Así evitan que la relación con la empresa se consolide y reducen los costes asociados a la incertidumbre jurídica en el caso de que la empresa entre en problemas económicos y tenga que prescindir del trabajador.

Eso se podría conseguir ofreciendo cobertura a la negociación colectiva sectorial estatal para adaptar la extinción objetiva de los contratos indefinidos a las singularidades del sector, dando naturaleza dispositiva a las causas organizativas, técnicas y productivas del artículo 52.c del Estatuto de los Trabajadores, o bien extendiendo legalmente a otros sectores que lo soliciten la aplicación de esta disposición adicional tercera de la Ley 32/2006 con su régimen extintivo singular, con la precisión jurídica necesaria dentro del respeto a las normas europeas de despido colectivo. La aplicación de una u otra técnica no sólo daría fundamento a un mayor trato de igualdad constitucional ante la ley, sino que supondría un recomendable aumento de flexibilidad empresarial en el nuevo paradigma de contratación indefinida resultante de la reforma laboral de 2021.

En cuanto al procedimiento del despido colectivo, que aumenta su espacio en este paradigma, habría que seguir la Directiva (CE) 98/59[270] en una nueva regulación que gire alrededor de extinciones por cada centro de trabajo y no en toda la empresa, con los umbrales allí definidos.

Una regulación laboral adaptada a la revolución digital

La globalización y el cambio tecnológico asociado a la revolución digital están transformando la economía a un ritmo vertiginoso.

270. Directiva (CE) 98/59 del Consejo, de 20 de julio de 1998, relativa a la aproximación de las legislaciones de los Estados miembros que se refieren a los despidos colectivos.

El problema es que la digitalización de la economía no está siendo debidamente acompañada por una regulación laboral adecuada, salvo en la protección de datos personales y los derechos digitales de los trabajadores, regulados adecuadamente conforme a la jurisprudencia de referencia en la Ley Orgánica 3/2018.[271] Es preciso afrontar esta tarea desde distintos frentes.

Regular mejor el teletrabajo

La pandemia ha descubierto las enormes ventajas del expandido teletrabajo para las empresas, los trabajadores y la propia economía. Las empresas reducen costes locativos, con habituales mejoras de la productividad, y los trabajadores ahorran tiempos de desplazamientos, con una mejor autoorganización horaria que suele facilitar la conciliación familiar. En un plano macroeconómico, el trabajo a distancia facilita el ahorro energético y la lucha contra el cambio climático y es una oportunidad para revitalizar zonas rurales y mejorar la empleabilidad de personas con movilidad reducida. Pese a sus riesgos, como el aislamiento social, los problemas de ciberseguridad o el descontrol horario en casa, las ventajas del teletrabajo parecen superiores a sus costes, sobre todo en fórmulas mixtas combinadas con trabajo presencial.

La transición de esta expansión coyuntural del teletrabajo a su consolidación estructural en procesos acelerados de digitalización de las empresas se está desarrollando, sin embargo, con una normativa que desincentiva esta forma de trabajar. La Ley 10/2021,[272] introducida de forma precipitada en plena pandemia —aunque no se aplicó durante ésta—, regula con enorme formalismo y rigidez el trabajo a distancia para aquellos trabajadores que superan el 30 por ciento, desde una referencia trimestral, mientras que desregula completamente el desarrollado por de-

271. Ley Orgánica 3/2018, de 5 de diciembre, de protección de datos personales y garantía de los derechos digitales, BOE, 294, de 6 de diciembre de 2018.

272. Ley 10/2021, de 9 de julio, de trabajo a distancia, BOE, 164, de 10 de julio de 2021.

bajo de este umbral. Es evidente que la norma incentiva fórmulas ocasionales de teletrabajo siempre por debajo del umbral (discrecional) del 30 por ciento, desreguladas, frente a las más amplias o duraderas, sujetas a un pacto individual con un amplio contenido mínimo, inmodificable sin acuerdo entre las partes. Es, por tanto, una legislación ineficiente que pone freno a la transición digital acelerada por la pandemia. Y, además, corre el riesgo de convertir el teletrabajo en una nueva forma de conciliar, aumentando la segregación por género y sin aprovechar todas las ventajas que ofrece la tecnología digital.

Es necesario, en consecuencia, suprimir la actual legislación y recuperar la regulación común del teletrabajo, sin distinción de umbrales, y exigir tan sólo este formalismo rígido en trabajos a distancia a tiempo completo. Necesitamos una regulación sencilla y clara, que vuelva a reconocer la libertad de pacto de teletrabajo entre empresa y trabajador bajo los principios de voluntariedad, no discriminación, dotación de medios tecnológicos y compensación de gastos derivados de esta forma de trabajar, en el marco de lo establecido por la negociación colectiva o, en su defecto, los protocolos unilaterales de la empresa.

La norma no debe incentivar ni desincentivar esta forma de trabajar, sino crear las mejores condiciones posibles para su implantación empresarial cuando ello sea viable, eficiente y conveniente para los intereses de la empresa y de los trabajadores. Es imprescindible, por ello, recuperar la neutralidad legal en el teletrabajo.

Más flexibilidad en el tiempo de trabajo, incluyendo jornadas y semanas reducidas en sectores específicos

En la tarea de adaptar las formas de organización del tiempo de trabajo a los nuevos modos de producción, programas piloto que incentivan la jornada laboral semanal de cuatro días, con reducción del tiempo de trabajo y mantenimiento de los salarios, están siendo implementados en países como el Reino Unido. Las ganancias potenciales de esta medida bien implementada pueden ser muchas. La gestión empresarial es más eficiente, con ganancias de productividad para la empresa y sin pérdida de salarios de los trabajadores, un incremento del tiempo libre semanal favorable para la conciliación familiar o el ocio, y una disminución significativa del absentismo de las plantillas. En este sentido, las transformaciones digitales pueden significar un impulso añadido para mejorar la productividad en muchas ocupaciones y sectores.

El camino hacia jornadas laborales semanales de cuatro días no está siendo, ni debe ser, el de la imposición legal, sino el de la adecuación a la productividad empresarial a través de la negociación colectiva o los pactos individuales con los trabajadores. No es necesaria una ley de reducción de la jornada máxima legal, aquí de cuarenta horas semanales de promedio en cómputo anual —reducidas por la negociación colectiva o pacto individual con herramientas de flexibilidad—, para conseguir este objetivo. La regulación vigente permite ya este modelo de distribución semanal de las jornadas, sin merma salarial, en las empresas donde resulta viable. Una ley que impusiera esta fórmula de forma obligatoria y generalizada iría en contra de la heterogeneidad productiva, muy probablemente con el efecto indeseado de reducción de salarios en los sectores con menor capacidad de adaptación a este sistema.

El foco de la reducción de tiempo de trabajo no es tanto ahora el reparto de empleo, como sí sucedió con las treinta y cinco horas de Francia con enorme frustración, sino la atracción de talento laboral y la capacidad económica de producir con menos horas en contextos de digitalización. El impacto positivo en el empleo de las jornadas laborales semanales de cuatro días sí se puede conseguir, por el aumento del consumo en nuestras economías de servicios y entretenimiento, y por eso no deben bajar los salarios de los trabajadores, pero no por repartir tiempo y trabajo.

La jornada laboral semanal de cuatro días es una idea atractiva, con gran recorrido futuro, que no debe conducir a espejismos ni a equívocos. La flexibilidad en el transformado tiempo de trabajo irá desembocando en estas jornadas semanales con los márgenes de productividad suficientes para conseguir sus objetivos positivos sin efectos contraproducentes. Por ello, la opción legal debe ser añadir más flexibilidad en el tiempo de trabajo, mejorando, por ejemplo, los sistemas de distribución irregular de la jornada en defecto de la negociación colectiva, sin caer en el error de una reducción generalizada de las jornadas semanales.

Una regulación laboral adaptada a las plataformas digitales

Las plataformas digitales han generado nuevas oportunidades de empleo para los trabajadores, pero al mismo tiempo resultan potencialmente más precarias que las existentes. Para evitarlo, se necesita una adecuación legal laboral. El paradigma son las plataformas digitales de reparto de mercancías que protagonizan la laboralización de la Ley 12/2021,[273] la denominada Ley Rider. Pero esta opción política, razonable y ajustada a la jurisprudencia de estos casos, no ha ido acompañada de una regulación de las relaciones laborales adaptadas a la singularidad de la economía digital. Es necesario regular este ámbito, con especificidades y utilizando la técnica de la relación laboral especial, con contratos de trabajo adecuados, reglas de tiempo de trabajo suficientemente flexibles, nuevas vías retributivas y, en especial, un marco de legitimación negociadora de convenios colectivos en los que participen los actores de la economía digital.

Es decir, las plataformas digitales tienen muchos aspectos positivos que nos han facilitado y mejorado la vida, pero no deben servir para externalizar o fraccionar tareas dentro de un proceso de producción y abaratar costes a costa de los derechos laborales de los trabajadores, por ejemplo, externalizando la distribución para utilizar trabajadores autónomos (o por cuenta propia) en lugar de contratar trabajadores asalariados, que resultan más caros. Pero la laboralización en las plataformas digitales no se va a conseguir a golpe de sanción, o incluso delito, como hace el nue-

273. Ley 12/2021, de 28 de septiembre, por la que se modifica el texto refundido de la Ley del Estatuto de los Trabajadores, aprobado por el Real Decreto Legislativo 2/2015, de 23 de octubre, para garantizar los derechos laborales de las personas dedicadas al reparto en el ámbito de plataformas digitales, BOE, 233, de 29 de septiembre de 2021, pp. 119341-119344.

vo artículo 311 bis del Código Penal,[274] sino con una regulación adecuada y un diálogo político con el sector digital que apueste por una negociación colectiva singular y propia. En este sentido, se debería evolucionar hacia una figura laboral única en derechos y obligaciones. Es decir, que independientemente de si trabajas como asalariado dentro de una empresa o como autónomo para ella, las cotizaciones que realiza la empresa, y que dan lugar a derechos del trabajador, sean similares.

Una regulación laboral ante el cambio demográfico: jubilación flexible y compatible

Por último, para afrontar el reto del envejecimiento, será necesario utilizar parte de los avances en la longevidad que estamos experimentado para producir o generar riqueza alargando la etapa laboral. Y, para ello, urge cambiar radicalmente la forma en que nos jubilamos.[275] Necesitamos alargar de forma flexible la etapa laboral y no podemos permitirnos seguir malgastando el talento sénior. La regulación de la jubilación en España es drástica, sin apenas pasarelas de transición gradual entre la etapa de trabajador y la de pensionista, y además es, por regla general, incompatible con el trabajo retribuido. Las excepciones legales de compatibilidad entre la pensión y el trabajo retribuido —la jubilación parcial, activa y flexible, y el trabajo autónomo topado por renta— están llenas de desincentivos y disfunciones que confirman, en la práctica, ambos rasgos, porque tan sólo el 14 por ciento de los jubilados tienen rentas adicionales.

El paulatino envejecimiento de la población en España, con altas tasas de esperanza de vida y una escasa tasa de natalidad, se va

274. El artículo 311 bis del Código Penal castiga con pena de prisión de tres a dieciocho meses (o multa de doce a treinta meses) el empleo de ciudadanos extranjeros que carezcan de permiso de trabajo de forma reiterada o que sean menores de edad.

275. Véase el capítulo 11 de este libro, a cargo de Juan F. Jimeno, Ángel Martínez y Javier Martínez, en el que se desarrolla una propuesta para la reforma del sistema español de pensiones.

a acelerar con la ya inminente jubilación de la generación del *baby boom*, lo que va a provocar caídas vertiginosas de la tasa de dependencia entre activos y pasivos. En este contexto, debemos superar la concepción clásica de la jubilación, concebida como imposibilidad para trabajar una vez cumplida determinada edad, y caminar hacia modelos de jubilación distintos, mucho más graduales, flexibles y compatibles con el trabajo retribuido. La única vía para afrontar estas futuras caídas de la tasa de dependencia entre activos y pasivos es crear pasarelas graduales hacia la jubilación definitiva en determinadas edades y, a la vez, permitir la compatibilidad entre la percepción de la pensión y rentas derivadas del trabajo retribuido, por cuenta ajena o autónomo, sin límites de ingresos.

En un modelo de jubilación flexible y compatible ganan todos los actores del sistema económico y político. Las personas trabajadoras porque pueden ejercer simultáneamente su derecho a la jubilación y su derecho al trabajo, evitando la habitual disminución de ingresos, cuando en muchas ocasiones existen plenas facultades físicas y mentales para continuar trabajando por decisión libre. Las empresas porque ganan activos ante el futuro déficit de vacantes, con el valor añadido del talento y la experiencia. La economía en su conjunto y, en particular, el sistema de Seguridad Social porque los trabajos retribuidos de los jubilados están asociados a cotizaciones de solidaridad y suponen mayores ingresos fiscales para el Estado.

Proponemos, en consecuencia, regular con incentivos los acuerdos de jubilación parcial, facilitar la jubilación activa y flexible desde el empleo y desde la retirada del mercado laboral, y dejar de topar las rentas adicionales de los jubilados. Percibir una pensión debe ser compatible con la realización de trabajos por cuenta ajena o propia sin límite de ingresos. A su vez, se debe facilitar a las empresas la contratación laboral de este colectivo con un nuevo contrato de trabajo compatible, con reglas específicas que, sin discriminar por edad, tengan en cuenta que ya el pensionista está cubierto por una renta pública, lo que puede descartar, en estos supuestos, una indemnización por despido.

10

¿Qué más podemos hacer para reducir la brecha de género en el mercado laboral?

Claudia Hupkau,[276] Jenifer Ruiz-Valenzuela[277] y Lucía Cobreros[278]

El problema

En los últimos veinticinco años se ha producido en España una fuerte convergencia en la participación de hombres y mujeres en el mercado laboral. En 1950, por cada cien hombres que trabajaban, sólo lo hacían cincuenta mujeres. En 2020, este número había subido a ochenta y ocho mujeres por cada cien hombres. La brecha salarial de género también ha ido descendiendo: mientras que en 2002 los hombres ganaban en promedio un 18 por ciento más que las mujeres, en 2018 esta diferencia había disminuido al 12 por ciento.[279] Sin embargo, las mujeres continúan experimentando mayores tasas de paro, tasas inferiores de empleo y

276. Profesora de economía en CUNEF Universidad e investigadora asociada en el Programa de Educación y Competencias del Centre for Economic Performance (LSE).

277. Profesora en el departamento de Economía de la Universitat de Barcelona, investigadora en el Instituto de Economía de Barcelona (IEB), investigadora asociada en el Centre for Economic Performance (LSE) y *senior fellow* en EsadeEcPol.

278. Economista investigadora en EsadeEcPol.

279. Petrongolo, B.; y Ronchi, M., «Gender gaps and the structure of local labor markets», *Labour Economics*, 64 (2020), 101819.

mayor precariedad laboral, y continúa existiendo una brecha salarial de género incluso cuando comparamos a hombres y mujeres en trabajos equivalentes.[280] La evidencia científica apunta a que la llegada de los hijos sigue siendo una de las causas principales de la brecha de género todavía restante. Por otro lado, las mujeres siguen estando infrarrepresentadas en puestos de responsabilidad y en ocupaciones como la tecnología y la ingeniería, donde los salarios suelen ser más altos y la demanda de empleo está en alza.

La penalización por la maternidad

Mientras que la convergencia en la participación en el mercado laboral ha ido avanzando constantemente entre las personas sin hijos, entre las personas con hijos menores de 15 años se ha estancado en la última década (panel a del gráfico 10.1). La tasa de desempleo entre las personas sin hijos es prácticamente igual para hombres y mujeres, pero durante los últimos cinco años ha crecido hasta llegar a ser el doble para las mujeres con hijos que para los hombres con hijos (panel b). Las mujeres con hijos tienen también una probabilidad casi un 60 por ciento más elevada de tener un contrato temporal en 2022, mientras que la brecha es sólo del 20 por ciento entre las personas sin hijos (panel c). Además, es casi ocho veces más probable que las mujeres con hijos trabajen a tiempo parcial que los hombres con hijos (panel d), y este número es sólo alrededor de dos veces para personas sin hijos. En cuanto a salarios, un estudio reciente muestra que, transcurrido el primer año desde el nacimiento del primer hijo, los ingresos de la madre caen un 11 por ciento, mientras que los del padre no varían, y que este porcentaje asciende hasta el 28 por ciento en las mujeres al cabo de diez años de haber dado a luz su primer hijo.[281]

280. Véase, por ejemplo: Hupkau y Ruiz-Valenzuela (2021). Y también: Anghel, B.; y Conde-Ruiz, J. I., «Brechas salariales de género ajustadas en España: 2002-2018», Fedea, Estudios sobre la Economía Española, n.º 2023/06, 2023.

281. De Quinto, A.; Hospido, L.; y Sanz, C., «The child penalty in Spain», Banco de España, Documentos ocasionales n.º 2017, julio de 2020.

Gráfico 10.1. Tasas de participación, desempleo, temporalidad y parcialidad expresadas en términos de ratios mujer/hombre (2005-2022)

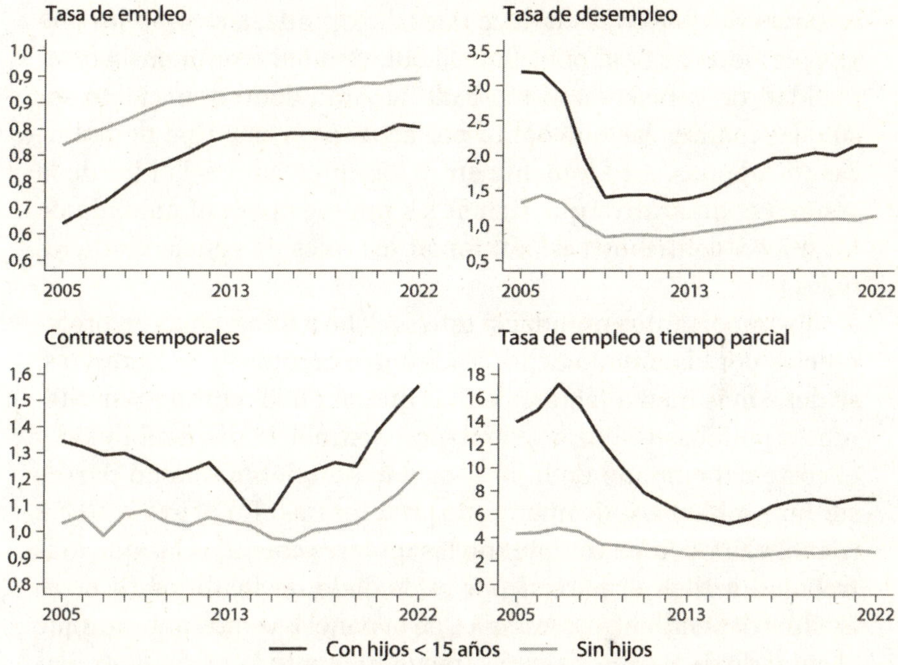

Fuente: Elaboración propia a partir de microdatos de la Encuesta de Población Activa del INE (2022). Series ajustadas por estacionalidad (TR1/2005-TR4/2022).[282]

En aras de entender los motivos, datos recientes demuestran que la penalización laboral asociada a la maternidad puede deberse al hecho de que las mujeres opten por empleos que presen-

282. Muestra de individuos entre 25 y 54 años. Las series representadas se calculan como la relación entre la tasa de mujeres y la tasa de hombres. Las tasas de participación se calculan como el total de la población activa sobre el total de la población en edad de trabajar y, por su parte, las tasas de desempleo se calculan como el número total de desempleados sobre la población activa total. Los contratos temporales muestran la proporción de personas con un contrato temporal entre todas las personas empleadas. Las tasas de empleo a tiempo parcial muestran la proporción de personas que trabajan a tiempo parcial entre las que tienen un empleo. Todas las variables se obtienen utilizando ponderaciones transversales.

tan características compatibles con la familia. Tras la llegada de los hijos, las mujeres parecen optar por trabajos con horarios flexibles, en el sector público o de categoría inferior, o a tiempo parcial.[283] Así pues, las políticas favorables a la familia, como los horarios flexibles o las reducciones de jornada, así como los largos períodos de baja por maternidad, tienden a reforzar la desigualdad de género en el mercado laboral, dado que suelen ser sólo las madres las que optan por acogerse a este tipo de políticas.[284] Además, esto fomenta entre los empleadores la idea de la ventaja comparativa que tienen las mujeres para el cuidado de los hijos y contribuye así a reforzar los roles de género tradicionales.[285]

Es importante entender si esto se debe a diferencias en preferencias por el cuidado de los hijos entre hombres y mujeres, o si se debe más bien a factores en los que se puede influir con diferentes políticas públicas, como, por ejemplo, la disponibilidad y el coste del cuidado de hijos. Los datos sugieren que no parece ser un problema únicamente de preferencias. En el gráfico 10.2 (panel a), podemos ver que son las mujeres con hijos las que más trabajan a tiempo parcial por el cuidado de los hijos (u otros adultos dependientes). Además, en el panel b vemos que, aunque el cuidado de los hijos es más frecuentemente la razón de trabajar a tiempo parcial para las mujeres que para los hombres, más de un tercio de las mujeres con hijos menores de 5 años y que trabajan a tiempo parcial querrían trabajar más horas. Este porcentaje crece hasta más de la mitad entre las mujeres con hijos de entre 5 y 15 años. El hecho de que, entre los hombres, el cui-

283. Véanse, respectivamente: Goldin, C., «A grand gender convergence: Its last chapter», *American Economic Review*, 104, 4 (2014), pp. 1091-1119; Kleven, H., *et al.*, «Child penalties across countries: Evidence and explanations», *AEA Papers and Proceedings*, 109 (2019), pp. 122-126; y De Quinto, Hospido y Sanz, *op. cit.*

284. Fernández-Kranz, D.; y Rodríguez-Planas, N., «Too family friendly? The consequences of parent part-time working rights», *Journal of Public Economics*, 197 (2021), 104407, <https://doi.org/10.1016/j.jpubeco.2021.104407>.

285. Olivetti, C.; y Petrongolo, B., «The evolution of gender gaps in industrialized countries», *Annual Review of Economics*, 8 (2016), pp. 405-434.

dado de menores o adultos dependientes sea con mucha menor probabilidad una razón por la que trabajan a tiempo parcial apunta a que sigue existiendo una diferencia en los roles de género tradicionales y a que las mujeres siguen especializándose en el cuidado de los hijos, a pesar de que muchas de ellas querrían trabajar más.

Gráfico 10.2. Preferencias y motivos del trabajo a tiempo parcial (2005-2022)

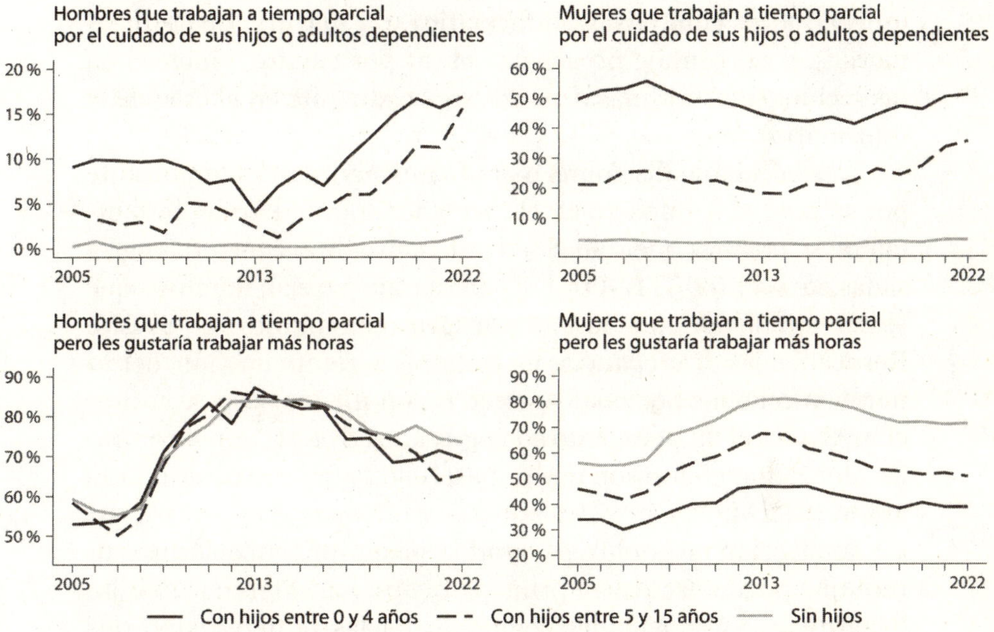

Fuente: Elaboración propia a partir de microdatos de la Encuesta de Población Activa (2022).[286]

286. Muestra de individuos entre 25 y 54 años que trabajan a tiempo parcial. El panel a muestra la proporción de personas que declaran que el motivo para trabajar a tiempo parcial es el cuidado de niños o de adultos dependientes, enfermos o de edad avanzada. El panel b muestra la proporción de individuos que desearían trabajar más horas entre los que tienen un empleo a tiempo parcial. Todas las variables se derivan utilizando ponderaciones transversales.

La ausencia de las mujeres en ocupaciones STEM

Las mujeres continúan infrarrepresentadas en empleos de los ámbitos STEM (ciencia, tecnología, ingeniería y matemáticas), mientras que el mercado laboral demanda de forma creciente profesionales en estos ámbitos. Tanto en formación profesional como universitaria, la presencia de mujeres en el sector sanitario es sustancialmente mayor (alrededor del 70 por ciento). Sin embargo, en familias profesionales vinculadas a la tecnología, el porcentaje de matriculadas no llega al 10 por ciento, y en grados universitarios como física, informática y la mayoría de las ingenierías, el porcentaje no alcanza el 30 por ciento, e incluso ha decrecido en las últimas décadas, especialmente en el caso de la informática.[287]

La elección de disciplina o grado universitario es importante por su posterior impacto en el mercado laboral. Para el caso español, se observa que sólo el 9,5 por ciento de las personas egresadas en ámbitos STEM trabajan a tiempo parcial, mientras que el porcentaje asciende al 17,5 por ciento en ámbitos no STEM. Respecto a las discrepancias en cuanto a la remuneración, del 25 por ciento de las personas egresadas con menor base de cotización,[288] sólo el 28 por ciento son egresados STEM; por el contrario, del 25 por ciento con mayor base, el 62 por ciento estudiaron grados STEM.[289]

La elección de grado o posgrado y posterior ocupación no parece que pueda explicarse principalmente por diferencias en las habilidades y capacidades cognitivas de las mujeres, sino que más bien parece ser el producto de las preferencias declaradas y de las decisiones a lo largo de las diferentes etapas del ciclo vi-

287. Datos extraídos de: <https://alianzasteam.educacionyfp.gob.es/inicio.html>.

288. Base de cotización de empleados por cuenta ajena en 2019, que excluye empleos por cuenta propia.

289. Datos extraídos de los microdatos de la Encuesta de Inserción Laboral de Titulados Universitarios del INE (2020), que muestra los resultados laborales, en 2019, de personas egresadas en la universidad en 2013/2014.

tal.[290] Entender los motivos de estas preferencias está fuera del alcance de este capítulo, pero existe consenso en que las diferencias de autopercepción que niños y niñas muestran desde edades muy tempranas pueden tener impacto en sus posteriores elecciones.[291, 292] Los estereotipos de género, los factores culturales y la falta de referentes ayudan a comprender el origen de estas diferencias.[293, 294]

Avances recientes y bloqueos persistentes

Los permisos por paternidad

La evidencia apunta a la llegada de los hijos como un factor crucial detrás de la brecha de género en el mercado laboral. Recientemente, varios países han introducido cambios en sus políticas de familia con el objetivo explícito de reducir la desigualdad de género asociada a tener hijos. El primer grupo de estas políticas son los permisos por paternidad y la introducción de la llamada «cuota del padre», que son períodos de permiso por paternidad

290. En cuarto de la ESO, más del doble de alumnos que de alumnas se proyectan trabajando en profesiones relacionadas con ciencias o ingeniería, y sólo un 1,2 por ciento de alumnas se proyectan como profesionales de las TIC, frente a un 9,5 por ciento de chicos.

291. Bian, L.; Leslie, S. J.; y Cimpian, A., «Gender stereotypes about intellectual ability emerge early and influence children's interests», *Science*, 355, 6323 (2017), pp. 389-391.

292. A los 5 años, ambos asocian la brillantez con su propio sexo, mientras que a los 6 años las niñas ya son más propensas a asociar la brillantez con el género masculino.

293. Kahn, S.; y Ginther, D., «Women and STEM», National Bureau of Economic Research, Working Paper n.º 23525, 2017.

294. Incluso cuando poseen un título universitario en el ámbito STEM, las mujeres tienen menos probabilidad de trabajar en profesiones STEM que sus homólogos masculinos. Un estudio reciente apunta que estas diferencias pueden estar relacionadas con la ubicación del puesto de trabajo, motivos familiares relacionados con la falta de flexibilidad en estos sectores (Bedee *et al.*, 2011; Kahn y Ginter, 2017), así como estereotipos y roles de género (Jiang, 2021).

reservados para los nuevos padres y no transferibles al otro progenitor.

En los últimos trece años se ha registrado en España un incremento notable de la «cuota del padre». Mientras que entre 2007 y 2017 los padres sólo disfrutaban de dos semanas de permiso remunerado, entre 2017 y 2021 el permiso de paternidad ha aumentado gradualmente hasta las dieciséis semanas. Los estudios más recientes sugieren la existencia de efectos positivos en varias dimensiones. La introducción del permiso por paternidad de dos semanas en España en 2007 aumentó la probabilidad de que la mujer se reincorporara al trabajo entre seis y doce meses después del parto. Esto tuvo un efecto positivo en sus ingresos durante los dos años siguientes, y facilitó una mayor implicación de ambos progenitores en la crianza de los hijos.[295] Otro estudio encuentra que, en el caso de las parejas que tenían una brecha salarial media antes de la introducción del permiso en 2007, los padres pasaron a dedicar entre 44 y 88 minutos más al día al cuidado de los hijos y entre 88 y 117 minutos más a las tareas del hogar, aunque también aumentó la propensión de estas parejas a la ruptura y redujo la probabilidad de tener más hijos.[296] Un análisis reciente encuentra evidencia de que los niños cuyos padres podían acogerse al permiso de paternidad en 2007 muestran actitudes más igualitarias hacia los roles de género y adoptan comportamientos contrarios a los estereotipos de género. Además, son más partidarios de que madres y padres se comprometan de forma igualitaria, tanto en el mercado laboral como en el hogar, y tienen el deseo de desviarse del modelo tradicional del hombre como cabeza de familia.[297]

295. Farré, L.; y González, L., «Does paternity leave reduce fertility?», *Journal of Public Economics*, 172, C (2019), pp. 52-66.

296. González, L.; Zoabi, H., «Does paternity leave promote gender equality within households?», CESifo, Working Paper n.º 9430, 2021.

297. Farré, L., *et al.*, «Changing gender norms across generations: Evidence from a paternity leave reform», BSE, Working Paper n.º 1310, 2022.

La conciliación y la elección del puesto de trabajo

Como mostramos anteriormente, el hecho de que las mujeres sean las principales responsables del cuidado de sus hijos sigue limitando sustancialmente su tipo de participación en el mercado laboral. Muchas mujeres optan por tipos de trabajo que permiten una mejor conciliación entre la vida profesional y la familiar, como trabajar a tiempo parcial, con horarios flexibles, posibilidad de teletrabajo y tiempos de viaje reducidos. Las mujeres acaban eligiendo industrias y ocupaciones que ofrecen este tipo de empleos, y esto suele conllevar una penalización salarial.[298] Es en los empleos que ofrecen una gran recompensa salarial por estar disponible a horas tardías y donde la sustituibilidad entre trabajadores es baja —dos características poco compatibles con la conciliación— donde la brecha de género en salarios es más alta.[299]

La pandemia de la COVID-19 ha propiciado muchos avances en la disponibilidad de trabajo a distancia, con el potencial de reducir la tradición de la presencialidad que penaliza desproporcionadamente a las mujeres con responsabilidades de cuidado. De todas formas, el auge del teletrabajo también conlleva riesgos para la igualdad de género. Por un lado, se podría intensificar la especialización de las mujeres en las tareas del hogar y el cuidado de los hijos. Por otro lado, no estar presente en el puesto de trabajo podría reducir las posibilidades de desarrollo profesional y, por tanto, aumentar la brecha salarial. El Comité Económico y Social Europeo (CESE) ha emitido un dictamen cuyo objetivo es

298. Véase, por ejemplo: Bertrand, M.; Goldin, C.; y Katz, L. F., «Dynamics of the gender gap for young professionals in the financial and corporate sectors», *American Economic Journal: Applied Economics*, 2, 3 (2010), pp. 228-55; Bertrand, M., «Coase lecture — The glass ceiling», *Economica*, 85 (2018), pp. 205-231, <https://doi.org/10.1111/ecca.12264>; Mas, A.; y Pallais, A., «Valuing alternative work arrangements», *American Economic Review*, 107, 12 (2017), pp. 3722-3759; y Wiswall, M.; y Zafar, B., «Preference for the workplace, investment in human capital, and gender», *The Quarterly Journal of Economics*, 133, 1 (2018), pp. 457-507.

299. Goldin, *op. cit.*

evitar que el teletrabajo amplíe aún más la división desigual del trabajo en el hogar entre mujeres y hombres.[300]

Incentivos económicos para la incorporación de las madres al mercado de trabajo

En España existen varias ayudas para familias trabajadoras. En primer lugar, las cantidades percibidas en concepto de baja por maternidad o paternidad están exentas en el impuesto sobre la renta de las personas físicas (IRPF) desde 2018. Además, los ingresos del trabajo sujetos a tributación se ven disminuidos por una cantidad que depende del número de hijos (mínimo por descendientes). Existen también una serie de deducciones para madres trabajadoras, como una deducción por maternidad en este mismo impuesto de hasta 1.200 euros para aquellas madres trabajadoras con hijos menores de 3 años. Hay además otras ayudas para familias numerosas, y las comunidades autónomas pueden establecer sus propias deducciones en el IRPF.

Aunque no existe evidencia científica concreta sobre estas políticas en España, es probable que su impacto sea positivo. La evidencia internacional apunta a que la introducción o la ampliación de un impuesto negativo (*earned income tax credits* [EITC], o crédito por ingresos del trabajo, en Estados Unidos) para madres trabajadoras con rentas bajas tiene un efecto positivo en su empleo, concentrado en mujeres con bajo nivel de educación.[301] En cambio, respecto a las ayudas universales e incondi-

300. European Economic and Social Committee, «Opinion of the European Economic and Social Committee on "Challenges of teleworking: organisation of working time, work-life balance and the right to disconnect"», SOC/660-EESC-2020-05278, 2020.

301. El EITC es un crédito fiscal para trabajadores con ingresos bajos a moderados. La elegibilidad para el crédito fiscal se basa en varios factores, incluido el tamaño de la familia, el estado civil y los ingresos. Cuando el EITC excede la cantidad de impuestos adeudados, genera un reembolso de impuestos a quienes reclaman y califican para el crédito. Véase, por ejemplo: Bastian, J.; y Lochner, L., «The EITC and maternal time use: More time working and

cionales, hay varios estudios que señalan un efecto negativo a corto plazo en la oferta laboral de las madres.[302]

Educación de 0 a 3 años asequible

Otro obstáculo a la incorporación de la mujer al mercado laboral es la falta de disponibilidad y el coste de educación infantil para la etapa de 0 a 3 años. Según un informe de Save the Children, en España sólo alrededor del 20 por ciento de los niños de entre 0 y 2 años de familias en el tercio más pobre de la distribución de la renta atiende regularmente a cuidados formales, mientras que casi el 50 por ciento de los niños de familias en el tercio más rico tiene acceso a estos cuidados.[303] Rebajar o subvencionar el coste de estos servicios suele tener un impacto positivo en la permanencia de la madre en el mercado laboral y en la probabilidad de trabajar a tiempo completo, sobre todo para madres de ingresos bajos.[304] Si bien es cierto que existe consenso en la importancia de la

less time with kids?», NBER, Working Paper n.º 27717, 2020; Bastian, J., «The rise of working mothers and the 1975 Earned Income Tax Credit», *American Economic Journal: Economic Policy*, 12, 3 (2020), pp. 44-75; Hoynes, H.; Miller, D.; y Simon, D., «Income, the Earned Income Tax Credit, and infant health», *American Economic Journal: Economic Policy*, 7, 1 (2015), pp. 172-211; y Shirley, P., «First-time mothers and the labor market effects of the Earned Income Tax Credit», *IZA Journal of Labor Policy*, 10, 1 (2020).

302. Por ejemplo, González (2013) muestra una reducción en la participación laboral a corto plazo de las madres tras la introducción del «cheque bebé» en España. Magda, Kiełczewska y Brandt (2020) concluyen, para el caso de Polonia, que la introducción de un beneficio universal por el segundo hijo y sucesivos redujo la participación de las madres en el mercado de trabajo, especialmente entre las mujeres con niveles educativos más bajos.

303. Ferrer, A., *Donde todo empieza. Educación infantil de 0 a 3 años para igualar oportunidades*, Save the Children España, 2019, <https://www.savethechildren.es/sites/default/files/imce/donde_todo_empieza_0.pdf>.

304. Analizando datos de diversos países, la OCDE (2018) concluye que los mayores niveles de escolarización en la primera infancia de los niños menores de 3 años se relacionan con unas tasas más altas de empleo de las madres. Este informe también señala que en los países en los que los niños de 0 a 3 años

reducción del coste de la educación de 0 a 3 años para reducir las brechas de género en el mercado laboral tras el nacimiento del primer hijo, la financiación de la oferta en este nivel educativo crece a un ritmo lento en todos los países. En el caso de España, el porcentaje de niños de 0 a 3 años matriculados en programas de educación de primera era del 38 por ciento en 2014, muy cerca de la media de la OCDE, que se situaba en el 34 por ciento.[305] En el curso 2020/2021, la proporción de plazas públicas en centros de primer ciclo de infantil en España fue de casi el 54 por ciento,[306] con una fuerte heterogeneidad entre comunidades autónomas. En 2018, se introdujo, además, una deducción en el IRPF que incrementaba la deducción por maternidad en un máximo de 1.000 euros si la madre trabajadora incurrió en gastos en centros de educación infantil. A pesar de este incremento en el gasto público relacionado con la etapa de 0 a 3 años, el gasto público en prestaciones familiares y por hijos en España es comparativamente inferior al de otros países de la Unión Europea. En el gráfico 10.3 se observa que, en 2020, España sólo dedicaba el 1,6 por

---

pasan más tiempo en escuelas infantiles, la proporción de empleos a tiempo parcial entre las mujeres trabajadoras es inferior. Véase, por ejemplo: Haeck, C.; Lefebvre, P.; y Merrigan, P., «Canadian evidence on ten years of universal preschool policies: The good and the bad», *Labour Economics*, 36, C (2015), pp. 137-157; Bettendorf, L. J. H.; Jongen, E. L. W.; y Muller, P., «Childcare subsidies and labour supply — Evidence from a large Dutch reform», *Labour Economics*, 36 (2015), pp. 112-123; Nollenberger, N.; y Rodríguez-Planas, N., «Full-time universal childcare in a context of low maternal employment: Quasi-experimental evidence from Spain», *Labour Economics*, 36, C (2015), pp. 124-136; Bick, A., «The quantitative role of child care for female labor force participation and fertility», *Journal of the European Economic Association*, 14, 3 (2016), pp. 639-668; y Muller, K.; y Wrohlich, K., «Does subsidized care for toddlers increase maternal labor supply? Evidence from a large-scale expansion of early childcare», *Labour Economics*, 62, C (2020).

305. OCDE, «Graph 1.3 — «Enrolment rates in early childhood education and primary education, by age (2014)», en *Starting Strong 2017: Key OECD Indicators on Early Childhood Education and Care*, OECD Publishing, Francia, 2017, <https://doi.org/10.1787/9789264276116-graph3-en>.

306. Este porcentaje no incluye centros concertados con educación 0-3, cuyos costes pueden ser similares a los de los centros públicos.

ciento del PIB a estas políticas, mientras que la media de la UE-27 era del 2,5 por ciento. Así pues, habría margen para la convergencia con otros países de Europa en este ámbito, incrementando el gasto público dedicado a aumentar la oferta pública educativa en la etapa de 0 a 3 años.

Gráfico 10.3. Gasto en prestaciones familiares o por hijos como porcentaje del PIB (2020)

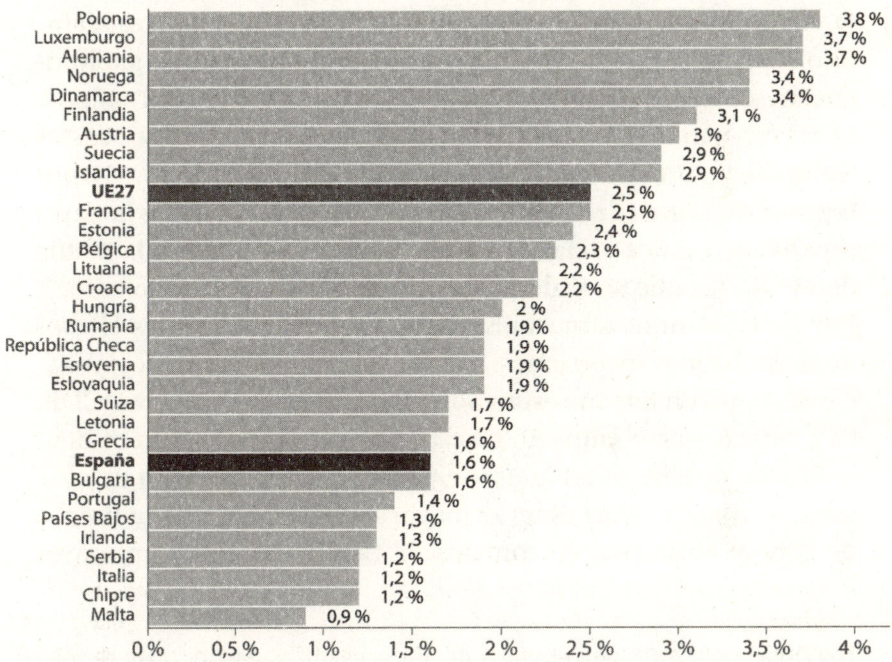

Fuente: Elaboración propia a partir de datos del gasto en protección social de Eurostat (2020).[307]

El reciente cambio de la ley educativa en España apunta en esa dirección. La Ley Orgánica 3/2020, por la que se modifica la Ley Orgánica 2/2006, de 3 de mayo, de educación,[308] expone

307. Véase: <https://ec.europa.eu/eurostat/databrowser/view/SPR_EXP_SUM__custom_5611368/default/table?lang=en>.

308. Ley Orgánica 3/2020, de 29 de diciembre, por la que se modifica la

como uno de sus objetivos que todas las familias puedan acceder a una plaza «asequible» en el primer ciclo de educación infantil. Los avances en términos de inversión comienzan a observarse: como parte del Plan de Recuperación, Transformación y Resiliencia, en 2021 se dispuso una inversión de 670,1 millones de euros, con el fin de crear más de 65.000 plazas de titularidad pública con fecha límite en 2024. Por su parte, las comunidades autónomas, aunque con distintos modelos, también están realizando esfuerzos crecientes con el fin de alcanzar la gratuidad.

La evidencia muestra que el impacto de políticas en este ámbito —principalmente relacionadas con la reducción o la eliminación de costes para el cuidado de hijos de entre 0 y 3 años— es mayor cuando partimos de un nivel de coste alto.[309] Los costes estimados para la escuela infantil para dos hijos de 2 y 3 años representan cerca del 25 por ciento de los ingresos de los hogares españoles con dos asalariados, un porcentaje similar a la media de la OCDE, que se sitúa justo por debajo del 30 por ciento.[310] Por tanto, aunque aún es pronto para poder evaluar los efectos de estas últimas inversiones, y dado que los costes de escolarización infantil en España están por debajo de la media de la OCDE, es probable que el impacto de este tipo de políticas para reducir la brecha de género en la participación laboral no sea muy alto, aunque sí podríamos esperar mayores reducciones de la brecha de género en la tasa de contratos a tiempo parcial y un mayor

---

Ley Orgánica 2/2006, de 3 de mayo, de educación, BOE, 340, de 30 de diciembre de 2020, pp. 122868-122953.

309. Según un informe reciente del EU Science Hub, un incremento del 50 por ciento en la educación pública de 0 a 3 años oscilaría entre un aumento de la oferta de la mano de obra femenina del 4 por ciento en países como Portugal y del 48 por ciento en países como Hungría. En el caso de Francia, que se enfrenta a unos costes iniciales bajos, Givord y Marbot (2015) muestran que la introducción de una subvención importante en los servicios de guardería sólo incrementó de forma marginal la participación de las madres en el mercado laboral.

310. OCDE, «How does access to early childhood education services affect the participation of women in the labour market?», *Education Indicators in Focus*, 59, OECD Publishing, Francia, <https://doi.org/10.1787/232211ca-en>.

efecto entre las personas con rentas bajas, donde el gasto en cuidado infantil representa una mayor parte del presupuesto familiar.

Propuestas de políticas para los próximos cuatro años

Pese a las notables mejoras en la participación de las mujeres en el mercado laboral, las diferencias existentes entre hombres y mujeres en términos de empleo, ingresos y, sobre todo, de tipo de contrato, continúan siendo amplias y persistentes. La llegada del primer hijo es uno de los principales factores que contribuyen a mantener la brecha de género en los resultados del mercado laboral. Los responsables políticos que estén preocupados por paliar la desigualdad de género deberán centrarse en impulsar políticas de familia que permitan mejorar las perspectivas de las mujeres con hijos en el mercado laboral y que aumenten la participación de los hombres en el ámbito familiar. Además, existe consenso en que parte de los mecanismos que subyacen a estas brechas están relacionados con las normas sociales existentes sobre el papel de la mujer en el cuidado de los hijos, que se han ido transmitiendo entre generaciones. Proponemos las siguientes políticas:

Incrementar los incentivos económicos para acceder al mercado laboral para las madres

- **Aumentar los créditos fiscales para las madres trabajadoras**: hay una amplia evidencia científica de que los impuestos negativos y créditos fiscales tienen efectos muy positivos sobre el empleo de las madres. Para ser eficaz y crear incentivos al trabajo, se deberían diseñar instrumentos como el crédito tributario por ingreso del trabajo (EITC) en Estados Unidos, que ofrece un subsidio al empleo para personas con ingresos por debajo de un cierto umbral. El EITC se introduce paulatinamente como porcentaje de los ingresos hasta que la cantidad del crédito alcance su nivel máximo en un primer umbral de ingresos. Luego, la cantidad del EITC permanece en su nivel máximo durante un rango de ingresos. A partir de un segundo umbral, que también depende del número de hijos y del estado civil del beneficiario, el crédito disminuye gradualmente a cero a una tasa fija (la «tasa de eliminación gradual») por cada euro adicional de ingreso por encima de este segundo umbral. Aunque este tipo de crédito fiscal no suele estar específicamente reservado para madres, se ha demostrado que tiene un efecto especialmente positivo sobre su empleo, particularmente en hogares monoparentales, puesto que éstos suelen estar encabezados por mujeres.[311]

- **Ampliar la oferta de educación de 0 a 3 años**: resulta fundamental continuar aumentando la inversión en prestaciones familiares y por hijo —que como ya hemos visto, se encuentra a la cola de la Unión Europea—, y más concretamente en educación de 0 a 3 años. Es importante conseguir que estos esfuerzos sean sostenibles en el tiempo y que los recursos públicos no sólo aporten la financiación necesaria para la creación de las plazas, sino también para mantenerlas, dado que el coste principal no es el de su construcción, sino el de su mantenimiento a largo plazo. De nuevo, este tipo de política muy probablemente es más relevante para madres con bajos ingresos porque el gasto en cuidado representa una mayor parte de su salario o de los ingresos del hogar.

Revertir el modelo de escuela pública exclusivamente matinal en el segundo ciclo de educación infantil y primaria

Como se ha expuesto con anterioridad, las tasas de participación, desempleo, temporalidad y parcialidad muestran peores

311. Para un buen resumen de la evidencia, véase, por ejemplo: Bastian, *op. cit.*

resultados para las madres con hijos menores de 15 años. Además, una proporción importante de las madres que trabajan a tiempo parcial debido al cuidado de los hijos desearía trabajar más horas (un tercio de las madres con hijos menores de 5 años, y alrededor de la mitad de las madres con hijos entre 5 y 15 años). Aunque no existen datos oficiales, las encuestas más recientes muestran que la jornada matinal en España es mayoritaria en los centros públicos de infantil y primaria. Esto podría estar dificultando la conciliación, especialmente en el caso de las madres.[312] En este sentido, la evidencia científica existente encuentra relaciones y efectos causales entre un mayor tiempo de los niños en centros educativos de segundo ciclo de infantil y primaria, y la participación de las mujeres en el mercado laboral, así como un aumento en la probabilidad de que las mujeres trabajen a tiempo completo.[313] Además, existe evidencia de que un mayor tiempo en la escuela tiene impactos positivos en los resultados académicos y socioemocionales del alumnado, adaptándose mejor a sus biorritmos.[314] Por último, un mayor tiempo en la escuela puede reducir las desigualdades entre el alumnado de distinto origen social, ya que, en el caso de España, son mayoritariamente los centros concertados y privados los que ofrecen jornadas lectivas completas o más actividades extraescolares.

312. Ferrero, M.; Gortazar, L.; y Martínez, Á., «Jornada escolar continua: Cómo la pandemia está acelerando un modelo social y educativo regresivo», EsadeEcPol, Brief n.º 26, mayo de 2022.

313. Para el caso de Chile, donde se amplió la jornada escolar un 35 por ciento, Berthelon, Kruger y Oyaezun (2015) encuentran efectos relevantes en la participación laboral de las mujeres con hijos en educación primaria, con un mayor impacto para madres con menor nivel educativo. Felfe, Lechner y Thiemann (2016) encuentran, para el caso de Suiza, que un aumento público de la cobertura de servicios después de las horas lectivas aumenta la probabilidad de que las mujeres estudien a tiempo completo. Para el caso de Alemania, que lleva años avanzando hacia un modelo de escuelas a tiempo completo (lectivo y no lectivo), la evidencia apunta a una mayor participación laboral de las madres (Shure, 2016; Gambaro, Marcus y Peter, 2019).

314. A modo de ejemplo, véase Bellei (2009) para el caso de Chile o Andersen, Humlum y Nandrup (2016) para el caso de Dinamarca.

Incrementar el acceso de las mujeres a las carreras STEM

Las brechas de género en la elección de ámbitos de estudio empiezan desde edades muy tempranas. Es por ello por lo que proponemos políticas educativas que fomenten el interés de las niñas por estos ámbitos de conocimiento y mejoren su autoconcepto. Esto se podría lograr mediante la existencia de más referentes femeninos, desde edades tempranas, en ámbitos científicos. Las mentorías de mujeres científicas pueden tener un impacto muy positivo en el acceso a las carreras STEM, así como el asesoramiento personalizado y estrecho mediante tutorías individualizadas. La existencia de programas que pongan en contacto a estudiantes con mujeres voluntarias con diversos perfiles profesionales en ámbitos científicos tiene un coste bajo y un impacto positivo en el disfrute de las matemáticas, las expectativas de éxito en la materia y las aspiraciones en ámbitos STEM, así como en la reducción de los estereotipos de género. Para el caso de España, se ha evaluado el programa de la Inspiring Girls Foundation, cuyo objetivo es precisamente aumentar las aspiraciones de las adolescentes en el ámbito científico y tecnológico poniéndolas en contacto con mujeres que trabajan en empresas en ámbitos STEM.[315] Encuentran que, en promedio, estas sesiones aumentan tanto el disfrute como la importancia y las expectativas de éxito de las niñas en matemáticas, así como su preferencia por estudiar grados STEM. Sería relevante realizar una evaluación del impacto de iniciativas similares[316] no sólo sobre las expectativas, sino sobre la elección final de familia profesional o grado universitario,[317] teniendo en cuenta los costes de estos programas y los resultados para garantizar su viabilidad y eficacia.

315. González-Pérez, S.; Mateos de Cabo, R.; y Sáinz, M., «Girls in STEM: Is it a female role-model thing?», *Frontiers in Psychology*, 11 (2020), 2204.

316. Véase, por ejemplo, el proyecto STEM Talent Girl, de la Fundación ASTI, en el que realizan mentorías para adolescentes de tercero, cuarto y bachillerato: <https://talent-girl.com/mentoras/>.

317. Véase Breda *et al.* (2023) para un reciente experimento sobre el impacto de exponer a las adolescentes a mujeres científicas referentes sobre sus percepciones respecto a estereotipos de género y sobre la matriculación en carreras STEM.

11

Una propuesta para la reforma del sistema español de pensiones[318]

Juan F. Jimeno,[319] Ángel Martínez[320]
y Javier Martínez[321]

Los debates sobre la reforma del sistema español de pensiones continúan y crecen a pesar de que se ha aprobado una nueva norma recientemente. De manera recurrente, surgen opiniones que sostienen que se han resuelto los problemas de suficiencia y sostenibilidad financiera del sistema español de pensiones y otras que mantienen que nuevos intentos serán necesarios en el futuro. Pasó tras la reforma del gobierno socialista de 2011, tras la reforma del gobierno del Partido Popular de 2013 y, de nuevo, está pasando tras la última nueva reforma en dos etapas de 2022-2023.

La insuficiencia de reformas pasadas ha quedado demostrada por la necesidad de las nuevas. Y nosotros nos incluimos entre los que opinan que la reciente reforma de 2022-2023 también se probará insuficiente. He aquí, pues, nuestra propuesta para la reforma del sistema de pensiones en la creencia

318. Las opiniones expresadas en este artículo son exclusivamente de los autores y no de las instituciones con las que pudieran estar afiliados.

319. Asesor de la Dirección General de Economía, Estadística e Investigación del Banco de España, profesor asociado en la Universidad de Alcalá e investigador asociado del CEMFI, CEPR e IZA.

320. Economista investigador en EsadeEcPol.

321. Asistente de investigación en EsadeEcPol.

de que contiene elementos que conferirán al sistema de pensiones la suficiencia y la sostenibilidad financiera que debería tener.

La propuesta se construye de la siguiente manera. En primer lugar, presentamos los tres puntos de partida o principios generales sobre los que se apoya y argumentamos brevemente que la reciente reforma de las pensiones de 2022-2023 no cumple con esos principios generales y, por tanto, no va a ser duradera. En segundo lugar, detallamos los principales elementos de una reforma alternativa que creemos que, satisfaciendo esos principios generales, son necesarios para implementar una reforma que cumpla con los objetivos de sostenibilidad financiera y de suficiencia de las pensiones.

Los puntos de partida

Una pensión de jubilación es una renta vitalicia que puede cumplir varias funciones. Tradicionalmente, los sistemas públicos contributivos de pensiones se han contemplado como proveedores de rentas sustitutivas de los ingresos laborales que se dejan de percibir al terminar la vida laboral. Pero en todos los países hay, en mayor o menor medida, pensiones de jubilación diseñadas para alcanzar otros objetivos. Al margen de las pensiones contributivas, existen pensiones universales o asistenciales dirigidas a combatir la pobreza durante la vejez. Y tanto en el sector público como en el privado hay pensiones contributivas de jubilación cuyo objetivo no es tanto sustituir rentas laborales, sino proporcionar un seguro contra la longevidad, es decir, una renta vitalicia en forma de seguro de vida a la inversa cuya cuantía depende de lo aportado al sistema público de pensiones o a los fondos privados de pensiones.

El equilibrio entre estos tres objetivos y diferencias históricas, culturales y económicas ha configurado de manera diferente los sistemas públicos de pensiones en cada país. Por ejemplo, en el mundo anglosajón y en los países europeos nórdicos, las pensiones universales tienen un peso relativamente mayor que en la

Europa continental y del sur, donde las pensiones contributivas de prestación definida (diseñadas para sustituir rentas laborales) son el pilar fundamental del sistema público de pensiones. Las pensiones de contribución definida concebidas como seguro frente al riesgo de longevidad se han introducido en varios países de Europa del Este, Suecia e Italia,[322] al mismo tiempo que los fondos privados de pensiones, que se configuran bajo el mismo principio, se han extendido como forma de acumulación de ahorro para la vejez.

Esta arquitectura de los sistemas de pensiones está cambiando rápidamente. Muchos países han adoptado reformas de pensiones en los últimos años y algunos de ellos, junto a los que no lo han hecho, tendrán que seguir haciéndolo. Como se mencionaba en el párrafo anterior, una tendencia notable en estas reformas es la transición desde las pensiones contributivas de prestación definida (que sustituyen a rentas laborales) hacia las de contribución definida (que persiguen el objetivo de asegurar contra el riesgo de longevidad).

En cualquier caso, creemos que cualquiera que sea la alternativa y combinación de prestaciones elegidas, toda nueva reforma de los sistemas de pensiones debería cumplir los tres principios fundamentales siguientes:

- El reconocimiento de que no es posible sustituir rentas a tasas elevadas como hasta ahora.
- El compromiso de que las pensiones constituyan una renta vitalicia de magnitud suficiente y protegida frente a los riesgos de inflación.
- La necesidad de una mayor participación del sector privado en la provisión de rentas vitalicias.

La imposibilidad de sustituir rentas laborales a las mismas tasas a las que se han venido sustituyendo hasta ahora se deriva de tres hechos: i) el aumento de longevidad, ii) la intensa disminución relativa de la población en edad de trabajar, y iii) los límites

322. Véase OCDE, *Pensions at a Glance*, OECD Publishing, Francia, 2021.

que los ingresos por cotizaciones sociales pueden alcanzar para financiar pensiones con tasas de sustitución (esto es, el porcentaje del salario que una persona recibe como pensión en relación con el salario que recibía antes de jubilarse) tan elevadas. Los gráficos 11.1 y 11.2 proporcionan tasas de sustitución, longevidad, tasas de dependencia (es decir, la relación entre la población en edad de jubilación respecto a la que está en edad de trabajar: cuanto más alta, más «dependencia» existe en la sociedad) e ingresos por cotizaciones sociales sobre varios países. España destaca por tener valores en la parte alta de las distribuciones por países en estas cuatro variables.

Por ello, la sustitución de rentas laborales tendrá que hacerse en el futuro a tasas mucho más reducidas. De hecho, las tres últimas reformas (incluida la de 2022-2023) contienen ingredientes que reducen algo (aunque no lo suficiente) esas tasas de sustitución. Y la confianza de la última reforma en que las tasas de sustitución se pueden mantener con aumentos de la imposición sobre el trabajo y el recurso a otros impuestos generales es excesiva. Dicha reforma aportaría entre 1 y 1,3 puntos del PIB adicionales de ingresos en 2050. Por el lado del gasto, en pensiones se espera un incremento de 2,1 puntos sobre el PIB,[323] que ascenderían a tres puntos sobre el PIB en el caso de que no se cumpla el supuesto de un aumento considerable en el número de trabajadores que aplazan de forma voluntaria su edad de jubilación. Para poner en perspectiva estas cifras, conviene recordar que medidas de ingresos como el mecanismo de equidad intergeneracional (MEI) espera recaudar un 0,4 por ciento del PIB incrementando en 1,2 puntos porcentuales el tipo de cotización de todos los trabajadores.

323. AIReF, «Opinión sobre la sostenibilidad de las administraciones públicas a largo plazo: la incidencia de la demografía», Opinión 1/23, AIReF, 24 de marzo de 2023.

Gráfico 11.1. Tasas de sustitución de las pensiones públicas (2018)

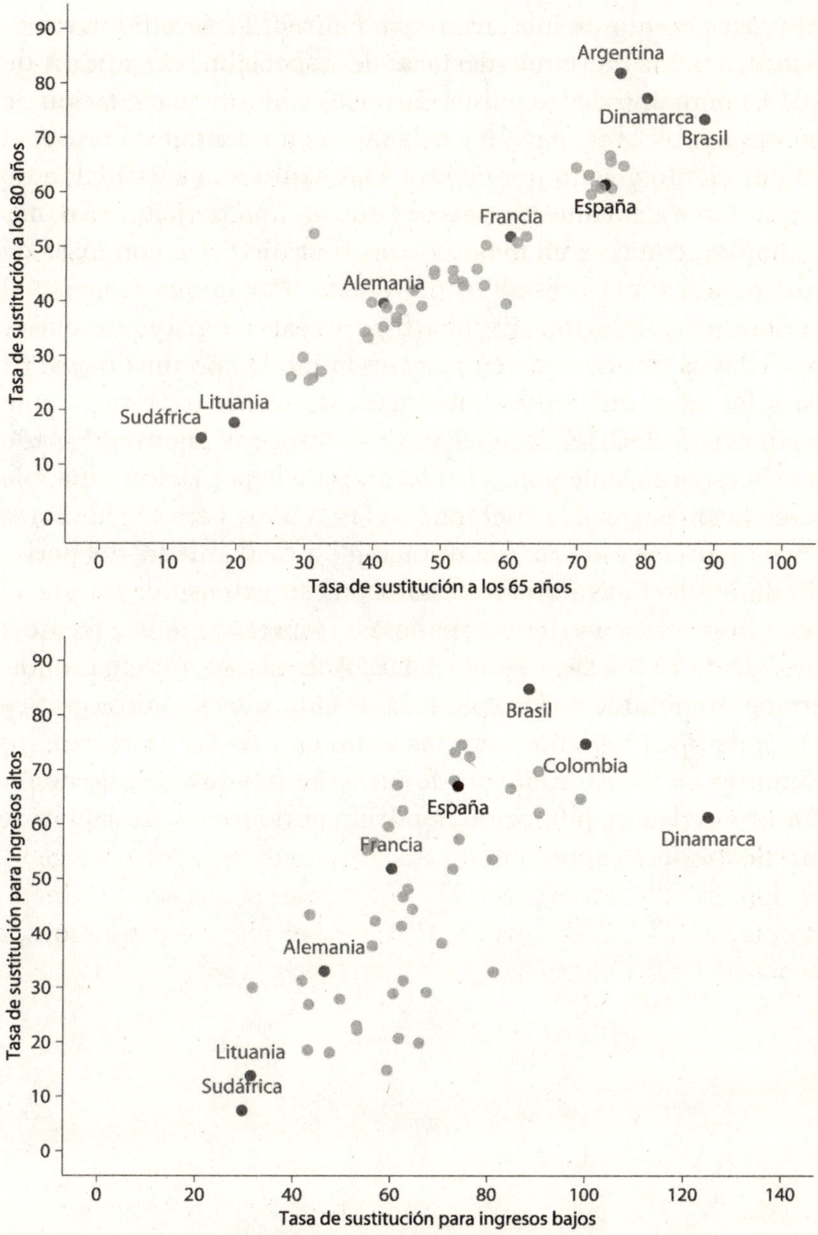

Fuente. Elaboración propia a partir de datos de la OCDE.

La suficiencia de las pensiones se mide habitualmente por: i) su capacidad de prevenir y mitigar la pobreza durante la vejez, ii) su capacidad de sustituir rentas laborales, y iii) la duración del período de jubilación que cubren. Respecto al primer punto, España ha venido destacando, especialmente a partir de 2013, como uno de los países europeos con un menor riesgo de pobreza entre la población jubilada, con porcentajes de entre el 10 por ciento y el 15 por ciento. En cuanto a la sustitución de rentas laborales, nuestro país se sitúa en una posición aún más ventajosa, como se ha mostrado en el gráfico 11.1, con tasas de sustitución superiores al 70 por ciento. Por lo que respecta al período de jubilación, España figura entre el grupo de países con edades efectivas de entrada en la jubilación más bajas: 61 para los hombres y 60,4 años para las mujeres, frente a una media de la OCDE de 63,8 y 62,4, respectivamente.[324] Dado que la esperanza de vida a los 65 años de la población española es de las más elevadas del mundo (19,3 años para los hombres y 23,4 para las mujeres), la duración esperada media del período de jubilación también destaca por su extensión: 23 y 27,7 para hombres y mujeres españolas, respectivamente, frente a medias de 19,5 y 23,8 en la OCDE. Además, se anticipa un incremento notable de la esperanza de vida a los 65 años (gráfico 11.2), de unos 3,9 años para las mujeres y de 4,1 años para los hombres en 2060-2065, por lo que cohortes futuras, de no retrasar su edad de jubilación, tendrían períodos de jubilación de alrededor de 25 años.

324. OCDE, *op. cit.*

Gráfico 11.2. Esperanza de vida a los 65 años. Cohortes (2015-2020)

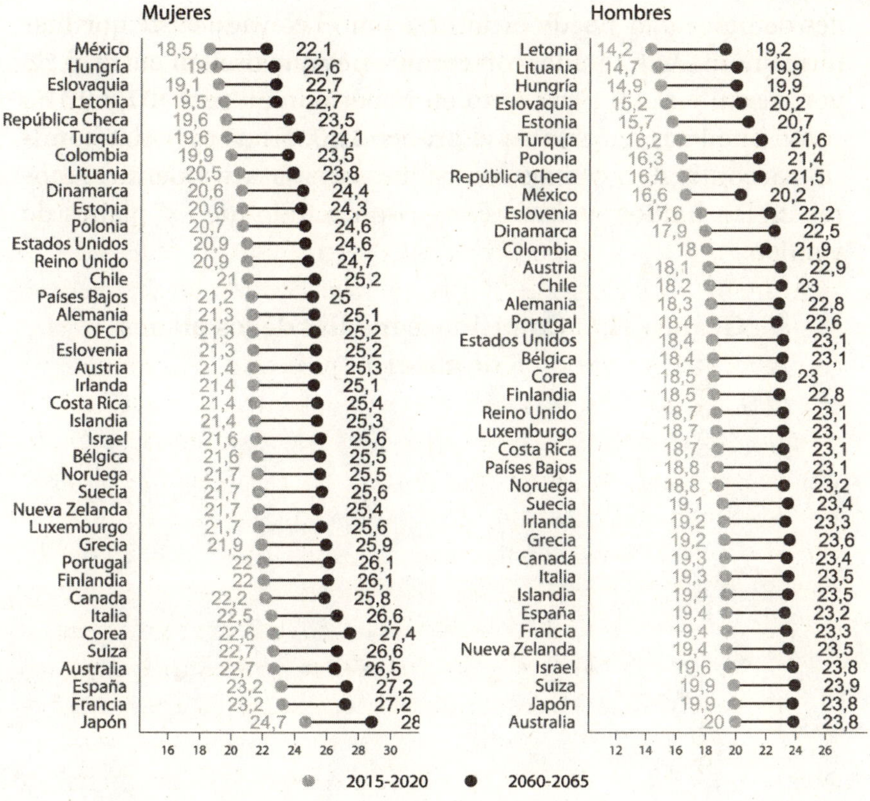

Fuente: Elaboración propia a partir de datos de la OCDE.

En cuanto al pilar privado del sistema de pensiones, constituido fundamentalmente por fondos de pensiones de contribución definida, España destaca por ser un país con escasa acumulación de ahorro para la jubilación. Como se puede observar en el gráfico 11.4, el volumen de ahorro en fondos privados de pensiones es de alrededor del 15 por ciento del PIB, muy inferior al de la mayoría del resto de los países de la OCDE. Además, ese volumen ha venido disminuyendo en los últimos años como consecuencia de la reducción de las desgravaciones fiscales a las aportaciones a fondos de pensiones individuales y la ausencia generalizada de planes de pensiones de empleo (constituidos en empresas), a pesar de la aprobación de un plan de pensiones público que está todavía por desarrollar. Al menos una parte de esta baja acumulación de ahorro en forma de planes de pensiones puede explicarse por el elevado coste que históricamente han tenido, con comisiones que oscilan entre el 1,8 por ciento y el 1,3 por ciento en el período entre 2007 y 2018, como puede apreciarse en el gráfico 11.3. Estas elevadas comisiones contrastan con las comisiones comparativamente menores de los fondos de inversión y, sobre todo, de los planes de empleo.

Gráfico 11.3. Comisiones medias de los planes de ahorro

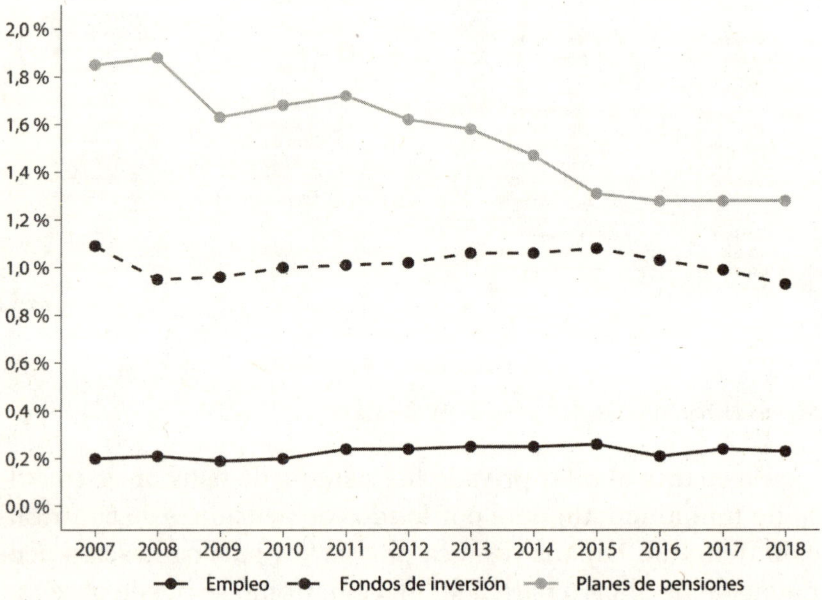

Fuente: Elaboración propia a partir de datos de la AIReF.

La escasez de ahorro para la jubilación en fondos de pensiones provoca que la provisión de renta durante la jubilación dependa fundamentalmente de las pensiones públicas y de la conversión en rentas vitalicias de otras fuentes de riqueza, en particular de la inmobiliaria, que es en la que la mayoría de los hogares depositan la mayor parte de sus ahorros.[325] Sin embargo, el uso de instrumentos financieros para hacer dicha conversión, tales como la hipoteca inversa o la venta de la nuda propiedad de la vivienda de residencia, están todavía muy poco extendidos.[326]

Gráfico 11.4. Fondos de pensiones privados como % del PIB (2018)

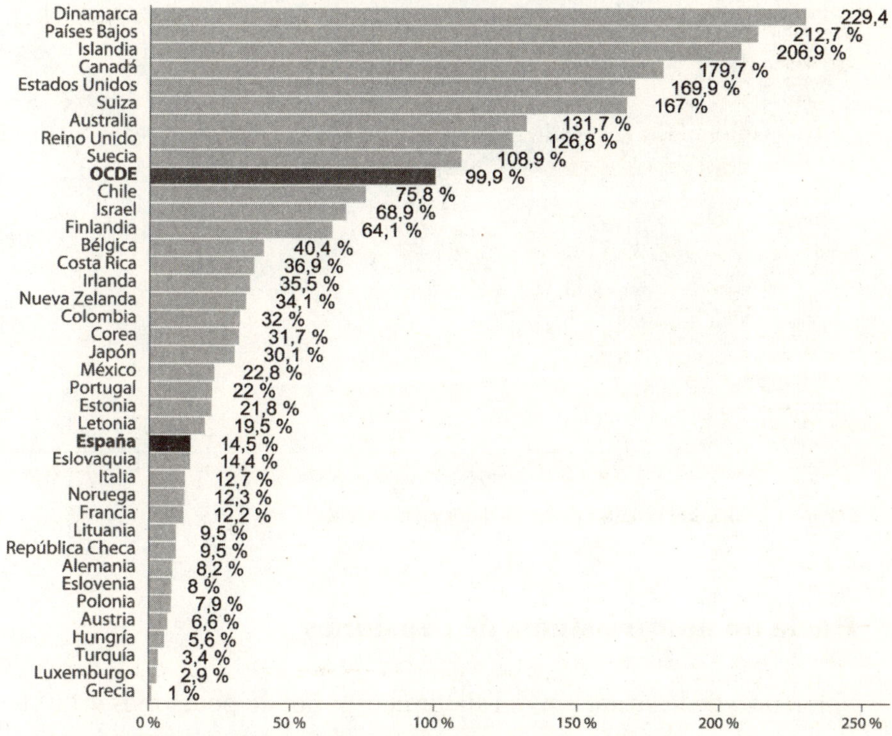

Fuente: Elaboración propia a partir de datos de la OCDE.

325. Según la Encuesta Financiera de las Familias, en 2020 el valor mediano de la vivienda principal era de 131.500 euros para los hogares con cabeza de familia de 55 a 64 años, y de 142.400 euros y 116.100 euros para los hogares con cabeza de familia entre 65 y 74 años y mayores de 75 años, respectivamente.

326. Según datos del Consejo General del Notariado, en el primer semestre de 2022 el número de hipotecas inversas firmadas en España fue de 238, frente a las 197 que se formalizaron en todo el año 2021. En cuanto a venta de nuda propiedad, en 2022 se registraron 1.657 operaciones.

Gráfico 11.5. Ingresos por cotizaciones como % del PIB (2018)

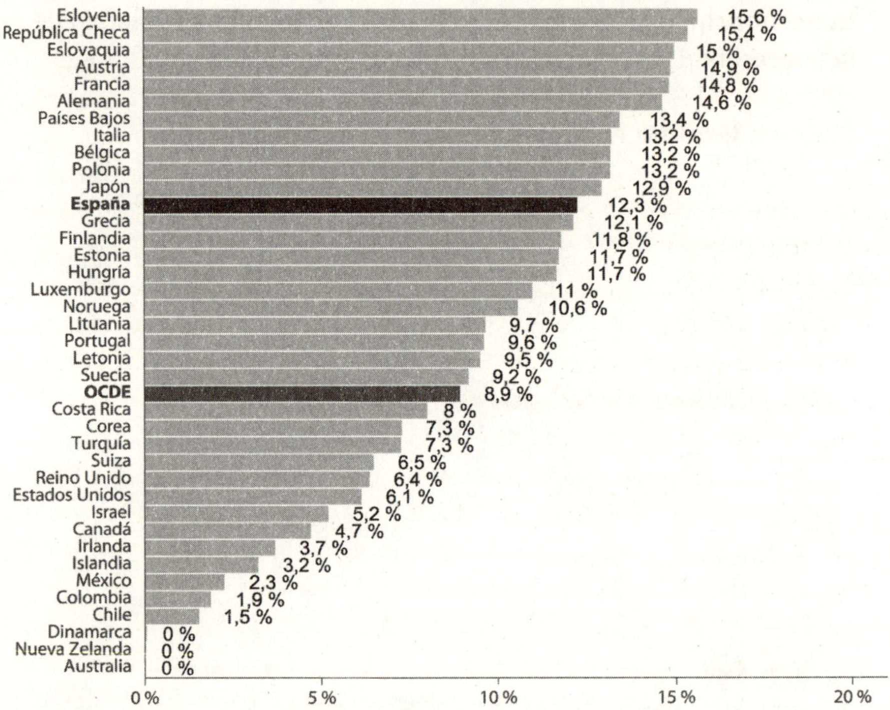

Fuente: Elaboración propia a partir de datos de la OCDE.

Hacia un nuevo sistema de pensiones

Partiendo de la situación del sistema español de pensiones esbozada en el apartado anterior, la reforma del sistema de pensiones debería abordarse de una manera global y sistémica. Global significa que debe actuar tratando de controlar el aumento del gasto y también aportando más recursos y oportunidades para la provisión de renta durante la vejez. Sistémica, por su parte, quiere decir que no debe limitarse exclusivamente a cambiar los parámetros que determinan la elegibilidad y la cuantía de las prestaciones contributivas, sino que debe considerar cómo articular y complementar todos los pilares posibles del sistema de pensiones de manera que se garantice la suficiencia de las pensiones.

Encontrar un equilibrio adecuado entre control de gasto e incremento de recursos no es tarea fácil. El control de gasto entra en conflicto con la suficiencia de las pensiones. El aumento de ingresos se enfrenta a dos dificultades. Una es que las cotizaciones sociales ya son relativamente elevadas (véase gráfico 11.5) y aumentarlas tiene efectos negativos sobre empleo y salarios, en mayor medida sobre los trabajadores de bajos ingresos. Otra es que utilizar otro tipo de ingresos (impuestos generales) para mantener el gasto en pensiones contributivas con tasas de sustitución elevadas, además de reducir el margen presupuestario para otras funciones del gasto público, diluye el carácter contributivo del sistema de pensiones y resulta regresivo cuando, como ocurre en la actualidad, el gasto en pensiones contributivas se concentra en la parte alta de la distribución de la riqueza.

A este respecto, la última reforma de pensiones renuncia casi totalmente al control del gasto y apuesta por el aumento de los ingresos.[327] Hay dos medidas que se presentan como dirigidas a controlar el gasto, pero que, en realidad, serán poco efectivas a este respecto. Son la introducción de incentivos para el retraso voluntario en la jubilación y la ampliación del período de cálculo de la base reguladora de la pensión (a los veintisiete años de mayores bases de cotización en los últimos veintinueve años de vida laboral), que también será voluntaria hasta 2044. Sin embargo, el retraso incentivado de la jubilación no es una opción para muchos trabajadores de edad avanzada y mala salud en ocupaciones con requerimientos físicos y mentales exigentes; respecto a los trabajadores para los que sí son efectivos, el ahorro de pensiones neto del coste de los incentivos es muy reducido. Y el aumento del período de cálculo de la base reguladora de la pensión sólo podría reducir el gasto a partir de 2044, pero también en este caso el impacto es limitado. Aparte de estas dos medidas se han adoptado otras que aumentan el gasto

327. Para una descripción más detallada de los contenidos de la reforma de pensiones de 2022-2023, véase: García-Díaz, M. A., «La reforma del sistema público de pensiones de 2022 y 2023. Contenido y posibles efectos», Fedea, Estudios sobre la Economía Española n.º 2023-08, Madrid, marzo de 2023.

de manera permanente, tales como el crecimiento de las pensiones mínimas y máximas por encima del crecimiento del IPC y el tratamiento más favorable de las lagunas de cotización, que aumenta los derechos a pensión de trabajadores autónomos y de mujeres mediante la extensión de los períodos del cómputo de meses de cotización en los períodos en los que su estatus laboral como ocupado se interrumpe.

Por el lado de los ingresos, la reforma de 2022-2023 se dirige fundamentalmente a aumentar el tipo efectivo de las cotizaciones sociales, con el (mal) llamado mecanismo de equidad intergeneracional y una fórmula de ajuste automático que entraría en vigor frente a desviaciones al alza del gasto previsto a la baja de los ingresos, y a incrementar las bases máximas de cotización, de manera que aumenta la imposición sobre el trabajo en la parte alta de la distribución de salarios. Como mencionábamos anteriormente, estas medidas pueden tener efectos negativos sobre el empleo, lo cual daría como resultado que el aumento de ingresos sería inferior al previsto, e incluso en el mejor de los escenarios, no serían suficientes para cubrir el aumento de gasto derivado no sólo de la propia reforma, sino de la entrada en la jubilación de la generación de *baby boomers* que durante el período 2025-2050 generará un aumento muy elevado del gasto en pensiones.[328]

Con esta valoración de la reforma de pensiones recientemente aprobada, creemos que será necesaria una nueva reforma y que lo será más pronto que tarde. Nuestra propuesta para abordarla se construye en torno a cuatro medidas generales de carácter global y sistémico. En resumidas cuentas, se trata de ampliar el componente no contributivo en la parte baja de la distribución de las pensiones, aumentar la contributividad (bien entendida) en el resto de la distribución y proporcionar los medios adecuados para la colaboración público-privada en la provisión de rentas vitalicias.

328. Para estimaciones de la posible evolución del gasto en pensiones tras la reforma de 2022-2023, véase: De la Fuente, A., «Los efectos presupuestarios de la reforma de pensiones de 2021-23: i) Las medidas del Real Decreto-ley 2/2023», Fedea, Estudios sobre la Economía Española n.º 2023-09, Madrid, abril de 2023.

- La garantía de la suficiencia de las pensiones debe ofrecerse a través de pensiones no contributivas financiadas con impuestos generales. Para ello, el gasto en prestaciones asistenciales y en complementos de mínimos de pensiones contributivos debe aumentar estableciendo cuantías de pensiones adaptadas a la situación familiar y financiera de las familias. Una referencia que nos parece adecuada para fijar estas cuantías es el 60 por ciento de la renta mediana, umbral habitualmente utilizado para mediciones de pobreza relativa. Este pilar no contributivo del sistema de pensiones deberá ganar peso en el futuro, en un contexto tecnológico que apunta a la disminución del factor trabajo en la producción de bienes y servicios. Y se deberá tener en cuenta también que la adaptación a un contexto socioeconómico con mayor heterogeneidad en la composición de las familias requerirá mayor atención al pilar universal/asistencial del sistema de pensiones.
- Las pensiones contributivas deben transitar gradual y parcialmente desde el objetivo de la sustitución de rentas hacia el de proporcionar un seguro para la longevidad. La tasa de sustitución de las pensiones debería converger con la de sistemas similares de países de nuestro entorno, lo que implica una reducción media de aproximadamente treinta puntos porcentuales, que debería concentrarse en los pensionistas con mayores derechos a pensión y compensarse con un tratamiento más favorable del ahorro para la jubilación. A esos niveles no cabe hablar propiamente de «sustitución de rentas», sino que habría que enfatizar el papel de las pensiones como instrumento actuarial de soporte de la longevidad para que proporcionen rentas vitalicias suficientes. Esto puede conseguirse mediante la transmisión a pensiones contributivas de contribución definida, aunque no es estrictamente necesario. También puede conseguirse con pensiones de prestación definida, como las actuales, pero haciendo que los derechos de pensión se acerquen más a lo que correspondería a un cálculo actuarial que tuviera en cuenta la duración del período de jubi-

lación y las aportaciones realmente realizadas mediante las cotizaciones sociales. En la actualidad, se estima que los derechos de pensión superan en un 70 por ciento lo que resultaría de dicho cálculo actuarial.[329]

- Sin embargo, la transición hacia un sistema de pensiones de contribución definida (manteniendo la financiación bajo el principio de reparto con transferencias intergeneracionales), tal y como se hizo en Suecia, Italia y otros países de Europa central y del Este, tiene la ventaja de que el ajuste de la cuantía de la pensión a variaciones demográficas o económicas se produce de forma automática sin necesidad de decisiones políticas que cambien los parámetros del sistema de pensiones de prestación definida. Desde el punto de vista de la sostenibilidad política de las reformas, con el aumento continuo en la edad del votante mediano y las presiones presupuestarias que puedan generar otras funciones del gasto público, ésta no es una ventaja menor.
- Finalmente, el ahorro y la provisión privada de rentas vitalicias también deben ganar peso en la arquitectura de un sistema de pensiones suficientes y financieramente sostenibles. Favorecer el ahorro para la jubilación mediante desgravaciones de las aportaciones a fondos de pensiones no ha dado como resultado aumentos significativos de dicho ahorro.[330] Tampoco creemos que vaya a hacerlo la reciente reforma mediante la constitución de un fondo público de capitalización. En primer lugar, el impacto de los planes de pensiones de empleo tampoco parece haber favorecido mucho el ahorro, puesto que los hogares que acceden a estos planes ahorran menos en otros instrumentos.[331]

329. Véase: Moraga, M.; y Ramos, R., «Una estimación del rendimiento financiero del sistema de pensiones», *Boletín Económico*, Banco de España, 2020.

330. Véase: Ayuso, J.; Jimeno, J. F.; y Villanueva, E., «The effects of the introduction of tax incentives on retirement saving», *Journal of Spanish Economic Association*, 10, 3-4 (2019), pp. 211-249.

331. Véase: Gómez-García, M.; y Villanueva, E., «El efecto de los planes de pensiones de empresa sobre el ahorro privado de los hogares», *Boletín Econó-*

En segundo lugar, creemos que la cobertura de dicho fondo será bastante inferior a lo previsto. Por tanto, creemos necesario considerar incentivos alternativos al ahorro para la jubilación, así como una gestión más eficiente de dicho ahorro que no dé como resultado, como ocurre en la actualidad, comisiones elevadas para los intermediarios financieros. Esos incentivos pueden tomar varias formas. Una se puede construir mediante aportaciones desde el sector público a planes de pensiones de individuos de menor renta y capacidad de ahorro (lo que se conoce en el mundo anglosajón como *matching funds*). Otra es reconsiderar la fiscalidad de las aportaciones y los reembolsos de esos planes. En la actualidad, las aportaciones se desgravan del impuesto sobre la renta (si bien con límites muy reducidos en el caso de los planes individuales), mientras que los reembolsos (incluyendo los rendimientos) se gravan a tipos marginales que son normalmente más elevados que los que inciden sobre los individuos en su etapa laboral. Hay mecanismos alternativos, tales como aportaciones no desgravables, rendimientos gravados cada año y reembolsos exentos de impuestos. Exploraciones de cómo combinaciones de estas alternativas pueden promover el ahorro para la jubilación deberían recibir una mayor atención.

El ahorro para la jubilación no resuelve muchos problemas si no se dispone de instrumentos financieros que permitan convertirlo en una renta vitalicia a precios razonables. En la actualidad, el mercado de rentas vitalicias en España, al igual que en otros países, está muy poco desarrollado. Según datos de Unespa, en 2021 los partícipes de rentas vitalicias eran cerca de 160.000 con cuantías acumuladas de 60.000 millones de euros.[332] Una razón para el escaso desarrollo de este mercado es el

---

mico, Banco de España, 2022. Su estimación es que, por cada euro aportado a los planes de pensiones de empleo, el ahorro de los hogares aumenta sólo en 31 céntimos.

332. Unespa, «Memoria social del seguro: Una visión de la gestión del se-

elevado riesgo asociado a una renta vitalicia cuando se trata de proporcionarla durante un período medio estimado de unos veinticinco años y un alargamiento continuo de la esperanza de vida. La cobertura de ese riesgo exige una prima elevada que eleva el precio de esos productos. Además, los bajos tipos de interés que cabe esperar en dicho contexto también reducen el rendimiento financiero que pueden obtener los asegurados, por lo que la demanda de las rentas vitalicias que ofrece la industria financiera es muy reducida. El desarrollo del mercado de rentas vitalicias, necesario para reforzar el aseguramiento contra el riesgo de supervivencia, requiere una gestión más eficiente de la oferta y un reparto más equitativo de dicho riesgo entre la industria financiera, los asegurados y el sector público. En resumen, el diseño y la regulación de instrumentos financieros que proporcionan rentas vitalicias, la fiscalidad de esas rentas y la contribución del sector público para favorecer la constitución y desarrollo de estos instrumentos financieros también debería formar parte de cualquier reforma global y sistémica de las pensiones públicas.

En definitiva, toda reforma de pensiones debe satisfacer varios requisitos: i) garantizar la suficiencia, ii) respetar la sostenibilidad financiera, y iii) resultar políticamente viable y temporalmente permanente a partir de un tratamiento equitativo inter e intrageneracionalmente. A pesar de las recurrentes reformas que ha sufrido el sistema español de pensiones, todavía se está lejos de satisfacer cada uno de estos requisitos.

---

guro. desde una perspectiva ambiental, social y de gobernanza», Madrid, 2021, <https://www.unespa.es/main-files/uploads/2022/07/Memoria-Social-del-Seguro-2021-FINAL-Pagina-individual.pdf>.

12

Propuestas para reducir la presión asistencial sobre la atención primaria

Lucía Cobreros y Carlos Sunyer[333]

España es un país ejemplar a nivel internacional en numerosos indicadores de salud. Con un gasto público per cápita inferior a la media de la OCDE, tenemos una de las esperanzas de vida más altas del mundo (83,1 años) y una tasa de mortalidad por causas prevenibles verdaderamente baja, con noventa muertes prevenibles por cada cien mil habitantes (comparado con ciento veintiséis de la OCDE).[334] Las causas de esta situación privilegiada en cuanto a resultados sanitarios son, sin duda, multifactoriales. Sin embargo, una parte no despreciable del mérito corresponde a su Sistema Nacional de Salud (SNS), reconocido como uno de los más eficientes del mundo.[335] A pesar de los éxitos mencionados, las noticias más recientes no resultan tan alentadoras, con funciones específicas de nuestro sistema que, desde hace décadas, están en una situación de progresivo deterioro.

Tal es el caso de la atención primaria. En este sentido, «primaria» no significa reducida o elemental, sino primordial, ya

333. Doctorando en la Universidad Carlos III de Madrid.

334. OCDE, «Health at a glance 2021. OECD Statistics», OECD Publishing, Francia, 2021, <https://www.oecd.org/health/health-at-a-glance>.

335. Datos de Bloomberg Global Health Index (2019) y Bloomberg Health Care Efficiency (2018).

que, tal y como promueven los mejores sistemas de salud y los organismos internacionales, la atención primaria constituye la puerta de entrada al sistema de salud y debe permanecer como el eje central del sistema público sanitario: el objetivo es garantizar la equidad en el acceso y la promoción de la salud mediante una atención integral de calidad, que va desde la prevención hasta el tratamiento y los cuidados. Pero para que la atención primaria tenga el carácter resolutivo que la caracteriza y pueda garantizar la universalidad efectiva, es preciso que esté dotada de los recursos necesarios y que éstos sean gestionados de forma eficiente.

Sin embargo, en España nos enfrentamos a una atención primaria con un presupuesto sobre el gasto sanitario público total que lleva estancado desde hace décadas.[336] Este anquilosamiento del gasto, en un país cuya estructura demográfica cada vez requiere un uso más intensivo de la atención primaria, implica un empeoramiento de los servicios prestados al producirse un desajuste entre la menguante oferta y la creciente demanda. Además, a esta situación de mayor carga de trabajo de los profesionales se le suman unas condiciones laborales en deterioro y una falta de reconocimiento, tanto público como institucional, que no se ajusta a la relevancia real que tiene la atención primaria en el sector sanitario.

Planificación y gestión del Sistema Nacional de Salud

En 1986 se aprobó en España la Ley 14/1986, general de sanidad,[337] que regula las acciones que permiten hacer efectivo el derecho constitucional a la protección de la salud. Según la legislación vigente, es el Estado el que debe garantizar, vía presupuestos

336. Del 15,1 por ciento en 2002 al 14 por ciento en la actualidad, mientras que, en la atención especializada ha aumentado en 9 puntos porcentuales (Estadísticas de Gasto Sanitario Público, EGSP).

337. Ley 14/1986, de 25 de abril, general de sanidad, *BOE, 102*, de 29 de abril de 1986.

generales, que toda persona tenga derecho a la salud independientemente de su situación socioeconómica, estableciendo como pilares básicos de nuestro sistema sanitario público la universalidad, la equidad y la cohesión. Sin embargo, pese a ser el Estado el garante de preservar el Sistema Nacional de Salud, en 2002 las competencias en materia sanitaria fueron descentralizadas y desde entonces las gestionan las comunidades autónomas.

En el sistema actual, dentro de cada comunidad autónoma, la estructura fundamental de gestión son las áreas de salud. En el conjunto del país hay ciento setenta,[338] y son responsables de la gestión de cada centro de salud, de sus programas sanitarios y de sus prestaciones. Además de una limitación poblacional, según la cual las áreas no deben gestionar poblaciones superiores a los 250.000 habitantes,[339] hay otros criterios (por ejemplo, socioeconómicos y epidemiológicos) que contribuyen a determinar su extensión definitiva.[340] A su vez, se encuentran fragmentadas en divisiones menores, que conforman las zonas básicas de salud.[341] De forma parecida a las áreas, las zonas básicas de salud han de cumplir una serie de criterios básicos de delimitación y deben dar cobertura sanitaria a poblaciones de entre 5.000 y 25.000 habitantes, de nuevo con ciertas excepciones.

Sin embargo, los criterios de definición de las áreas de salud y las zonas básicas de salud no parecen estar respondiendo a las necesidades actuales de la población española en relación con la atención primaria, una afirmación compartida por el 60 por

338. Sistema de Información de Atención Primaria.

339. Aunque existen excepciones, como la comunidad autónoma de Madrid.

340. Aparte del límite poblacional, los criterios que delimitan la extensión de las áreas son los siguientes: 1) geográficos, 2) socioeconómicos, 3) demográficos, 4) laborales, 5) epidemiológicos, 6) culturales, 7) climatológicos, 8) de dotación de vías y medios de comunicación, y 9) instalaciones sanitarias del área.

341. Que, desde el Real Decreto 137/1984 de 11 de enero, suponen «la demarcación poblacional y geográfica fundamental, delimitada a una determinada población, accesible desde todos los puntos y capaz de proporcionar una atención de salud continuada, integral y permanente».

ciento de los profesionales de la atención primaria.[342] Aunque destacan la accesibilidad, la proximidad y la equidad como los puntos fuertes del sistema, los profesionales también demandaron una mejora de los mapas sanitarios de acuerdo con las delimitaciones geográficas, una distribución más adecuada de los profesionales, mayor peso a determinantes sociales y un mayor dinamismo en los criterios.

La situación de la atención primaria en España

El gasto sanitario público como porcentaje del PIB en 2021 fue del 7,3 por ciento,[343] un punto porcentual por debajo de la media europea, si bien es verdad que se ha producido una convergencia en este indicador desde el 4,8 por ciento en 2002.[344] Por otro lado, existe una fuerte heterogeneidad entre comunidades autónomas en lo que se refiere al gasto por habitante, con Andalucía y Madrid como regiones con un menor gasto sanitario público (1.486 euros y 1.536 euros en 2021, respectivamente), y Asturias y País Vasco como las regiones con un gasto más elevado (1.965 euros y 2.073 euros). Pese a tener un gasto sobre el PIB inferior al de la media de la Unión Europea, la sanidad española sigue siendo considerada un referente en países tanto dentro como fuera de la Unión Europea. Uno de sus puntos fuertes es el acceso, ya que sólo un 0,2 por ciento de la población reporta tener necesidades médicas no cubiertas por barreras económicas, geo-

342. Ministerio de Sanidad, *Adaptación de la atención primaria a las necesidades actuales de la población española. Fase 2: Informe sobre el análisis de la situación actual de la atención primaria en España*, gobierno de España, RFS REFORM/SC2021/058, AARC/Consortium, Madrid, 2023, <https://www.sanidad.gob.es/organizacion/sns/planCalidadSNS/excelencia/map/proyectoAPC/docs/Adapting_PA_Informe.pdf>.

343. Cifras más recientes de las Estadísticas de Gasto Sanitario Público (EGSO). Según los últimos datos del Ministerio de Sanidad, se sitúa en el 8 por ciento.

344. OCDE, «Health expenditure and financing», OECD Publishing, Francia, 2023, <https://stats.oecd.org/Index.aspx?DataSetCode=SHA#>.

gráficas o tiempos de espera, mientras que la media de la Unión Europea es del 1,7 por ciento.[345] Además, España continúa entre los países con mayor esperanza de vida y tiene tasas de mortalidad tanto evitable como tratable muy inferiores a la media de la UE-27.[346]

Sin embargo, en lo que concierne al porcentaje del gasto sanitario público que es destinado a atención primaria, estamos en una peor situación. En España, el porcentaje medio a nivel nacional del gasto en atención primaria sobre el gasto sanitario público es del 14,2 por ciento, frente a un 64 por ciento en atención especializada.[347] Además, existen diferencias sustanciales entre comunidades, que oscilan del 11 por ciento en Madrid al 17 por ciento en Andalucía. Según las Estadísticas del Gasto Sanitario Público, desde 2002, año en el que culminó la descentralización sanitaria, la contribución del gasto en atención primaria al gasto sanitario público total ha permanecido prácticamente constante, mientras que el gasto en servicios hospitalarios y especializados ha aumentado de forma sostenida.

A este respecto, los especialistas consideran que en las últimas décadas ha tenido lugar una reducción excesiva del presupuesto de la atención primaria, con su consecuente deterioro. Más de un 70 por ciento de los profesionales afirman que la asignación de presupuesto no es suficiente para ofrecer un servicio de calidad y existe un amplio consenso en que la inversión en recursos humanos debería ser la prioridad presupuestaria a corto plazo. Sin embargo, si bien es cierto que dicho menoscabo de la atención primaria se debe en gran parte a causas externas, como la falta de recursos, la innovación, las relaciones y las condiciones laborales, no deben ignorarse problemas atribuibles a

345. Ministerio de Sanidad, Consumo y Bienestar Social, «Health care systems in the European Union countries: Health characteristics and indicators 2019», Secretaría General de Sanidad y Consumo, Madrid, 2019, <https://www.sanidad.gob.es/estadEstudios/estadisticas/docs/presentacion_en.pdf>.

346. Datos del European Observatory on Health Systems and Policies (2020).

347. Datos de la Estadística de Gasto Sanitario Público (2021).

causas endógenas.[348] Una de esas causas puede ser la falta de atracción profesional de la especialidad de Medicina Familiar y Comunitaria, que se hace palpable en los datos de los médicos jóvenes en la elección del MIR: en 2022, sólo 82 de los 3.000 primeros candidatos eligieron esta especialidad, además de que el 8,5 por ciento de las plazas quedaron sin cubrir.[349] Los resultados apuntan a la precarización de esta especialidad como principal móvil de la escasez de médicos de familia. De hecho, el 75 por ciento de los profesionales considera que existen obstáculos a la hora de contratar, captar y retener a profesionales en atención primaria, señalando como motivos principales condiciones laborales poco atractivas y modelos de contratación rígidos y poco eficientes.

En cuanto a los resultados sanitarios, una forma indirecta de medir la capacidad resolutiva de la atención primaria es mediante la tasa de personas que necesitan hospitalización,[350] indicador en el que España ocupa la segunda posición en la Unión Europea.[351] Además, la Organización Mundial de la Salud considera a España como modelo de accesibilidad, coordinación y continuidad del cuidado en atención primaria por sus buenos resultados.[352] Sin embargo, según datos del barómetro sanitario que lleva a cabo el Centro de Investigaciones Sociológicas (CIS), la valoración de los servicios de atención primaria por parte de la ciudadanía ha decrecido notoriamente en los últimos años,

348. López-Valcárcel, B.; y Simó, J., «Situación de la atención primaria española» [vídeo], 30 de noviembre de 2022, <https://encuentroysolidaridad.net/situacion-de-la-atencion-primaria-espanola/>.

349. Hay que tener en cuenta, sin embargo, que Medicina Familiar y Comunitaria oferta muchas más plazas que el resto de las especialidades.

350. Lamata Cotanda, F., «Atención primaria en España: logros y desafíos», *Revista Clínica de Medicina de Familia*, 10, 3 (2017), pp. 164-167, <https://scielo.isciii.es/scielo.php?script=sci_arttext&pid=S1699-695X2017000300164>.

351. OCDE, 2021, *op. cit.*

352. Kringos, D. S., *et al.*, «Building primary care in a changing Europe», World Health Organization, Regional Office for Europe, 2015, <https://apps.who.int/iris/handle/10665/154350>.

con una satisfacción media que ha pasado del 7,38 al 6,19 en la última década, y un tiempo de espera entre la petición y la atención de cita con el médico de familia, que si bien ya venía creciendo antes de la pandemia (de 4,14 días en 2017 a 5,8 en 2019), se ha disparado tras ésta (8,8 días en 2022). En este indicador también existe una importante heterogeneidad entre comunidades: mientras que en Andalucía el 65,5 por ciento de las personas declaran haber esperado siete días o más para recibir consulta, en Asturias sólo el 27,3 por ciento esperan una semana para ser atendidos. Como resulta lógico, además de las consecuencias directas sobre la salud de la ciudadanía, las largas esperas tienen secuelas directas en la presión de los servicios de urgencias, que se ha disparado en los últimos años: en 2023, el 29 por ciento de los ciudadanos declararon que no acudieron a una consulta con su médico de cabecera porque asistieron a los servicios de urgencias debido al tiempo de espera.[353]

La presión asistencial en atención primaria en medicina familiar, medida como el promedio de pacientes atendidos al día por médico de familia, es un buen indicador de la situación de la carga de trabajo de los médicos de atención primaria.[354] Mediante los datos publicados por Civio (2023), podemos observar que la presión varía significativamente no sólo entre comunidades, sino entre áreas de salud de una misma comunidad, lo cual puede resultar más relevante desde el punto de vista de la gestión, ya que la competencia está descentralizada. En el gráfico 12.1 se muestran ambas fuentes de heterogeneidad (entre comunidades autónomas y áreas) en 2022. Cabe mencionar que, entre 2018 y

353. Centro de Investigaciones Sociológicas, «Barómetro sanitario 2023 (primera oleada)», 2023, <https://www.cis.es/cis/export/sites/default/-Archivos/Marginales/3380_3399/3397/es3397mar-.pdf>.

354. Civio (2023), en su buscador de atención primaria, ofrece datos a nivel de centro de salud (área en su defecto) para todas las comunidades autónomas menos Asturias. Como resaltan los autores, las medidas tienen principalmente dos inconvenientes: en primer lugar, no tiene en cuenta las ausencias de profesionales ni períodos vacacionales, por lo que la presión real podría ser mayor que la reportada; en segundo lugar, este indicador no tiene en consideración los tiempos de consulta.

2022 se ha producido un proceso de convergencia regional en términos de presión asistencial, es decir, las comunidades con mayor presión en 2018 han incrementado menos su presión que las comunidades con menor presión.

Gráfico 12.1. Presión soportada por los médicos de atención primaria: media de cada comunidad autónoma y diferencia entre las áreas de salud con menor y mayor presión (2022)

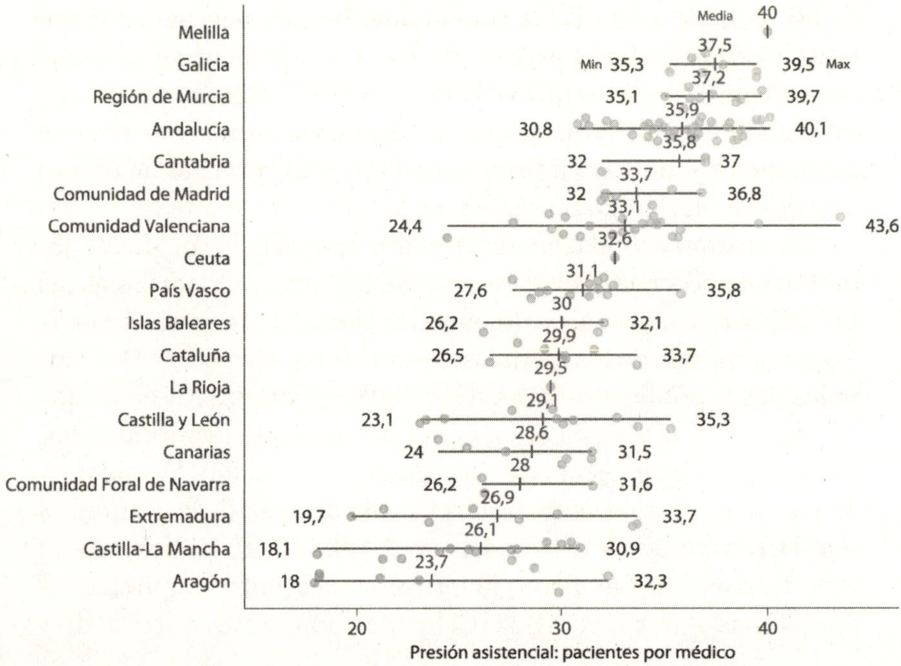

Fuente: Elaboración propia a partir de datos de Civio (2023), EsadeEcPol.

Es importante tener en cuenta que, si bien es cierto que este indicador es una medida de congestión de la atención primaria, para hacer comparaciones más precisas entre regiones hay que tener en cuenta los factores que explican las diferencias en la presión. Utilizando información de áreas de salud observamos que, en 2022, las que cuentan con ingresos más bajos, tasas de desempleo más altas, mayor población y menor cantidad de médicos per cápita, tienden a sufrir una mayor presión asistencial (gráfico 12.2). Específicamente, por cada aumento del 1 por ciento en la renta de los hogares de un área de salud en particular, los médicos de atención primaria atienden en promedio a un 0,20 por ciento menos de pacientes al día.[355] Esta relación podría derivarse de dos posibles causas: en primer lugar, cabe pensar que los hogares de mayor renta hagan un uso más frecuente de seguros de salud privados. A nivel provincial, un aumento del 1 por ciento en el PIB per cápita se correlaciona, en promedio, con un aumento del 0,5 por ciento en el porcentaje de la población con cobertura de seguro de salud privada.[356] Esta correlación a nivel agregado se confirma a nivel de hogar: mientras que sólo el 9 por ciento de los hogares con menos renta tiene seguro de salud privado, este porcentaje asciende al 46 por ciento entre los hogares con más renta.[357] En segundo lugar, como avala la literatura, las personas con mayores ingresos suelen tener una mejor salud, tanto en determinantes (por ejemplo, menor consumo de tabaco, alcohol y menor obesidad) como en resultados (por ejemplo, salud autopercibida y enfermedades crónicas). Para el caso de Madrid, comunidad en la que los datos disponibles permiten analizar la situación de la presión a nivel de centro de salud, los determinantes de la variación pare-

355. Para más detalles, véase Cobreros, L.; y Sunyer, C., «El deterioro de la atención primaria: factores que explican la presión asistencial y propuestas para reducirla», EsadeEcPol, Policy Brief n.º 39, 2023, <https://www.esade.edu/ecpol/es/publicaciones/el-deterioro-de-la-atencion-primaria-factores-que-explican-la-presion-asistencial-y-propuestas-para-reducirla/>. El análisis del informe se basa en los datos proporcionados por la Fundación Civio. Cabe mencionar que los datos de este capítulo están actualizados a 2022, pero los datos de presión del Policy Brief son de 2018 para el caso de España.

356. Datos de UNESPA (2018). La máxima desagregación de la que se dispone es a nivel provincial.

357. Banco de España, «Presentación de la Encuesta de Competencias Financieras (ECF) 2016: principales resultados», Madrid, 2018, <https://www.bde.es/wbe/es/estadisticas/temas/encuestas-hogares-individuos/encuesta-competencias-financieras/ecf-2016.html>.

cen apuntar en la misma dirección. Además, se observa que los centros más presionados presentan peores indicadores sanitarios, tanto en satisfacción con la atención recibida como en resultados médicos.[358]

Gráfico 12.2. Relación entre la presión soportada por los médicos de atención primaria y factores que la explican (2022)

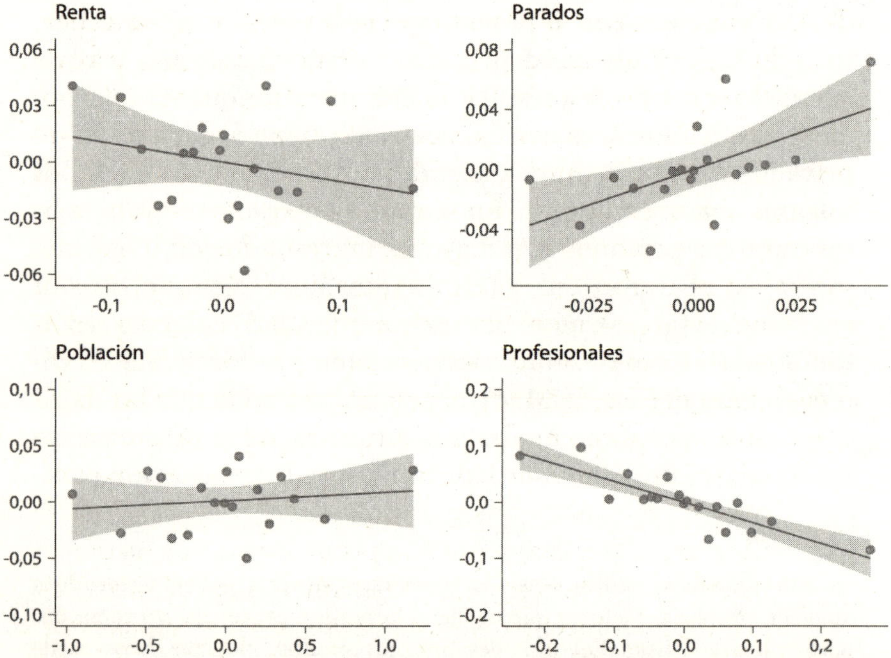

Nota: Estimaciones mediante modelos de regresión lineal, donde la variable dependiente es el logaritmo de la presión. Todos los coeficientes son estadísticamente significativos, y los errores estándar han sido clusterizados por comunidad autónoma.
Fuente: Elaboración propia a partir de datos del INE, CIVIO y MSCBS, EsadeEcPol.

358. Hemos utilizado Madrid porque es la comunidad que, en el momento del análisis, proporcionaba datos a nivel de centro de salud. Cada aumento del 1 por ciento en la presión asistencial está asociado con una disminución de entre 0,11 por ciento y 0,16 por ciento de pacientes con buen control de diabetes e hipertensión.

Propuestas para aliviar la presión asistencial y abordar los retos presentes y futuros del sistema de atención primaria

A la luz del diagnóstico expuesto, y con el fin de aliviar la presión actual y reducir la heterogeneidad entre áreas y centros de salud, así como de abordar los retos a los que se enfrenta nuestro sistema de atención primaria a corto y medio plazo, planteamos seis propuestas:

1. **Proporcionar incentivos económicos y de carrera**, como se hace en otros países, a los profesionales para que trabajen en puestos de difícil cobertura y desempeño, considerando, entre los criterios, la presión asistencial de los centros de atención primaria. Es decir: alinear la remuneración con el tamaño del desafío y del esfuerzo esperado por parte de los nuevos médicos de familia. En línea con este planteamiento, el Plan de Acción de Atención Primaria y Comunitaria 2022-2023[359] establece un consenso de los criterios mínimos para la identificación de estos puestos, así como la aplicación de incentivos para la atracción y retención de los profesionales sanitarios en ellos, lo cual supone un gran avance respecto a la situación hasta el momento. Entre los criterios destacan la frecuentación por el usuario, la presión asistencial, la densidad de la población y el envejecimiento, entre otros. En cuanto a los incentivos, se plantean complementos retributivos específicos, mayor puntuación en los baremos en bolsa y en concursos, mejora en la carrera profesional y flexibilización de la jornada laboral. En esta dirección, sería deseable disponer del análisis que ha llevado a la selección de dichos criterios. Una mayor transparencia y gra-

359. Ministerio de Sanidad, «Plan de Acción de Atención Primaria 2022-2023. Marco Estratégico de Atención Primaria y Comunitaria», 2021, <https://www.sanidad.gob.es/profesionales/excelencia/docs/Plan_de_Accion_de_Atencion_Primaria.pdf>.

nularidad de la información para poder analizar la adecuación y viabilidad de los criterios resultaría especialmente idónea para la identificación de aquellos puestos en los que es más necesaria la puesta en marcha de un plan especial de incentivos.

2. **Reducir la temporalidad en las contrataciones en atención primaria**, con el objetivo no sólo de mejorar la estabilidad laboral en una profesión tan exigente, sino también de garantizar la continuidad en la relación entre paciente y médico. Una crítica recurrente al sistema de atención primaria es la falta de longitudinalidad, es decir, la carencia de una relación estable y sostenida en el tiempo entre médico y paciente. Ésta facilita la atención preventiva y el reconocimiento precoz de los problemas de salud,[360] evitando los sobrediagnósticos, la medicalización, la sobreexposición a pruebas, las derivaciones excesivas a especialistas y las hospitalizaciones innecesarias.[361] De hecho, según la evidencia reciente para otros países, la longitudinalidad tiene un impacto directo en la mortalidad.[362, 363] La excesiva temporalidad en el sector sanitario público (actualmente un 40,8 por ciento de los médicos tienen contratos temporales) y la intensa rotación laboral en atención primaria que, ade-

360. Añel Rodríguez, R. M.; y Astier Peña, P., «Longitudinalidad en atención primaria: un factor protector de la salud», *Revista Clínica de Medicina de Familia*, 15, 2 (2022), pp. 75-76, <https://doi.org/10.55783/rcmf.150202>.

361. Barker, I.; Steventon, A.; y Deeny S. R. «Association between continuity of care in general practice and hospital admissions for ambulatory care sensitive conditions: cross sectional study of routinely collected, person level data», *BMJ*, 2017, 356:j84, <https://doi.org/10.1136/bmj.j84>.

362. Baker R., *et al.*, «Primary medical care continuity and patient mortality: a systematic review», *British Journal of General Practice*, 70, 698 (2020), e600-e611, <https://doi.org/10.3399/bjgp20X712289>.

363. Sandvik, H., *et al.*, «Continuity in general practice as predictor of mortality, acute hospitalisation, and use of out-of-hours care: a registry-based observational study in Norway», *British Journal of General Practice*, 72, 715 (2022), e84-e90, <https://doi.org/10.3399/BJGP.2021.0340>.

más, resulta más acusada en centros con condiciones más precarias, favorece la *hiperfrecuentación* y puede aumentar los tiempos de consulta e incide, por ende, en una mayor presión. Romper esta espiral resulta de vital importancia para garantizar una atención primaria eficiente y así proteger la salud de los ciudadanos, especialmente en zonas con elevada presión o de difícil cobertura.

3. **Redistribuir la demanda dentro de las áreas de salud —particularmente de nuevos pacientes— teniendo en cuenta criterios como la presión y no sólo la distancia al domicilio**, especialmente cuando existe una única área y en áreas con menor dispersión de población. En la mayor parte de las comunidades autónomas, hasta donde hemos podido averiguar, el criterio principal para asignar centro de salud parece ser la distancia al domicilio.[364] Dado que parece existir heterogeneidad en la presión entre centros (incluso cuando se trata de centros cercanos), es necesario incorporar la presión asistencial actualizada —así como los cupos de cada médico/a— al criterio de asignación inicial de centro y médico de familia, y, en los casos en los que existe libertad de elección de centro, informar adecuadamente al ciudadano del cuál es el más próximo con menor presión. Esto podría reducir la heterogeneidad entre centros, promover la eficiencia en el uso de los recursos públicos, aliviar carga a los profesionales y centros más saturados y mejorar así la salud de la ciudadanía. En el caso de la Comunidad de Madrid, que presenta un estudio de caso relevante por la política de área única sanitaria, no está claro que la libertad teórica de elección se esté llevando a la práctica en la elección de centros de atención primaria.[365] Pese a que existe un por-

364. Incluso en el caso de Madrid, en el que existe una única área, hay una asignación inicial de centros para nuevos empadronamientos que parece responder al criterio de distancia.

365. Como prueba, los datos del Observatorio de Resultados del Servicio Madrileño de Salud y del INE nos muestran una relación fuerte entre la estruc-

tal de elección de centro que debería servir de ejemplo a otras regiones en términos de transparencia en los indicadores, como es bien sabido, no toda la ciudadanía tiene el mismo acceso a la información ni la misma capacidad de desplazamiento, y esto está fuertemente relacionado con factores socioeconómicos. Por tanto, resulta fundamental que la información esté al alcance de todos los ciudadanos para que la libertad no socave la igualdad de oportunidades.

4. **Redistribuir la carga entre profesionales** de forma que, por ejemplo, las incapacidades temporales sean realizadas por los facultativos que lleven a cabo el reconocimiento médico, así como reducir la carga burocrática del personal sanitario mediante la contratación de administrativos sanitarios con formación en atención primaria. Una queja generalizada sobre la asignación de roles en los centros de atención primaria es la del tiempo que emplean los médicos de familia en realizar trámites burocráticos, bajas laborales o trabajo administrativo. En este sentido, un plan de redistribución de la demanda de carga burocrática resulta imprescindible para aliviar la presión asistencial. Para ello sería necesaria una reorganización de los roles no sólo dentro de los centros de salud, sino en la totalidad del sistema, así como la contratación de administrativos sanitarios debidamente formados en atención primaria que sirvan de apoyo en labores de gestión y burocráticas. En el caso de las bajas laborales, como marca la normativa vigente, no deberían ser únicamente los médicos de atención primaria los que asumiesen la emisión de las incapacidades temporales, sino que debería ser asumida por el facultativo que realice el reconocimiento médico. Adicionalmente, en casos de presión excesiva, se podría

---

tura de edad de la población que acude a un centro de una zona básica de salud y la población censada dentro de ella. Esto, sumado a la heterogeneidad en la presión entre centros, sugiere que los ciudadanos en zonas presionadas no se están moviendo a otras donde hay menor saturación y que, por tanto, la libertad de elección no es completamente efectiva.

contemplar la viabilidad de la «autobaja» bajo declaración responsable del paciente para casos leves. Cataluña presenta un caso de estudio para ser analizado, ya que implantó la «autobaja» con el fin de aliviar la atención primaria durante la pandemia. La digitalización y los métodos telemáticos supondrían un gran avance en este sentido, ya que los pacientes con la formación suficiente podrían disponer de informes clínicos y justificantes accesibles en línea, aliviando de nuevo la presión en los centros.

5. **La digitalización del Sistema Nacional de Salud debe ser una prioridad de política pública**. Resulta apremiante que la historia clínica sea compartida no sólo entre atención primaria y hospitalaria o sociosanitaria, sino también entre comunidades autónomas. Esto es garantía de mejoras en la gestión y ahorros de tiempo de los profesionales, además de poder resolver problemas de consultas innecesarias derivadas de la falta de transparencia en los historiales, disminuyendo así la presión. La digitalización debe, a su vez, facilitar sistemas de información ágiles y actualizados que permitan extraer indicadores de desempeño, acompañada siempre de una mayor transparencia en la publicación de los indicadores a nivel agregado. Esta digitalización debe llevar aparejada también una mejora de los equipos digitales, así como de la formación necesaria de los profesionales.
6. **Crear un modelo atractivo de atención primaria para los profesionales**, con el fin de alentar a los estudiantes en esa dirección. Una de las principales debilidades de nuestro sistema sanitario es la falta de atracción profesional de la especialidad de Medicina Familiar y Comunitaria, que se ve reflejada en los profesionales más jóvenes en la elección del MIR. Si a esto le añadimos el envejecimiento de la plantilla —el 60,2 por ciento de los médicos que trabajan en atención primaria tiene más de 50 años—,[366] lo que supondrá un gran número de jubila-

366. Barber, P.; y López-Valcárcel, B. G., «Informe Oferta. Necesidad de

ciones en los próximos años,[367] resulta apremiante crear un modelo atractivo de atención primaria para los profesionales, especialmente de Medicina de Familia y Comunitaria. Para ello es importante que desde las primeras etapas formativas exista una clara señal de que se apuesta por la atención primaria como eje del sistema de salud. Con varias universidades españolas en las que la Medicina Familiar y Comunitaria no es una asignatura obligatoria, una mayor presencia y transversalidad de esta especialidad resulta apremiante para situarla en el eje del sistema. En este sentido, proponemos un sistema de rotación obligatoria de especialistas en los centros de salud, lo que no sólo incrementaría el prestigio de la profesión, sino que además podría ser de utilidad para descongestionar la atención primaria. En paralelo a esta medida, resulta necesaria una mejora de las condiciones laborales acorde al resto de las especialidades. Para ello, debe mejorarse la inversión para aumentar la remuneración de los profesionales de atención primaria y ofertar contratos estables con buenas condiciones, como contratos de larga duración y programas de formación.

---

especialistas médicos 2021-2035, EcoSalud, Universidad de Las Palmas de Gran Canaria, 2022, <https://www.sanidad.gob.es/areas/profesionesSanitarias/profesiones/necesidadEspecialistas/docs/2022Estudio_Oferta_Necesidad_Especialistas_Medicos_2021_2035V3.pdf>.

367. De hecho, Barber y López-Valcárcel (2022) estiman que Medicina Familiar y Comunitaria (junto con otras como Medicina del Trabajo, Inmunología, Psiquiatría...) presentarán, según las proyecciones, un déficit superior al 10 por ciento en 2028.

13

Reformas sensatas para una vivienda accesible

Josep Maria Raya[368] y José García Montalvo[369]

¿Dónde está concentrado el problema?

Para un diagnóstico adecuado del problemático tema de la vivienda en España, es necesario enfocar dónde se están produciendo los problemas. Aunque muchas veces se habla de una «emergencia habitacional» generalizada, la información disponible no proporciona evidencia para esta apreciación tan genérica. Los datos de Eurostat muestran que España se sitúa por debajo de la Unión Europea y al mismo nivel que la zona euro en la proporción de población con privación grave de vivienda. Los datos de Eurostat también indican que en España la proporción de familias que destinan el 40 por ciento o más de su renta a la vivienda es inferior a la media de la Unión Europea y a países como Alemania, Dinamarca o los Países Bajos. Por último, estos mismos datos sugieren una clara mejora desde 2014 en el sobrecoste por pago de la vivienda entre la población en riesgo de pobreza, que pasó de ser similar a la media de la Unión Europea en 2014 a estar 3,6 puntos por debajo en 2019.

368. Catedrático de Economía Aplicada en Tecnocampus (UPF) y director de la Cátedra APCE-UPF.

369. Catedrático de Economía en la Universitat Pompeu Fabra, profesor investigador en la Barcelona School of Economics (BSE), el IVIE y el IPEG.

Gráfico 13.1. Tasa de privación grave de vivienda (%) (2019 y 2020)

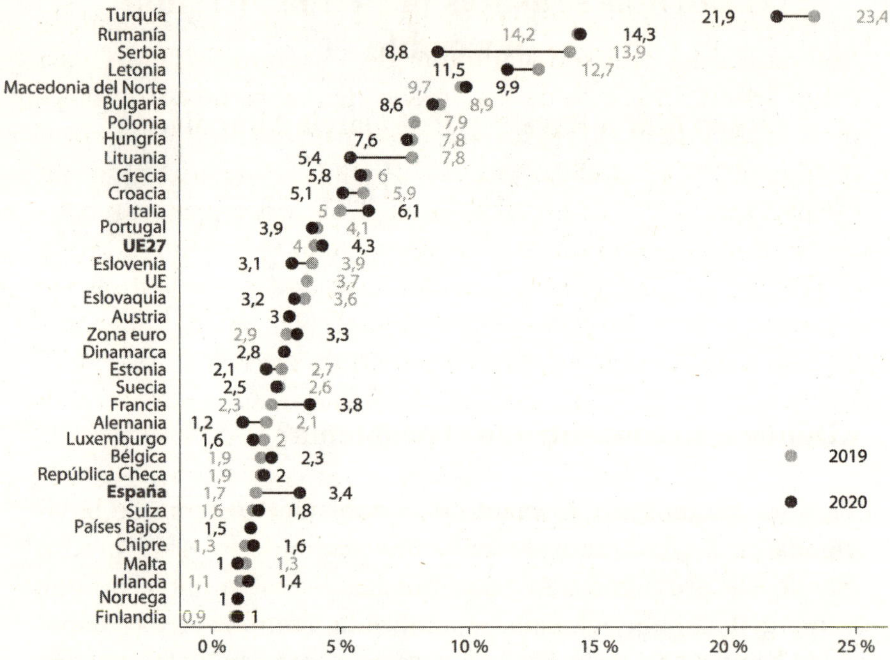

Fuente: Elaboración propia a partir de datos de Eurostat.

¿Dónde se concentran entonces los problemas de la vivienda en España por los que claman las familias y que obligan a plantear soluciones a los gobiernos? Esta misma fuente muestra que en España, el número de familias que tienen vivienda en propiedad con la hipoteca pagada, así como el alquiler a precio reducido o libre la sobrecarga financiera, es menor que la media de la zona euro y de toda la Unión. El problema se encuentra en las familias españolas que tienen un alquiler a precios de mercado. En este caso, más del 40 por ciento de estas familias destinan más del 40 por ciento de su renta a pagar el alquiler, muy por encima del 28 por ciento de media de la Unión Europea. No obstante, la proporción de estas familias en el conjunto es sólo del 16 por ciento, frente al 24 por ciento en los países de la zona euro. Por tanto, los mayores problemas están concentrados en el sector del alquiler a precio de mercado.

Durante los últimos años, el mercado de alquiler español ha experimentado crecimientos de precios muy superiores a los de la inflación. El gráfico 13.2 nos muestra los aumentos de precio de los alquileres a partir de los datos del Sistema Estatal de Referencia del precio del Alquiler de Vivienda (MITMA), así como los crecimientos de los precios de la vivienda. Como vemos, la tasa de crecimiento acumulada de los alquileres entre 2016 y 2021 para toda España es del 18,9 por ciento. Durante ese período, la tasa de crecimiento de los precios y salarios acumulada de la economía fue del 11 por ciento en ambos casos (INE), con lo que no sólo los alquileres crecieron claramente por encima de los precios, sino que el esfuerzo de cualquier trabajador que vivía de alquiler aumentó de forma considerable. Este comportamiento también se muestra en el mercado de compraventa.

Gráfico 13.2. Evolución de las tasas de crecimiento del alquiler y el precio de la vivienda (2016-2021)

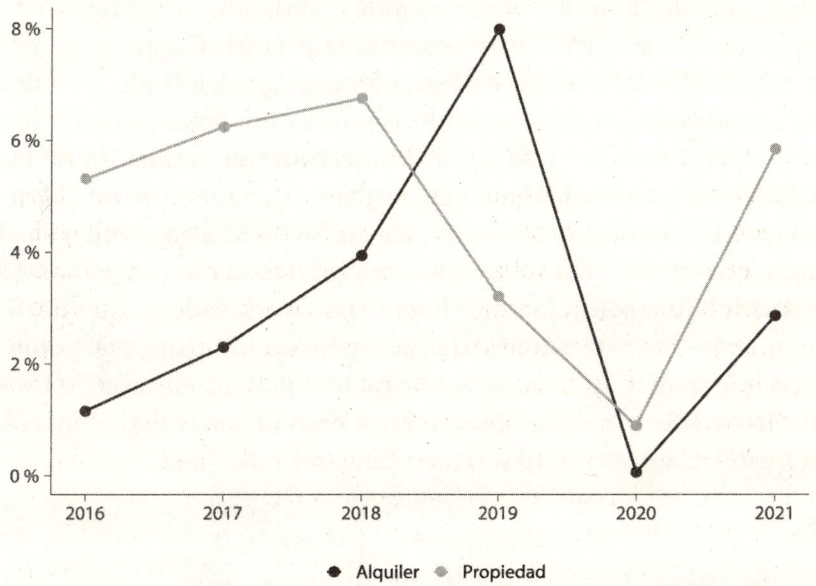

Fuente: Elaboración propia a partir de los datos del Sistema Estatal de Referencia del precio del Alquiler de Vivienda (MITMA).

Un aspecto muy importante de esta reducción de la accesibilidad del alquiler es que su distribución no es homogénea a lo largo de todo el territorio. En el gráfico 13.3 mostramos las tasas de crecimiento, por comunidad autónoma, de los precios de la vivienda y del alquiler entre 2015 y 2021. Al igual que sucede en todo el mundo, son las principales ciudades y sus áreas metropolitanas, donde se concentra la población por las economías de aglomeración y los mejores salarios, las que han experimentado mayores crecimientos del precio del alquiler, presentando unos mercados muy tensionados, con un gran desequilibrio entre demanda y oferta que produce unos precios que cada vez colocan más presión sobre las rentas de los hogares. Desde 2015, el crecimiento acumulado de los alquileres por metro cuadrado en Madrid y Barcelona ha sido, respectivamente, de un 38,1 por ciento y un 46,5 por ciento. Después de un ajuste durante la pandemia, con caídas significativas de los alquileres, la tendencia ha vuelto al mercado con fuertes tasas de crecimiento de los alquileres durante 2022. Los efectos iniciales de la pandemia, que podían hacer pensar que el teletrabajo podría reducir la tensión en los mercados del alquiler de las grandes ciudades, no se han visto confirmados por los datos posteriores a 2021. Como se ha comentado recientemente, este problema es generalizado en todas las grandes ciudades del mundo. Sus consecuencias también son similares. Diamond y Moretti[370] muestran que la mejora de los salarios en las grandes ciudades respecto a las menores en el grupo de trabajadores que tienen baja cualificación no compensa el aumento de los precios de vivir en grandes núcleos urbanos de Estados Unidos (fundamentalmente por los elevados costes de los alquileres), mientras que sí que compensa a los grupos de población que tienen un nivel de cualificación media o elevada. Éste es el mismo efecto que se observa en el caso de los trabajadores de la hostelería y la restauración en Baleares o Málaga.

370. Diamond, R.; y Moretti, E., «Where is standard of living the highest? Local prices and the geography of consumption», NBER, Working Paper n.º 29533, 2023.

Gráfico 13.3. Tasa de crecimiento acumulada (2015-2021) del precio de la vivienda y del alquiler por comunidad autónoma

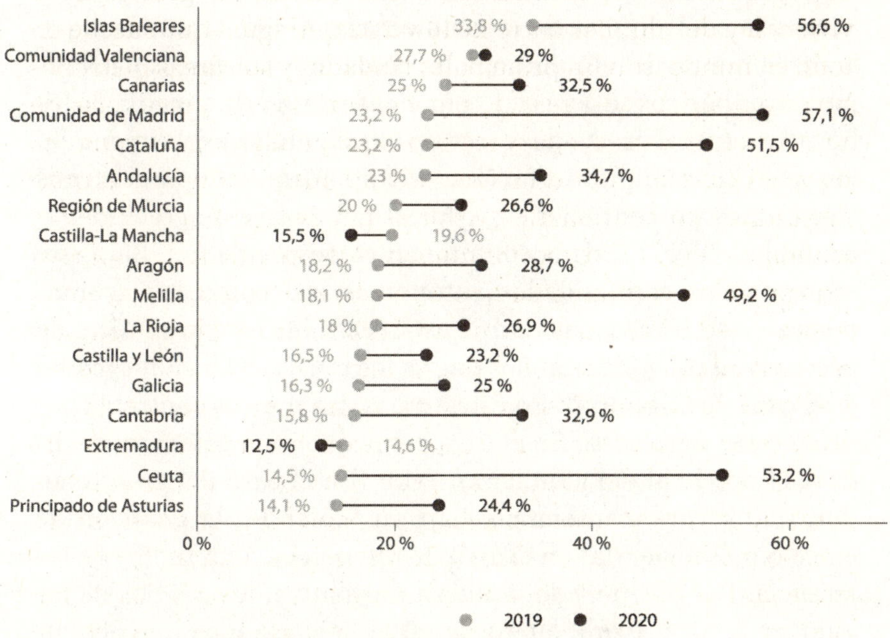

Fuente: Elaboración propia a partir de datos de MITMA e INE.

La regulación de los alquileres en el centro del debate

Mucho se ha debatido en la escena política sobre cómo abordar este problema. La mayor parte de las discusiones han girado en torno a la idoneidad de la regulación de los alquileres. Así, la nueva Ley por el derecho a la vivienda, entre otras medidas —existe una versión más suavizada: la Ley 11/2020 aprobada en el Parlamento de Cataluña y vigente durante año y medio—, propone establecer un mecanismo de carácter excepcional y acotado en el tiempo, que pueda intervenir en el mercado para amortiguar las situaciones de tensión y conceder a las administraciones competentes el tiempo necesario para poder compensar, en su caso, el déficit de oferta o corregir con otras políticas de vivienda las carencias de las zonas declaradas de mercado residencial tensionado. Para determinar dichas zonas (que pueden ser desde microzonas hasta comunidades autónomas completas), sólo será necesario cumplir una de las siguientes dos circunstancias: que la carga media del alquiler o la hipoteca más los gastos y los suministros básicos supere el 30 por ciento de la renta media de los hogares o que el precio de compra o alquiler haya experimentado los cinco años anteriores un crecimiento acumulado de al menos tres puntos porcentuales superior al porcentaje de crecimiento acumulado del IPC de la comunidad correspondiente. Bajo este esquema, las comunidades autónomas, así como los ayuntamientos, tendrían capacidad de establecer sus propios índices de precios y se convalidarían los que ya los tengan avanzados (como es el caso de Cataluña). En estas zonas, los nuevos contratos podrían estar regulados. En el caso del pequeño propietario, se indexa el precio al del alquiler anterior. En el caso del gran tenedor, que sorprendentemente baja su tamaño a la posesión de cinco o más viviendas en el área de referencia, a un índice de referencia. Por último, con la nueva normativa, los precios de los alquileres, a partir de enero de 2024 (recordemos que actualmente la actualización de los alquileres está limitada a un máximo del 2 por ciento como una medida extraordinaria), las actualizaciones de los alquileres se verán limitadas a un máximo de un 3 por ciento (2024), para posteriormente quedar desvinculadas del IPC.

Este hecho presenta un primer problema técnico. La cantidad de información necesaria para aplicar esta limitación de precios es enorme y no está disponible actualmente. El proyecto de ley obliga a los grandes tenedores en áreas tensionadas a suministrar información sobre el uso y destino de sus viviendas en el mercado residencial tensionado (art. 19.1) y la disposición adicional primera precisa que para el desarrollo de la ley se conformará una base de datos de contratos de arrendamientos de vivienda a partir de los registros de fianzas y otras fuentes de información. Los alquileres calculados a partir de los datos de la Agencia Tributaria son una excelente fuente de información, pero tienen bastante retraso y no hay estadística fiable de pisos vacíos. Las fianzas no se depositan de forma consistente en todas las comunidades autónomas, por lo que no pueden servir de fuente fiable. La necesidad de producir esa cantidad ingente de información, y la enorme litigiosidad que previsiblemente producirá, complica la aplicación práctica de la ley.

Pero además, las evaluaciones disponibles, como la recogida en García Montalvo, Monràs y Raya[371] sobre la ley catalana de control de alquileres, no sugieren que este tipo de norma vaya a ser efectiva respecto al objetivo perseguido. El citado informe se basa en una evaluación realizada por Monràs y García Montalvo[372] a partir de microdatos con una metodología precisa de la experiencia catalana basada en la comparación de viviendas afectadas y no afectadas por la regulación. Los gráficos 13.4 y 13.5 los sintetizan. A pesar de la efectividad de la ley para reducir el precio del alquiler a corto plazo (con una disminución media de aproximadamente el 5 por ciento), se observa un efecto desigual a lo largo de la distribución de precios, en particular una convergencia de los precios con el de referencia. Es decir: mientras las propiedades caras de los municipios afectados por la Ley 11/2020 experimentan reducciones de precios (para cumplir con la legalidad), las propiedades baratas experimentan aumentos. Pareciera que el índice de referencia actúa también en sentido contrario al buscado: haciendo aumentar los alquileres de aquellas viviendas que se arrendaban por debajo de él. Este efecto se puede ver en el gráfico 13.4.

371. García Montalvo, J.; Monràs, J.; y Raya, J. M., «Los efectos de la limitación de precios de los alquileres en Cataluña», EsadeEcPol, Policy Insight n.º 44, febrero de 2023.

372. Monràs, J.; y García Montalvo, J., «The effect of second generation rent controls: New evidence from Catalonia», Universitat Pompeu Fabra, Department of Economics and Business, Economics Working Paper Series, Working Paper n.º 1836, 2022, <https://econ-papers.upf.edu/papers/1836.pdf>.

Gráfico 13.4. Cambio en el precio del alquiler en Cataluña tras la regulación de 2020, según el precio de la vivienda en zonas donde se aplicó la limitación frente a donde no se aplica

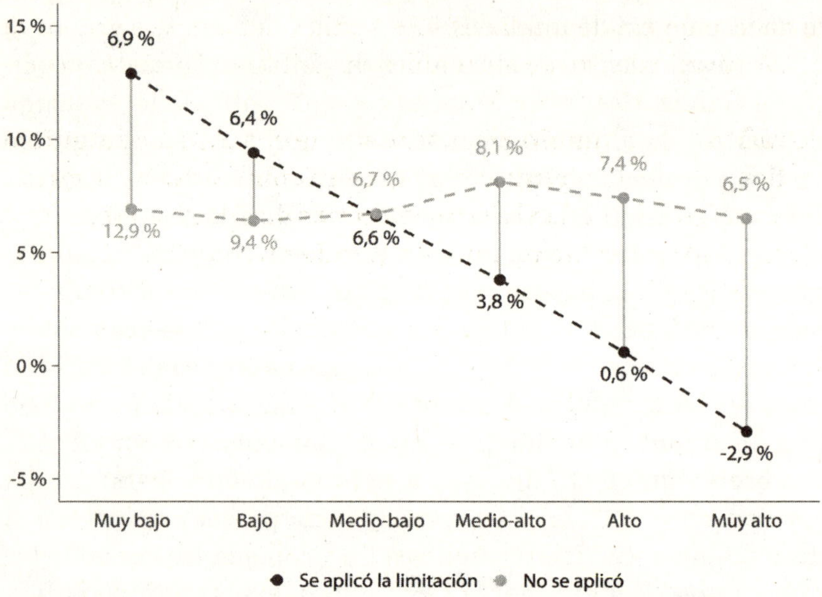

Fuente: Elaboración propia a partir de Monràs y García Montalvo (2022).

Los precios del alquiler en los municipios no tensionados aumentan de manera proporcional a lo largo de la distribución de precios, mientras que en los municipios tensionados observamos subidas mayores que en el grupo de control en alquileres bajos, y bajadas del precio de alquiler de viviendas de precio alto. El gráfico muestra el cambio en el precio de los nuevos contratos mensuales entre el período anterior y posterior a la Ley 11/2020 para toda la muestra de unidades. Los sextiles definen seis grupos de igual tamaño dentro de los municipios de tratamiento y control. Monràs y García Montalvo constatan también que la aplicación de la Ley 11/2020 ha supuesto un descenso en la oferta de alquiler de alrededor del 10 por ciento esencialmente de propiedades con precios de alquiler por encima del precio de referencia, pues son las propiedades cuya rentabilidad se ve afectada negativamente por la ley. Esta bajada se explica por una reducción de la oferta de alquileres caros que no se compensa con un aumento de la oferta de alquileres baratos, como se puede ver en el siguiente gráfico, que muestra el cambio en la cantidad de nuevos contratos mensuales entre el período anterior y posterior a la Ley 11/2020 para toda la muestra de unidades. Los sextiles definen seis grupos de igual tamaño dentro de los municipios de tratamiento y control.

Gráfico 13.5. Cambio en el número de contratos de alquiler firmados en Cataluña tras la regulación de 2020, según el precio de la vivienda en zonas donde se aplicó la limitación frente a donde no se aplica

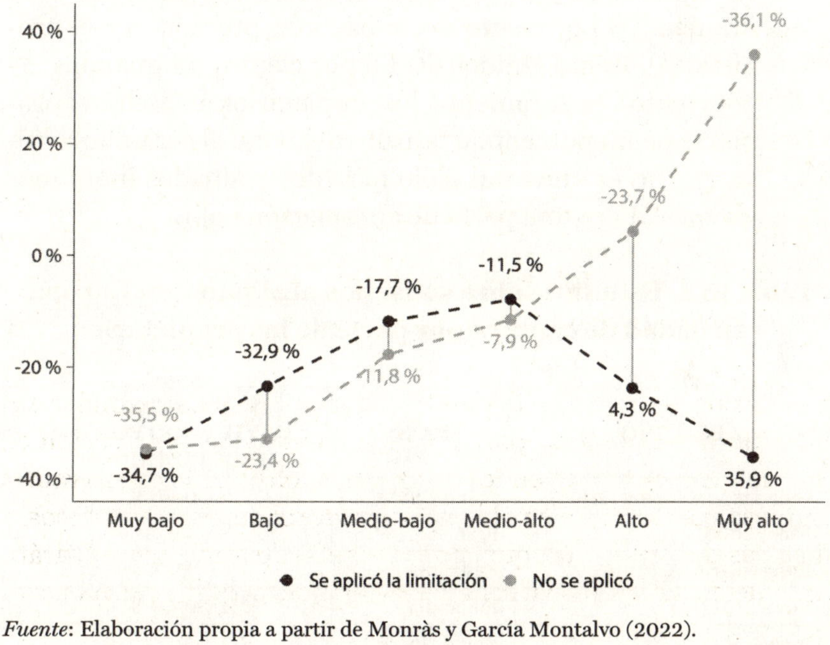

Fuente: Elaboración propia a partir de Monràs y García Montalvo (2022).

En conclusión, la ley catalana presentó diversos efectos indeseados, en especial una reducción en la oferta que nos sirve para anticipar el que puede tener la nueva norma española. A la luz de la evidencia recogida en otras ciudades, esta menor oferta podría incrementar los precios del alquiler. Además, podría trasladar viviendas de alquiler a venta (que sólo se pueden permitir hogares ricos) o a zonas limítrofes (donde sí sube el precio), reducir la construcción futura y bajar la calidad del parque de alquiler.

El nuevo impulso estatal incluía otras medidas, consideradas en Collado, Galindo y Martínez:[373]

- El bono de 250 euros para alquileres de jóvenes (18-35 años) podría estar infrafinanciado según las estimaciones de ese informe: los 200 millones de euros de dotación inicialmente esperada para el objetivo de 50.000 jóvenes cubrirían menos de un 10 por ciento de los potenciales beneficiarios. La efectividad del bono dependería, además, de si los propietarios pueden capturarlo incorporándolo al precio de alquiler, como estimaron algunos estudios para Francia (78 por ciento del subsidio capturado por el propietario), Reino Unido (60-66 por ciento) o Finlandia (57 por ciento). Seguramente, los propietarios no podrán apropiarse de un porcentaje tan alto del bono al ser un incentivo que no es universal (sólo para determinados inquilinos jóvenes), pero una parte de apropiación habrá.

Tabla 13.1. Estudios sobre subsidios al alquiler en Europa: capacidad de captura por parte de los propietarios

ESTUDIO	PAÍS	% DEL SUBSIDIO CAPTURADO POR LOS PROPIETARIOS
Gibbons & Manning (2006)	Reino Unido	60-66 %
Fack (2006)	Francia	78 %
Kangasharju, A. (2010)	Finlandia	57 %
Viren (2013)	Finlandia	30-50 %
Brewer *et al.*	Reino Unido	10 %
Collinson and Ganong (2018)	Estados Unidos	46 %
Hyslop y Rea (2019)	Nueva Zelanda	36 %

Fuente: Datos de Galindo *et al.* (2023).

373. Collado, N.; Galindo, J.; y Martínez, A., «¿Servirá la nueva Ley de vivienda para mejorar el alquiler en España?», EsadeEcPol, Insight n.º 32, octubre de 2021.

- El recargo del 150 por ciento del IBI a las viviendas que lleven vacías dos años o más para grandes propietarios tendrá un alcance probablemente limitado, porque este tipo de inmuebles son menos frecuentes en provincias con problemas de demanda y son muchas menos que las estimaciones que realizan los censos de población, como muestran los cálculos de encuestas específicas para determinar la proporción de viviendas vacías en distintas comunidades autónomas y ciudades. Además, la propiedad en España está muy atomizada, con lo que el porcentaje de pisos en manos de grandes tenedores es muy reducido, en torno al 5 por ciento para el conjunto del Estado. Incluso en las grandes ciudades la proporción de grandes propietarios es muy pequeña. El Observatorio de la Vivienda de Barcelona muestra que, incluso con la definición de gran propietario como aquel que tiene más de diez viviendas en propiedad, la proporción de éstos es sólo el 17,1 por ciento en la ciudad de Barcelona y, sin contar los que están en posesión de la Administración pública, la proporción se sitúa en el 15,4 por ciento. La implementación de este recargo se complica por el hecho de no tener buenas estadísticas de viviendas vacías y la dificultad de identificarlas inequívocamente. Por último, el impacto viene atenuado por la lista de exenciones que contempla, que demanda registros adecuados que contemplen la situación de cada vivienda no habitual, así como su propiedad. En cuanto a efectividad, hay estudios que demuestran que es efectiva, pero limitada (en Francia, por ejemplo, un impuesto similar sólo hizo aflorar un 13 por ciento de viviendas vacías).

Los incentivos para pequeños propietarios en forma de deducciones fiscales podrían tener, *a priori*, carácter regresivo en tanto que éstos tienen de media unos ingresos superiores a los inquilinos. No obstante, este efecto está más que compensado por el incentivo sobre la oferta de alquiler. También hay que tener en cuenta que a pesar de la media, el 25 por ciento de los propietarios de viviendas en alquiler tienen una renta inferior a la media de la renta de los inquilinos. La Autoridad Independiente de Responsabilidad Fiscal (AIReF) concluyó que reducir la deducción de la totalidad de las rentas obtenidas por el alquiler entre personas físicas (vigente hasta 2015) al 60 por ciento sólo supuso un cambio del 2 por ciento en la oferta en tres años. La nueva norma busca reducir la deducción al 50 por ciento, pero la aumenta en caso de que el precio fijado sea inferior al precio de mercado. Éste es un mecanismo adecuado para mejorar la accesibilidad, pues el propietario tendrá que decidir si prefiere seguir fijando un precio de mercado y pagar más impuestos o reducir el precio y pagar menos por los ingresos inmobiliarios. Quizá los intervalos deberían haber sido más ambiciosos (bajar más la reducción en el caso de no ofrecer un alquiler asequible) para tener mayor impacto sobre el mercado.

Por último, la zonificación inclusiva es una política que está recibiendo bastante atención. La nueva Ley de vivienda prevé una cuota del 40 por ciento sobre todas las nuevas promociones para vivienda protegida, de la que la mitad (un 20 por ciento del total) iría a alquiler. España es uno de los países de la Unión Europea con menor presencia de alquiler social (apenas una vivienda de cada cien, muy por debajo del 7,5 por ciento y el 6,9 por ciento de la media de la Unión Europea y la OCDE, respectivamente), así pues, queda patente la necesidad de ampliar esta oferta. Sin embargo, incluso la aplicación de la nueva cuota supondría un crecimiento aún insuficiente para alcanzar los niveles de otros países europeos de referencia (donde diez de cada cien viviendas son sociales). En cualquier caso, las evaluaciones existentes de medidas de zonificación inclusiva muestran efectos mixtos o de reducción sobre la oferta total, e inciertos sobre el precio. Por ello, centramos nuestra primera propuesta en este aspecto.

Tabla 13.2. Revisión de la literatura sobre el impacto en el mercado inmobiliario de la zonificación inclusiva

ARTÍCULO	UNIDAD GEOGRÁFICA ESTUDIADA	EFECTOS SOBRE PRECIOS	EFECTOS SOBRE OFERTA TOTAL DE VIVIENDA
Bento *et al.*	California	Aumento	Nulo
Mukhija *et al.* (2010)	LA County - Orange County	Aumento	Nulo
Means & Stringham (2012)	California	No estudiado	Reducción
Schuetz *et al.* (2012)	San Francisco y Boston	Aumento	Mixto
Hamilton (2021)	Baltimore - Washington	Mixto	Nulo
Li & Guo (2021)	Londres	Aumento	Reducción o nulo

Fuente: Datos de Galindo *et al.* (2023).

Nuestras propuestas

Para los problemas de la vivienda no existen soluciones milagro ni políticas infalibles. Es necesario actuar desde múltiples vertientes, especialmente cuando los problemas son graves y llevan enquistados mucho tiempo.

La primera solución es una política de vivienda consistente y mantenida en el tiempo con independencia del partido político que gobierne. El admirado parque de vivienda social de Viena se construyó con más de cien años de una aproximación constante de promoción de la vivienda social y asequible. Dos principios básicos deberían guiar estas políticas a largo plazo: las viviendas con subvención pública no pueden nunca salir del parque público y la mayoría de las nuevas viviendas construidas con subvenciones públicas deben ser para alquilar.

A partir de aquí, las formas de ir ampliando el parque de viviendas en alquiler asequible son variadas. A largo plazo, la construcción de nuevas viviendas es una opción siempre que permanezcan en el parque público, pero dadas las necesidades de vivienda asequible, dicha actividad sólo puede desarrollarse con acuerdos público-privados. Dos ejemplos recientes, aunque bastante diferentes, de cómo generar incentivos en agentes privados para participar en esta actividad se han producido en Madrid (plan VIVE) y Barcelona (Habitatge Metròpolis Barcelona, S. A.). Por su parte, la SEPES está muy activa en los últimos tiempos en la dinamización de suelo público (en muchos casos se trata de cuarteles militares ya sin utilización) para construir viviendas en alquiler asequible. Asimismo, la zonificación inclusiva podría utilizarse como una forma de producir vivienda asequible con colaboración privada siempre que existieran las adecuadas compensaciones. De entre éstas, destacan los «bonos densidad», que permiten a los desarrolladores construir más metros cuadrados de los que admite la regulación del suelo de esa zona, los incentivos fiscales (reducciones del IVA) o las cesiones de suelo en otras ubicaciones donde se compense la cuota del 40 por ciento de vivienda protegida. En general, se trata de evitar que los constructores perciban medidas como la cuota del 20 por ciento de vivienda protegida como un impuesto, para conseguir que no se reduzca la oferta total de viviendas.

A corto y medio plazo, existen otras opciones, como el derecho de tanteo y retracto de inmuebles por parte de municipios con escasez de vivienda en alquiler, los acuerdos con la Sareb en el caso de que haya viviendas de su propiedad en localizaciones donde exista demanda, y la adquisición por parte del sector público del derecho al alquiler del parque de grandes propietarios o fondos de inversión a partir de un contrato a largo plazo y con un descuento sustancial sobre el precio de alquiler de mercado. Este mecanismo podría estructurarse de forma que fuera análogo a una subvención al alquiler, pero sin el peligro del traslado de toda, o parte, de la subvención a los propietarios.

De manera complementaria, sería necesario considerar con mayor vigor los programas de transferencias en especie a los hogares de renta baja: en Estados Unidos son muy habituales.[374]

374. López García, M. A., «Vivienda y política pública: objetivos e instrumentos», Fedea, Working Paper n.º 2019-07, 2019, <https://documentos.fedea.net/pubs/dt/2019/dt2019-07.pdf>. Véase también: Eriksen, M. D.; y

Una alternativa orientada a la demanda en lugar de a la oferta consiste en conceder un vale, cupón o certificado con el que los potenciales inquilinos puedan acudir al mercado y alquilar una vivienda de su elección que cumpla unos determinados requisitos. Ese vale dependería del coste del alquiler de una unidad estándar y de la renta del hogar (por lo tanto, se podría articular como un porcentaje del alquiler pagado). Eso habilita el alquiler social no sólo para las nuevas viviendas, sino para todas aquellas que hay en el mercado. Los resultados del Experimental Housing Allowance Program, llevado a cabo en Estados Unidos, sugieren que estos subsidios pueden comportar mejoras tanto en eficiencia como en equidad respecto a su contrapartida basada en la oferta. Al ser transferencias en vivienda y no en efectivo, un primer efecto es que se aleja al potencial beneficiario que no es el objetivo del programa. Los resultados de las evaluaciones en términos de eficiencia de estos programas han sido positivos, con efectos contradictorios en términos de precios del alquiler. Por tanto, el punto clave sería examinar cómo se pueden diseñar para evitar que los subsidios se trasladen a precios.

Estos subsidios también podrían reducir la prima de riesgo asociada al riesgo de tener un «mal inquilino» de diversas formas. En primer lugar, que el sector público aparezca como un «tercer agente», al lado del inquilino y el propietario, incrementa la seguridad jurídica que tanto valora este último. En segundo lugar, con un subsidio recibido directamente por el propietario (el subsidio se puede canalizar a través del inquilino o del propietario), la perspectiva de impago se puede ver reducida considerablemente. Y, en tercer lugar, un volumen considerable de viviendas cuyos inquilinos son receptores de los subsidios podría permitir que el sector público fuera un asegurador fiable y barato frente al riesgo del «mal inquilino».

Por último, sería conveniente considerar más y mejores incentivos al acceso de los jóvenes adultos al mercado de la pro-

---

Ross, A., «Housing vouchers and the price of rental housing», *American Economic Journal: Economic Policy*, 7, 3 (2015), pp. 154-176.

piedad. Las necesidades de vivienda a lo largo del ciclo vital cambian sustancialmente. Lo normal en países del nivel de desarrollo de España es que un joven que se emancipa de sus padres inicie su vida en solitario en una vivienda en alquiler para, pasado el tiempo y habiendo consolidado su rol laboral, plantearse la compra de una vivienda. Es bien conocido que el reducido nivel de desigualdad de la riqueza de España en comparación con otros países se fundamenta en la generalización de la propiedad de vivienda en épocas pasadas. Sin embargo, la tenencia de la vivienda en España es muy desigual por edad. Apenas un 35 por ciento de los jóvenes menores de 35 años viven en una vivienda de propiedad, mientras que aquellos que son 10 años mayores, es decir, los que hoy cuentan con entre 35 y 45 años, más de un 70 por ciento eran propietarios hace una década, cuando tenían menos de 35 años (Encuesta Financiera de las Familias del Banco de España). Parte de esta diferencia es consecuencia de un cambio social que ha comportado un aumento de la preferencia por el alquiler o unas decisiones más adecuadas en cuanto a la tenencia de vivienda en función de la edad. No obstante, existe una parte de los jóvenes adultos que no tienen vivienda en propiedad por un problema de accesibilidad, dado el elevado precio de la vivienda en los grandes núcleos urbanos. Una parte de estos casos son individuos que podrían pagar la cuota de una mensualidad hipotecaria y la lógica de ciclo vital invita a pensar que cada año que pase serán más capaces de ello, pero no pueden acceder a la hipoteca porque necesitan un ahorro inicial elevado.

Ante esta situación, una posibilidad es pensar en fórmulas que permitan la división y la temporalidad del dominio. Existen varias posibilidades para dividir el dominio, que representan formas estables y flexibles alternativas al pleno dominio o el alquiler, y facilitar el acceso a un crédito hipotecario. Primero, la posibilidad de una copropiedad donde fuese el Estado el propietario del 20 por ciento de la vivienda tras hacerse responsable del ahorro inicial (como el programa de *co-ownership* del Reino Unido, donde este porcentaje puede ser de entre el 10 por ciento y el 50 por ciento). Se pueden establecer también acuerdos con entidades financieras para que los individuos-hogares jóvenes, con estabilidad laboral y buenas perspectivas futuras en el mercado laboral pudiesen obtener préstamos por encima del 80 por ciento del valor de la vivienda (por ejemplo, del 95 por ciento y así mostrar también cierta capacidad de ahorro). No se trata, cabe dejarlo claro, de volver a las prácticas de la crisis financiera,[375] sino de acotar esta posibilidad a jóvenes con solvencia presente y (potencialmente) futura. Esta última iniciativa está en la línea del programa Help to Buy del Reino Unido (plan de préstamos participativos), según el cual bancos y administraciones conceden un préstamo participativo de hasta el 20 por ciento del valor de la vivienda de nueva construcción. El comprador debe aportar un depósito en efectivo de al menos el 5 por ciento y un prestamista hipotecario principal un préstamo de hasta el 75 por ciento. En España se podría instrumentar a través del ICO o de los institutos de finanzas de las respectivas comunidades autónomas. Carozzi, Hilber y Yu,[376] en su evaluación del programa Help to Buy, resaltan como crucial las condiciones locales de la oferta. Si el plan no consigue aumentar la construcción, la ayuda se acaba trasladando a los precios. Finalmente, el elevado valor de los impuestos de transmisión de inmuebles reduce sustancialmente la movilidad laboral en un país con enormes diferencias de desempleo entre distintas áreas geográficas. La reducción del impuesto sobre transmisiones patrimoniales (ITP) y del IVA de las viviendas nuevas, siempre que se destinen a primera residencia y no se hayan transmitido en los últimos cinco años para evitar las transacciones especulativas, puede ayudar a mejorar este problema.

375. Akin, O., *et al.*, «The real estate and credit bubble: evidence from Spain», *SERIEs*, 5 (2014), pp. 223-243, <https://doi.org/10.1007/s13209-014-0115-9>.

376. Carozzi, F.; Hilber, C. A. L.; y Yu, X., «On the economic impacts of mortgage credit expansion policies: evidence from help to buy», CEP, Discussion Paper n.º 1681, 2020.

Conclusión

La emergencia habitacional en España se concentra en el mercado del alquiler. En paralelo, la política de vivienda en nuestro país ha sido tradicionalmente muy errática. En los últimos años, el debate se ha centrado en la necesidad de implantar limitaciones a los precios del alquiler. La justificación para ello descansa normalmente en el argumento de que «se hace en algunos países». Lo que sucede es que en España ya se ha practicado (desde hace tiempo hay límites de tercera generación que abarcan la duración del contrato) y ahora se quieren extender a controles de segunda generación que también vinculan los cambios de inquilinos. Pero lo más importante es que esta argumentación es defectuosa: lo relevante no es si se aplica en otros sitios, sino si funciona en esos otros lugares.

En este documento concluimos, a partir de la evidencia empírica, que la limitación del precio de los alquileres suele tener como consecuencia una reducción en la oferta que nos sirve para anticipar la que podría producir la nueva norma española. Este resultado es tanto más probable cuanto mayor es la rentabilidad de los activos alternativos. Cuando los tipos de interés eran muy bajos, las alternativas a la rentabilidad de la vivienda en alquiler eran muy limitadas por lo que respecta a los activos con un riesgo reducido. La subida de los tipos de interés de letras y obligaciones del Tesoro reduce el atractivo de la vivienda para el alquiler y facilita su liquidación si las condiciones no son adecuadas o el riesgo aumenta. Esto parecen pensar muchos de los ciudadanos que hacen cola en el Banco de España para comprar títulos del Estado. A esto cabe añadir el hecho de que dejar la norma en manos de las comunidades autónomas y los ayuntamientos puede provocar que la oferta se traslade a las comunidades y ayuntamientos no regulados.

Nuestras propuestas se orientan a una política de la vivienda consistente y continuada en el tiempo con dos principios básicos: las viviendas con subvención pública no pueden nunca salir del parque público y la mayoría de las nuevas viviendas construidas con subvenciones públicas deben estar destinadas al alquiler.

Los ejes en los que se articula nuestra política son dos. Primero y principal, ampliar el parque de viviendas en alquiler asequible a largo plazo mediante la construcción de nuevas viviendas con acuerdos público-privados. La zonificación inclusiva podría utilizarse como una forma de producir vivienda asequible con colaboración privada siempre que existan las adecuadas compensaciones (bonos densidad, derecho de superficie, incentivos fiscales, cesión de suelo en otra ubicación...). A corto plazo, se deberían establecer acuerdos para movilizar viviendas de la Sareb y otras por medio de mecanismos de tanteo y retracto, y la cesión de parte del parque de grandes propietarios o fondos de inversión al Estado a partir de un contrato a largo plazo y con un descuento sustancial sobre el precio de alquiler de mercado. Estas viviendas podrían ser subarrendadas a ayuntamientos y comunidades autónomas, que establecerían los requisitos y condiciones para acceder a ellas. Y segundo, planteamos programas de transferencias en especie a los hogares de renta baja, y más y mejores incentivos al acceso de los jóvenes adultos al mercado de la propiedad, como los programas de copropiedad del Reino Unido, que consisten en conceder un préstamo participativo de hasta el 20 por ciento del valor de la vivienda de nueva construcción. Acciones simultáneas de oferta y demanda son imprescindibles para enfrentar de manera eficaz el problema de acceso a la vivienda de alquiler en las ciudades españolas.

Epílogo

Cómo ampliar el espacio político para las reformas navegando la polarización

Sandra León[377] y Luis Miller[378]

Desde la vuelta a la democracia en la década de 1970, la política española estuvo sostenida sobre un conjunto de alianzas partidistas e ideológicas transversales que aseguraban la estabilidad política y la inclusión en el sistema de un amplio abanico de opciones políticas moderadas. Esta limitada distinción ideológica hizo que la inmensa mayoría de los actores políticos participara en acuerdos transversales durante unos treinta años, desde los grandes partidos nacionales de izquierda y derecha hasta la amalgama de fuerzas regionalistas y nacionalistas. Aun existiendo cierta diversidad, ninguna opción planteaba reformas radicales del sistema.

La estabilidad política se vio alterada durante el largo período de crisis económica entre 2008 y 2013. Tras esos años, se han sucedido varias oleadas de división política del país que dejan un panorama político completamente distinto al de comienzos de este siglo. De pensar que las elecciones no servían para nada por la similitud de los programas políticos, como mostraban los lemas del 15-M, apenas hace sólo una década —«Lo llaman democracia y no lo es» o «Nuestros sueños no caben en vuestras ur-

377. Profesora titular de la Universidad Carlos III de Madrid.
378. Sociólogo y científico del CSIC.

nas»—, a sentir que nos jugamos mucho y que el resultado de las elecciones generales de 2023 es determinante para el futuro del país. En los últimos quince años, España ha sufrido una serie de cambios económicos y sociales de gran calado, excepcionales tanto en términos históricos como en términos de comparación de nuestro país con otros de su entorno. La crisis económica supuso un aumento importante de los niveles de desigualdad económica y del riesgo de pobreza.[379] A este empeoramiento de la situación económica, le sucedió un aumento de las divisiones ideológicas y emocionales en la política española al que genéricamente, a veces de un modo poco preciso, llamamos «polarización política».

¿Qué polarización?

Cuando hablamos de polarización política, lo hacemos de al menos dos conceptos distintos: la polarización ideológica y la polarización afectiva, además de la relación existente entre ambas. La polarización ideológica hace referencia a un alineamiento creciente de los partidos políticos y sus votantes en torno a posturas cada vez más alejadas entre sí. Este alineamiento se da tanto en el plano simbólico de la identificación con posturas de izquierda-derecha o liberalismo-conservadurismo, como en el plano más práctico de posicionamientos con respecto a temas concretos, como la política económica, la inmigración, las políticas sociales o el cambio climático. En España, la polarización en torno al eje izquierda-derecha no ha dejado de crecer elección tras elección desde principios del siglo XXI. Aunque se trata de un proceso que se ha producido también en otros países, con la intensificación de la polarización ideológica de la última década, España ha pasado de ser un país moderado a principios de siglo a situarse entre los países más polarizados ideológicamente en la actualidad.[380]

379. Ayala, L.; y Cantó, O., «Ciclo económico, clases medias y políticas públicas», en Ayala, L.; y Ruiz-Huerta, J., dir., *Tercer informe sobre la desigualdad en España*, Fundación Alternativas, Madrid, 2018.

380. Torcal, M., *De votantes a hoologans*, Catarata, Madrid, 2023.

Este incremento de la polarización ideológica ha venido acompañado por un aumento de las diferencias en las creencias y las preferencias sobre políticas públicas entre los votantes de los diversos partidos políticos españoles. Desde el año 2010, la diferencia entre las posturas de los votantes de los partidos situados en los extremos del espectro político español —Izquierda Unida y Podemos en la izquierda y el Partido Popular y Vox en la derecha— se ha multiplicado por más de dos en cuestiones como la preferencia por la sanidad pública, en la posición con respecto al pago de impuestos y en la creencia en la meritocracia. Este incremento de las diferencias se ha dado tanto por un proceso de agrupamiento de los electores con la aparición de los nuevos partidos como por el distanciamiento de los votantes una vez el sistema de partidos ha cambiado. El país ha sufrido una profunda división ideológica que ha ido consolidándose en dos grandes bloques, donde los votantes del PSOE y el espacio a su izquierda (Unidas Podemos, Sumar, etcétera) coinciden en muchas de las creencias y preferencias políticas, y los votantes del PP se encuentran más cercanos a los de Vox, aunque estos últimos suponen un caso especial, extremo en muchas variables, como la apuesta muy clara por la recentralización del Estado.[381]

Existe un segundo tipo de polarización que se centra en los sentimientos que partidos y líderes políticos despiertan. Se trata de la polarización afectiva, y se manifiesta como un mayor apego hacia los partidos, líderes y votantes con los que nos sentimos identificados y una mayor hostilidad hacia los partidos, líderes y votantes con los que no compartimos dicha afinidad. No se trata ya de una separación ideológica —simbólica o práctica—, sino de una separación emocional, que no apela a la racionalidad, sino a nuestros sentimientos y emociones. La polarización afectiva en España nos ha acompañado durante buena parte de nuestro período democrático más reciente y, desde luego, ha sido evidente en muchos momentos anteriores al incremento de las divisiones

381. Miller, L., *Polarizados. La política que nos divide*, Deusto, Barcelona, 2023.

ideológicas que observamos en el siglo XXI. Aun así, desde 2015 se observa un incremento continuado de la polarización afectiva en España, algo que incluso se ha incrementado durante esta legislatura.[382]

La polarización política ha empezado a ser un problema en democracias como la española por la falta de acuerdos básicos entre los partidos para tomar decisiones que requieren amplios consensos, como las grandes reformas estructurales de las que se habla en este libro. Si los partidos políticos se van alejando de la línea que los divide, tanto ideológica como emocionalmente, y se atrincheran en postulados estrechos inasumibles para el otro, se produce una parálisis en cuestiones de suma importancia, como la renovación de los órganos judiciales o las reformas que requieren amplios consensos. Esto está ocurriendo en España, pero también en otros países que han vivido importantes momentos de división y bloqueo político en años recientes. ¿Cómo podemos ampliar el espacio político para las reformas en este clima de polarización?

Apoyos tradicionales y nuevas divisiones

A partir de la década de 1980, el estado de bienestar experimentó en España un desarrollo considerable, con un aumento de la progresividad del sistema fiscal, un incremento del gasto público en transferencias sociales (desempleo y pensiones) y la universalización del acceso a servicios públicos como la educación y la salud, así como el desarrollo de las pensiones no contributivas o las rentas mínimas autonómicas. Este desarrollo ha tenido tradicionalmente un apoyo alto entre la inmensa mayoría de los votantes (particularmente los del PP y el PSOE) en España. Hasta prácticamente esta legislatura, los datos mostraban que estas políticas seguían siendo espacios de «concordia», pues los ciudadanos

382. Orriols, L.; y León, S., «Looking for affective polarisation in Spain: PSOE and Podemos from conflict to coalition», *South European Society and Politics*, 25, 3-4, (2021), pp. 351, 379.

mostraban posiciones menos divergentes.[383] Sin embargo, la polarización partidista en el apoyo a determinadas políticas públicas, incluso en las relacionadas con el estado de bienestar, está creciendo de forma acelerada desde hace más de una década.

Un caso destacado es la preferencia por la gestión pública de la sanidad. Si preguntamos a los españoles qué centro elegirían, público o privado, para acceder a un servicio sanitario, observamos que tanto en 2010 como en 2022 el apoyo a la sanidad pública es mayoritario y ha aumentado entre los votantes del bloque de izquierdas y los del Partido Popular. Sin embargo, la irrupción de Vox ha modificado el escenario. Es el primer partido cuyos votantes están divididos a partes iguales entre los que prefieren la sanidad pública y la privada.[384] Con la educación ocurre algo similar. Muchas de las cuestiones más técnicas del modelo educativo apenas generan controversias, pero los aspectos más simbólicos sí dividen a los votantes de los diversos partidos. Por ejemplo, dos de cada tres votantes del PP y tres de cada cuatro de Vox están de acuerdo en que los valores más importantes que los niños y las niñas deberían aprender son la obediencia y el respeto a la autoridad. La gran mayoría de los votantes del bloque de izquierda no concuerdan con esta afirmación.[385] Las diferencias también aparecen si nos fijamos en la financiación del estado de bienestar, en concreto a través del pago de impuestos. Hoy, ocho de cada diez votantes de Vox y seis de cada diez del PP piensan que pagamos mucho en impuestos, mientras que sólo dos de cada diez lo piensan en el bloque de izquierdas.[386]

Al margen del estado de bienestar, también encontramos diferencias importantes en cuestiones relacionadas con la ecología o las migraciones. En cuanto a las primeras, la división de la ciudadanía en función de su recuerdo de voto es especialmente intensa

383. Miller, L., «Polarización en España: más divididos por ideología e identidad que por políticas públicas», EsadeEcPol, Policy Insight n.º 18, 15 de octubre de 2020.

384. Miller, L., *op. cit.*

385. Datos de la Encuesta Social Europea (European Social Survey, ESS), 2022.

386. Miller, L., *Polarizados, op. cit.*

en lo que respecta a la regulación sobre macrogranjas (mayor distancia entre votantes de UP y Vox) y, en menor medida, respecto a las prohibiciones o aumentos impositivos sobre vehículos grandes o diésel.[387] A pesar de estas diferencias, existe consenso en la gran importancia que se le da al problema del cambio climático. En cuanto a la cuestión migratoria, las posturas de los votantes de izquierda y del PP están bastante cerca, pero Vox supone una importante excepción. Es el único partido donde son mayoría los que creen que deberían venir a España pocas o ninguna persona de raza o grupo étnico distinto.[388]

En resumen, las diferencias en el apoyo a distintas políticas públicas han aumentado durante los últimos años, tanto por el movimiento hacia los extremos de las preferencias de los votantes de los partidos ya existentes como por el surgimiento de partidos con votantes aún más en los extremos, especialmente tras la irrupción de Vox. El diseño y la implementación de políticas en España no puede ignorar esta nueva complejidad.

Ampliar el espacio político

Ampliar el espacio político significa transformarlo en algo más transversal, que facilite las alianzas entre distintos partidos. Dicho de otra manera, un espacio político más amplio significa que existe una mayor posibilidad de acuerdos entre formaciones políticas de distinta ideología. Como se explicaba más arriba, en el contexto actual la evolución de la polarización hace que el espacio para el acuerdo sea más favorable dentro de cada bloque ideológico, pero más pequeño entre bloques.[389] Ensanchar el espacio político requiere, por un lado, un debilitamiento de la po-

387. León, S., *et al.*, «Radiografía de las divisiones y consensos de la sociedad española en torno al cambio climático», EsadeEcPol, *Insight* n.º 39, 2022.

388. Datos de la Encuesta Social Europea (European Social Survey, ESS), 2022.

389. Orriols, L., «La polarización afectiva en España: bloques ideológicos enfrentados», EsadeEcPol, *Insight* n.º 28, 2021.

lítica de bloques. Por otro lado, la transversalidad debe protegerse evitando que los procesos de cambio asociados a los retos económicos y climáticos desemboquen en una sociedad más segregada y desigual y, por lo tanto, con menos capacidad de establecer puentes entre los diferentes intereses.

En primer lugar, el debilitamiento de bloques ideológicos puede conseguirse incorporando a la agenda política asuntos que suscitan una menor división entre partidos, es decir, donde sus posiciones son más próximas. Esto no ocurre en demasiados asuntos, pues, como cabe esperar, la polarización ideológica se sostiene precisamente sobre el distanciamiento en las líneas programáticas de los partidos. Sin embargo, hay áreas en las que la división partidista es algo menor. Uno de ellos, capital para los próximos años y al que le dedicamos un capítulo en el presente libro, es el cambio climático, un tema en el que los ciudadanos perciben una mayor cercanía en la posición de los partidos. Además, esta cuestión también suscita unos mayores niveles de consenso en la opinión pública,[390] al menos en el diagnóstico del problema. Otro de los temas que generan un amplio consenso en la sociedad española es el apoyo a políticas para reducir la brecha de género en el trabajo, incluso en intervenciones concretas como sancionar a empresas que paguen menos a mujeres por el mismo trabajo.[391]

Existen otros procesos a largo plazo que también pueden debilitar la trinchera izquierda-derecha que tan fuertemente domina la competición política en España. Es el caso de la llegada de nuevas fuentes de división política que escapan de los ejes tradicionales de competición y que, por lo tanto, son transversales a la ideología. La emergencia gradual de un nuevo eje de competición rural-urbano, que en el caso de España ya cuenta con representación política tanto nacional como autonómica (con formaciones vinculadas a la «España vaciada»), puede contribuir a ensanchar el espacio político de las alianzas. La condición para

390. León, S. *et al.*, *op. cit.*

391. León, S.; y Garmendia, A., «Polarización y convivencia en España 2021. El papel de lo territorial», ICIP-EsadeEcPol, 2022.

que eso ocurra es que la representación de la división rural-urbano no acabe solapándose con los ejes tradicionales. Si, como ocurre en gran medida con el eje territorial, las nuevas divisiones se sobreponen sobre la división izquierda-derecha, entonces el espacio político no se hará más amplio, más transversal. Esto podría ocurrir con las actitudes acerca de la entrada de inmigrantes, una de las cuestiones donde se detecta un mayor sesgo partidista,[392] pero que no ha ocupado un lugar central en la confrontación política en la actual legislatura.

Tanto la entrada de nuevos asuntos menos divisivos en la agenda política como la organización política de conflictos transversales al eje ideológico no suceden de manera espontánea, sino que dependen de que sean activados por parte de los representantes de la ciudadanía. Así pues, la principal responsabilidad en la ampliación del espacio de negociación que permita el acuerdo político proviene de las élites políticas. Sin entrar en la cuestión sobre si la polarización de la opinión pública precede o es consecuencia de la polarización de sus representantes, sabemos que los políticos tienen un margen de maniobra amplio para condicionar la percepción de los ciudadanos sobre la distancia ideológica que separa a las distintas formaciones y, por lo tanto, para moldear la polarización entre votantes. Como muestra Torcal,[393] las percepciones de los ciudadanos sobre el alejamiento ideológico de los partidos influyen en los sentimientos que tengan hacia ellos, pues cuanta más polarización perciben entre las distintas formaciones (mayor distancia ideológica), mayor es también la polarización afectiva entre los individuos.

Sin embargo, que los políticos *puedan* manejar la agenda política para atender nuevos temas que son menos divisivos o que cruzan la tradicional división izquierda-derecha no significa que *quieran* llevar a cabo esos cambios. En parte porque la polarización que existe en estos momentos impone costes sobre la moderación. Si la representación del adversario político es consistentemente negativa y extrema, el acercamiento se vuelve imposible, a menos que los partidos estén dispuestos a erosio-

392. León, S. *et al.*, *op. cit.*

393. Torcal, M., *op. cit.*

nar su credibilidad. El aumento de la volatilidad electoral[394] tampoco ayuda a estos propósitos, pues cuanto menos seguras sean las bases de apoyo de las formaciones, más conservadoras se volverán en sus estrategias. Además, una mayor apertura del espacio político es menos probable en época de elecciones, pues sabemos que en ese contexto la polarización aumenta,[395] en gran medida porque los partidos, en un espacio político más poblado debido a la fragmentación del sistema de partidos, están obligados a diferenciarse de sus competidores más próximos.

¿Podría interesarles a los políticos ampliar el espacio en el que deben negociar reformas? El coste de mantener un sistema con altos niveles de polarización es la erosión del espacio institucional sobre el que operan los partidos. La sociedad española no ha recuperado los niveles de confianza política existentes antes de la crisis financiera del 2008.[396] Y la polarización de los últimos años debilita la confianza institucional y social sobre las que se sostienen el sistema político y la convivencia social, respectivamente, pues está asociada a una mayor desconfianza hacia las instituciones y hacia el prójimo[397]. Sin embargo, la polarización ha aumentado sin que haya suscitado grandes movilizaciones, ni tampoco cambios significativos en la participación política,[398] por lo que es poco probable que el deterioro institucional por sí mismo altere las motivaciones de las élites para ensanchar el espacio político actual.

La segunda gran cuestión sobre las condiciones que permiten ampliar el espacio político para los acuerdos tiene que ver con los procesos de segregación política y socioeconómica de la

394. Simón, P., «The multiple Spanish elections of April and May 2019: The impact of territorial and left-right polarisation», *South European Society and Politics*, 25, 3-4, (2020), pp. 441-474.

395. Hernández, E.; Anduiza, E.; y Rico, G., «Affective polarization and the salience of elections», *Electoral Studies*, 69 (2021).

396. Torcal, M.; y Christmann, P., «Political culture in Spain in the twenty-first century: Symptoms of a crisis of representation», en Muro, D.; e Lago, I., eds., *The Oxford Handbook of Spanish Politics, Oxford University Pres*s, Reino Unido, 2020.

397. Torcal, M., *De votantes a hooligans*, Catarata, Madrid, 2023.

398. Miller, L., Polarizados, *op. cit.*

población que dificultan el entendimiento y la convivencia entre la ciudadanía. Como se ha comentado anteriormente, la divergencia ideológica de la opinión pública española, aunque está creciendo, aún no es alarmante. De hecho, en temas como la igualdad de género o el matrimonio homosexual existe un amplio consenso favorable a estas políticas.[399] La divergencia ideológica existente es el reflejo de una sociedad plural con intereses en conflicto.

El problema no es sólo que los ciudadanos tengan visiones distintas del mundo, sino que la divergencia de opiniones en distintos ámbitos (sobre el modelo territorial, el aborto o los impuestos) sea cada vez más predecible a partir de la ideología y el partido al que vota un ciudadano. Cuando eso ocurre, los electorados se vuelven más homogéneos, menos transversales, pues se encuentran poblados por individuos que piensan de manera muy parecida en muchas de las dimensiones del conflicto político. De esta manera, los partidos pierden «temas» con los que construir alianzas que corten la división ideológica. En algunos casos, como el estadounidense, la segregación política viene acompañada de una segregación espacial, geográfica y socioeconómica, lo que profundiza el encapsulamiento de esos grupos de población.[400] No es sólo que los ciudadanos con distinta ideología no encuentren temas en los que sus posiciones pueden ser más parecidas, sino que viven en distintos lugares, consumen diferentes medios y, en general, viven en comunidades totalmente separadas.

En España también ha aumentado la segregación ideológica. La combinación de un sistema de partidos más fragmentado y el solapamiento de los ejes de competición (que hace que los principales partidos se ordenen de la misma manera en el eje izquierda-derecha y en el territorial) ha dado lugar a un proceso de reagrupamiento de los electorados que los convierte en grupos más homogéneos. Al haber más opciones donde elegir, existe un mejor ajuste entre las actitudes de los ciudadanos sobre los distintos temas y el partido al que votan. Este factor, que en principio

399. León, S. y Garmendia A., *op. cit.*

400. Mason, L., *Uncivil agreement: How politics became our identity*, Chicago University Press, Estados Unidos, 2016.

reduce el espacio para los acuerdos, está en parte compensado por el hecho de que la fragmentación obliga a un mayor entendimiento entre los partidos para formar gobierno o legislar, aunque aquél se limite a los bloques ideológicos.

Respecto a la segregación socioeconómica y geográfica de los electorados, no existe suficiente evidencia académica en España sobre dichos procesos. Sin embargo, los patrones de segregación de la población española en el futuro dependerán en gran medida de cómo se resuelva el conflicto distributivo asociado a los principales desafíos económicos y globales del país. La lección política aprendida del proceso de globalización y de reestructuración del mercado laboral que comenzó a finales de la década de 1970 es que los cambios pueden dejar atrás a amplios sectores de la población, incapaces de beneficiarse del desarrollo y castigados por una caída en su estatus social.[401] Estos grupos han sido fundamentales para explicar el surgimiento y auge electoral de los partidos populistas. Los próximos retos económicos y climáticos que España y el resto de las democracias avanzadas deben abordar presentan un conflicto distributivo entre los beneficiarios y perjudicados de las medidas que se impulsan para abordarlos. Las políticas destinadas a compensar a los perdedores de estos procesos serán fundamentales para prevenir que la desigualdad y la segregación vuelvan a ser el principal alimento del populismo y el extremismo ideológico.

En definitiva, ampliar el espacio político en el que operan las formaciones políticas de hoy conlleva una considerable responsabilidad por parte de las élites que pueblan dicho espacio, aunque éstas no tengan grandes incentivos para ejercerla. Las condiciones en las que operen las formaciones políticas en el futuro se irán definiendo durante las décadas que las preceden, determinadas por cómo se resuelvan los dilemas distributivos que imponen los retos económicos y climáticos a los que la sociedad se enfrenta en la actualidad.

401. Iversen, T.; y Soskice, D., *Democracy and prosperity: Reinventing capitalism through a turbulent century*, Princeton University Press, Estados Unidos, 2019.

Bibliografía

Introducción. Un país posible: razones y políticas

Acemoglu, D., *et al.*, «Import competition and the great US employment sag of the 2000s», *Journal of Labor Economics*, 34, S1 (2016), pp. S141-S198.

Afcha, S., «Incentivos fiscales a la I+D+i que sólo benefician a unos pocos», *El Confidencial*, 8 de diciembre de 2022.

AIReF, «Evaluación del gasto público 2018. Proyecto 3 (PAE): Estudio programa políticas activas de empleo», AIReF, 2019.

—, «Opinión sobre la sostenibilidad de las administraciones públicas a largo plazo: la incidencia de la demografía», Opinión 1/23, AIReF, 24 de marzo de 2023.

Alichi, A.; Mariscal, R.; y Muhaj, D., «Hollowing out: The channels of income polarization in the United States», Working Paper del FMI, Western Hemisphere Department, 2017.

Arenas, A., *et al.*, «Pérdida de aprendizaje tras la pandemia», EsadeEcPol y Fundación COTEC, 16 de marzo de 2022.

Autor, D. H., «Why are there still so many jobs? The history and future of workplace automation», *Journal of Economic Perspectives*, 29, 3 (2015), pp. 3-30.

Baldwin, R., *The Great Convergence: Information technology and the new globalization*, Harvard University Press, Estados Unidos, 2016.

Banco de España, *Informe anual 2022*, Banco de España, Eurosistema, 2023.

Bernanke, B., «The Great Moderation», Eastern Economic Association, Washington D. C.

Cabrales, A.; Dolado, J. J.; y Mora, R., *Dualidad laboral y déficit de formación ocupacional: evidencia sobre España con datos del PIAAC*, vol. II: Análisis secundario, PIAAC, Ministerio de Educación y Formación Profesional, 2013.

Candela, M.; y Mas-Colell, A., «1.000 millones para retener, atraer y recuperar talento investigador con fondos europeos: una propuesta concreta», EsadeEcPol, Policy Brief n.º 4, 26 de noviembre de 2020.

Case, A.; y Deaton, A., *Muertes por desesperación y el futuro del capitalismo*, Deusto, Barcelona, 2020.

Chang, A.; y Bradsher, K., «Can the world make an electric car battery without China?», *The New York Times*, 16 de mayo de 2023.

De la Torre, F., *¿Y esto quién lo paga?*, Editorial Debate, Barcelona, 2023.

Duflo, E., «The economist as plumber», *American Economic Review*, 107, 5 (2017), pp. 1-26.

Esade, «Crisis energética y transición climática», EsadeEcPol, Informe Económico y Financiero n.º 31, 13 de julio de 2022.

—, «El momento de la inteligencia artificial», EsadeEcPol, Informe Económico y Financiero n.º 33, 6 de julio de 2023.

Federal Reserve Board, 20 de febrero de 2004, <https://www.federalreserve.gov/boarddocs/speeches/2004/20040220/>.

Fernández-Villaverde, J., «Liderazgo, eficiencia económica y calidad democrática en España. ¿Qué queremos ser en el escenario global que se está conformando?», conferencia magistral, Fundación Rafael del Pino, 31 de marzo de 2022, <https://frdelpino.es/conferencia/conferencia-magistral-presencial-de-jesus-fernandez-villaverde/>.

Fernández-Villaverde, J.; Garicano, L.; y Santos, T., «Political credit cycles: The case of the Eurozone», *Journal of Economic Perspectives*, 27, 3 (2013), pp. 145-166.

Fondo Monetario Internacional, «Reforming the EU fiscal framework: Strengthening the fiscal rules and institutions», Departmental Paper DP/2022/014, 2022.

Fukuyama, F., *El fin de la historia y el último hombre*, Planeta, Barcelona, 1992.

—, *Identidad: la demanda de dignidad y las políticas de resentimiento*, Deusto, Barcelona, 2019.

García-Santana, M., *et al.*, «Growing like Spain: 1995-2007», Documentos de Trabajo, n.º 1609, Banco de España, Eurosistema, 2016.

Garicano, L.; y Roldán, A., *Recuperar el futuro: doce propuestas que cambiarán España*, Península, Barcelona, 2015.

Gobierno de España, «Plan Nacional de Competencias Digitales», España Puede, España Digital 2025 y Gobierno de España, 2021.

González, S.; y Bonal, X., «COVID-19 school closures and cumulative disadvantage: Assessing the learning gap in formal, informal and non-formal education», *European Journal of Education*, 56, 4 (2021).

Gortazar, L.; Hupkau, C.; y Roldán, A., «Online tutoring works: Experimental evidence from a program with vulnerable children», Discussion Paper n.º 1908, Centre for Economic Performance. London School of Economics & Political Science, marzo de 2023.

Hanushek, E. A.; y Woessmann, L., «Do better schools lead to more growth? Cognitive skills, economic outcomes, and causation», *Journal of Economic Growth*, 17 (2012), pp. 267-321.

Hernández de Cos, P., «45 años de la economía española 1978-2023», presentación de la conferencia en honor del 45 aniversario del diario *Cinco Días*, Madrid, 13 de junio de 2023.

Hidalgo, M., «Los Fondos NextGenEU en España: análisis de la ejecución de licitaciones. Un análisis integral de los microdatos de ejecución», Observatorio Fondos Next Generation EU EsadeEcpol-EY Insights, 3 de mayo de 2022.

Hupkau, C.; Roldán, T.; y Victoria, C., «Una propuesta de "renta Mankiw" para la pandemia», EsadeEcPol, Policy Insight n.º 12, 18 de mayo de 2020.

IEA, «The world needs more diverse solar panel supply chains to ensure a secure transition to net zero emissions», nota de prensa, 7 de julio de 2021.

Lahera, J.; y Conde-Ruiz, J. I., «Mejorar la reforma laboral: una propuesta viable», EsadeEcPol, Policy Brief n.º 7, 12 de marzo de 2021.

Lapuente, V., *El retorno de los chamanes*, Ediciones Península, Barcelona, 2015.

Linares, P.; y Collado, N., «El impacto del ajuste en frontera al carbono sobre la competitividad industrial», EsadeEcPol, Policy Insight n.º 38, 9 de junio de 2022.

Llaneras, K., «La temporalidad laboral y sus perjuicios económicos y sociales», *Politikon*, 2013, <https://politikon.es/wp-content/uploads/2013/06/Kiko-Llaneras-—-La-temporalidad-laboral-y-sus-perjuicios-económicos-y-sociales.pdf>.

Lucas, R. E., «On the mechanics of economic development», *Journal of Monetary Economics*, 22, 1 (1988), pp. 3-42.

Martín, M. A.; y Ramos, R., «El gasto en pensiones en España en comparativa europea», *Boletín Económico*, art. 9, 2023/T1, Banco de España, Eurosistema, 18 de enero de 2023.

Martínez, A.; Galindo, J.; y Roldán, A., «Una propuesta más justa de

revalorización de las pensiones, EsadeEcPol, Policy Insight n.º 31, 10 de octubre de 2022.
Milanovic, B., *Desigualdad mundial. Un nuevo enfoque para la era de la globalización*, Fondo de Cultura Económica, México, 2017.
Miller, L., «Polarización en España: más divididos por ideología e identidad que por políticas públicas», EsadeEcPol, Policy Insight n.º 18, 15 de octubre de 2020.
Ministerio de Educación y Formación Profesional, *Informe español PIRLS 2021*, Madrid, 2023.
Mora-Sanguinetti, J. S.; y Pérez-Valls, R., «¿Cómo afecta la complejidad de la regulación a la demografía empresarial? Evidencia para España», Documentos de Trabajo n.º 2002, Banco de España, Eurosistema, 2020.
Pisani-Ferry, J.; y Mahfouz, S., *The economic implications of climate action*, Rapport à la Première ministre, France stratégie, République Française, 2023.
Rachedi, O., «Structural transformation in the Spanish economy», Banco de España, Documentos ocasionales n.º 2003, Banco de España, 2020.
Rodríguez-Pose, A., «The rise of populism and the revenge of the places that don't matter», *LSE Public Policy Review*, 1, 1 (2020), pp. 1-9.
Roldán, A., «11 razones que explican la peligrosa parálisis reformista en pensiones», *El Confidencial*, 20 de octubre de 2022.
—, *Financial windfalls and institutional deterioration: Evidence from the EMU*, European Institute of the London School of Economics and Political Science, 2013.
—, *The political economy of reform and corruption in Europe*, European Institute of the London School of Economics and Political Science, Reino Unido, 2019.
—, «Why Next Generation EU might be a poisoned gift (and how to avoid it)», en Fernández Méndez de Andés, F. (ed.), *Moving forward: Monetary Union after Covid-19*, pp. 197-217, IEAF/FEF y Fundación ICO, 2021.
Roldán, A.; Collado, N.; y Martínez, A., «Ganadores y perdedores de la crisis: las seis brechas que abrió la pandemia, EsadeEcPol, Policy Insight n.º 33, 10 de noviembre de 2021.
Roldán, A., *et al.*, «Reformas, gobernanza y capital humano: las grandes debilidades del plan de recuperación», EsadeEcPol, Policy Brief n.º 9, 27 de abril de 2021.
Roldán, A.; Jimeno, J. F.; y de la Fuente, A., *La economía española en tiempos de pandemia: una primera aproximación*, Editorial Debate, Barcelona, 2020.

Rolle, C., «China tops IPO exits in 2022», Preqin, 2022.

Rothstein, B., «Anti-Corruption: A Big-Bang Theory», QoG, Working Paper n.º 2007/3, 2009.

Saez, E.; y Zucman, G., *Keeping business alive: The Government will pay*, UC Berkeley, Estados Unidos, 2020.

Save the Children, *Todo lo que debes saber de PISA 2018 sobre equidad*, Save the Children España, 2019.

Schularick, M.; Trebesch, C., y Funke, M., «The cost of populism: Evidence from history», CEPR, 16 de febrero de 2021, <https://cepr.org/voxeu/columns/cost-populism-evidence-history>.

Stock, J.; y Watson, M., «Has the business cycle changed and why?», *NBER Macroeconomics Annual*, 17 (2002).

What Works Network, «The What Works Network: Five years on», enero de 2018.

1. Avanzar hacia el diseño de políticas públicas a partir de la evidencia

Center for Global Development, *When will we ever learn? Improving lives through impact evaluation*, CGD, Estados Unidos, 2006, <https://www.cgdev.org/publication/when-will-we-ever-learn-improving-lives-through-impact-evaluation>.

COTEC, *La experimentación en las políticas públicas: estado del arte y elementos para su impulso en España*, COTEC/Red2Red, Madrid, 2022, <https://cotec.es/proyecto/experimentacion-en-las-politicas-publicas/5185b23c-6913-f3cd-29f9-e8c5b278a4db>.

European Commission, *Better regulation toolbox*, 2021, <https://commission.europa.eu/law/law-making-process/planning-and-proposing-law/better-regulation/better-regulation-guidelines-and-toolbox/better-regulation-toolbox_en>.

European Commission, «Staff Working Document — Supporting and connecting policymaking in the Member States with scientific research», Bélgica, 25 de octubre de 2022, <https://knowledge4policy.ec.europa.eu/file/staff-working-document-supporting-connecting-policymaking-member-states-scientific-research_en>.

Funke, M.; Schularick, M.; y Trebesch, C., «Populist leaders and the economy», CEPR, Discussion Paper n.º 15405, Centre for Economic Policy Research, 2020.

Hjort, J., *et al.*, «How research affects policy: Experimental evidence from 2,150 Brazilian municipalities», *American Economic Review*, 111, 5 (2021), pp. 1442-1480, <https://doi.org/10.1257/aer.20190830>.

J-PAL, «Federal office to bolster evidence-based policymaking», 2021,

<https://www.povertyactionlab.org/case-study/federal-office-bolster-evidence-based-policymaking>.

J-PAL, «Institutionalizing a culture of evidence-informed policymaking in Tamil Nadu», 2022, <https://www.povertyactionlab.org/case-study/institutionalizing-culture-evidence-informed-policymaking-tamil-nadu>.

J-PAL, «Un laboratorio de innovación gubernamental para mejorar la educación», 2020, <https://www.povertyactionlab.org/es/expansiones/un-laboratorio-de-innovacion-gubernamental-para-mejorar-la-educacion?lang=es>.

OCDE, «Improving governance with policy evaluation: Lessons from country experiences», *OECD Public Governance Reviews*, OECD Publishing, 2020, <https://doi.org/10.1787/89b1577d-en>.

Viñas Coll, Jaume, «La Autoridad Fiscal denuncia a Montoro ante la Audiencia Nacional», *El País*, *CincoDías*, 12 de noviembre de 2015, <https://cincodias.elpais.com/cincodias/2015/11/12/economia/1447320671_880096.html>.

2. Una administración moderna basada en los datos

Almunia, M.; y Rey, P., «Por un cambio de cultura en la gestión de los datos en España: Una propuesta de reforma», EsadeEcPol, Policy Insight n.º 17, 9 de octubre de 2020, <https://www.esade.edu/ecpol/es/publicaciones/esadeecpol-insight-datos/>.

Arellano, M., *El acceso a los microdatos administrativos públicos: la nueva frontera de la investigación económica y social* [diapositivas de PowerPoint], XVIII Aula de Verano Ortega y Gasset, Universidad Internacional Menéndez Pelayo (UIMP), 20 de agosto de 2018, <https://www.cemfi.es/~arellano/arellano-presentacion-uimp-2018.pdf>.

Autoridad Independiente de Responsabilidad Fiscal, «Primera opinión sobre el Ingreso Mínimo Vital», Opinión 1/22, 2022, <https://www.airef.es/wp-content/uploads/2022/08/IMV/OPINION-AIREF-IMV.pdf>.

Bloom, N.; y Van Reenen, J., «Why do management practices differ across firms and countries?», *Journal of Economic Perspectives*, 24, 1 (2010), pp. 203-224, <https://doi.org/10.1257/jep.24.1.203>.

Chetty, R., *et al.*, «Where is the land of opportunity? The geography of intergenerational mobility in the United States», *The Quarterly Journal of Economics*, 129, 4 (2014), pp. 1553-1623, <https://doi.org/10.1093/qje/qju022>.

Escrivá, J. L., «La cultura del análisis de datos», *El País*, 12 de julio de

2018, <https://elpais.com/elpais/2018/07/12/opinion/15313870 51_341065.html>.

Gobierno de España, «Plan España Digital 2025», Agenda 2030, 2020, <https://www.lamoncloa.gob.es/presidente/actividades/Documents/2020/230720-Espa%C3%B1aDigital_2025.pdf>.

Gonzalo, M., «Sin presupuesto propio, pero con un proyecto "estratégico": Alberto Palomo, tras un año al frente de la Oficina del Dato», *Newtral*, 27 de enero de 2023, <https://www.newtral.es/alberto-palomo-oficina-dato-entrevista/20230127/>.

Llaneras, K., «Los problemas de usar datos del siglo pasado para una pandemia del siglo XXI», *El País*, 20 de junio de 2020, <https://elpais.com/especiales/coronavirus-covid-19/los-problemas-de-usar-datos-del-siglo-pasado-para-una-pandemia-del-siglo-xxi/>.

Llaneras, K.; Medina, O.; y Costas, E., *Atlas de oportunidades*, Fundación Felipe González-Fundación COTEC, 2020, <https://atlasoportunidades.fundacionfelipegonzalez.cotec.es/>.

Polavieja, J. G., «Grandes datos, grandes sesgos, grandes errores: sobre el Atlas de Oportunidades», *Revista Internacional de Sociología*, 78, 3 (2020), e166, <https://doi.org/10.3989/ris.2020.78.3.20.003>.

Rivera, R.; y Garrido, P., «Lecciones del covid-19: España necesita una ley de datos», *Hay Derecho* [blog], 25 septiembre de 2020, <https://www.hayderecho.com/2020/09/25/lecciones-del-covid-19-espana-necesita-una-ley-de-datos/>.

Secretaría de Estado de la Seguridad Social y Pensiones, «¿Conoces las salas de investigación de la Seguridad Social?», 14 de abril de 2022, <https://revista.seg-social.es/-/%C2%BFconoces-las-salas-de-investigaci%C3%B3n-de-la-seguridad-social->.

—, «La GISS entrega su primer equipo bastionado para el acceso a datos de la Seguridad Social en remoto», 9 de diciembre de 2022, <https://revista.seg-social.es/-/20221209-entrega-equipo-bastionado>.

3. Mejorar la educación evitando la confrontación

Aperribai, L., *et al.*, «Teacher's physical activity and mental health during lockdown due to the COVID-2019 pandemic», *Frontiers in Psychology*, 11 (2020), 577886.

Arenas, A.; y Gortazar, L., «Learning loss One Year After School Closures: evidence from the Basque Country», Esade Center for Economic Policy, 2022.

Betthäuser, B. A.; Bach-Mortensen, A. M.; y Engzell, P., «A systematic review and meta-analysis of the evidence on learning during the COVID-19 pandemic», *Nature Human Behaviour*, 7, 3 (2023), pp. 375-385.

Cabrales, A.; y Roldan, A., «Dos acuerdos educativos para la legislatura: una propuesta transversal», Esade Center for Economic Policy, 2020.

Fernández Enguita, M., «Del pacto quimérico a compromisos razonables», *Información Comercial Española, ICE: Revista de Economía*, 910 (2019), pp. 31-47.

Ferrero, M.; Gortazar, L.; y Martínez, Á., «Jornada escolar continua: Cómo la pandemia está acelerando un modelo social y educativo regresivo», Esade Center for Economic Policy, 2022.

Gortazar, L., «¿Favorece el sistema educativo español la igualdad de oportunidades?», *Información Comercial Española, ICE: Revista de Economía*, 910 (2019), pp. 15-29.

Hanushek, E. A., «The economic value of higher teacher quality», *Economics of Education Review*, 30, 3 (2011), pp. 466-479.

Manso, J.; y Moya, J. (coords.), *Profesión y profesionalidad docente: una acción educativa comprometida con el desarrollo humano*, Asociación Nacional de Editores de Libros y material de Enseñanza, Madrid, 2019.

Marina, J. A.; Pellicer, Q, C.; y Manso, J., *Libro blanco de la profesión docente y su entorno escolar*, Ministerio de Educación, Cultura y Deporte, Madrid, 2015.

Ministerio de Educación y Formación Profesional (MEFP), *Sistema estatal de indicadores de la educación*, Ministerio de Educación y Formación Profesional, Madrid, 2022, <https://www.educacionyfp.gob.es/dam/jcr:afaf513f-0cec-4e99-a05a-e2b222d0493f/seie-2022.pdf>.

Oficina Nacional de Prospectiva y Estrategia del Gobierno de España, *España 2050: Fundamentos y propuestas para una Estrategia Nacional de Largo Plazo*, Ministerio de la Presidencia, Madrid, 2021.

4. Cómo incrementar la movilidad social fomentando el acceso a la educación superior: FP, becas y financiación universitaria

AIReF, *Evaluación del gasto público 2018. Proyecto 4 (becas)*, Estudio: becas de educación universitaria, Madrid, 2019, <https://www.airef.es/wp-content/uploads/2019/06/Estudio4-5SR/P4-PROTEGIDO.pdf>.

Ávila, J. J., «Nueva convocatoria, pocas novedades y el mismo problema», *elbecador* [blog], 21 de febrero de 2023, <https://elbecador.wordpress.com/2023/02/21/nueva-convocatoria-pocas-novedades-y-el-mismo-problema/>.

Azmat, G.; y Simion, S., «Charging for higher education: Estimating the impact on inequality and student outcomes», *The BE Journal of Economic Analysis & Policy*, 21, 1 (2020), pp. 175-239.

Bentolila, S.; Cabrales, A.; y Jansen, M., «El impacto de la FP Dual sobre la inserción laboral de los jóvenes: evidencia para la Comunidad de Madrid», Studies on the Spanish Economy, n.º eee2018-20, Fedea, 2018.

Baum, S.; Ma, J.; y Payea, K., «Education pays, 2013: The benefits of higher education for individuals and society», Trends in Higher Education Series, College Board, Estados Unidos, 2013.

Bowen, W. G., *et al.*, *Equity and excellence in American higher education*, University of Virginia Press, Estados Unidos, 2006.

Cabrales, A., *et al.*, «Income contingent university loans: Policy design and an application to Spain», *Economic Policy*, 34, 99 (2019), pp. 479-521.

CBD, «Informe 2021: La FP como clave de desarrollo y sostenibilidad», Observatorio CBD, «Conoce la FP Dual: una mirada desde la orientación», Observatorio de la Formación Profesional en España, CaixaBank-Dualiza, 2021b.

—, «Informe 2022: Una nueva Ley de FP para unos nuevos tiempos», Observatorio de la Formación Profesional en España, CaixaBank-Dualiza, 2022.

Cerdà-Navarro, A.; Quintana-Murci, E.; y Salvà-Mut, F., «Reasons for dropping out of intermediate vocational education and training in Spain: the influence of sociodemographic characteristics and academic background», *Journal of Vocational Education & Training*, 1, 24 (2022).

CES, «La Formación Dual en España: Situación y perspectivas», informe 01/2023, Consejo Económico y Social de España, 2023.

Chisvert-Tarazona, M. J.; Moso-Diez, M.; y Marhuenda-Fluixá, F., *Apprenticeship in dual and non-dual systems: Between tradition and innovation*, Peter Lang Verlag, Suiza, 2021.

Diris, R.; y Ooghe, E., «The economics of financing higher education», *Economic Policy*, 33, 94 (2018), pp. 265-314.

Eurostat, «Database. Education and training statistics at a regional level», 2019, <http://ec.europa.eu/eurostat/data/database>.

Fernández-Albertos, J.; y Manzano, D., «The lack of partisan conflict over the welfare state in Spain», *South European Society and Politics*, 17, 3 (2012), pp. 427-447.

Gobierno de España, «Componente 20: Plan estratégico de impulso de la Formación Profesional», Plan de Recuperación, Transformación y Resiliencia, 2021, <https://www.lamoncloa.gob.es/temas/fondos-recuperacion/Documents/16062021-Componente20.pdf>.

—, «Componente 21: Modernización y digitalización del sistema educativo, incluida la educación temprana de 0-3 años», Plan de Recuperación, Transformación y Resiliencia, 16 de junio de 2021.

Goux, D.; Gurgand, M.; y Maurin, E., «Adjusting your dreams? High school plans and dropout behaviour», *The Economic Journal*, 127, 602 (2017), pp. 1025-1046.

Lassibille, G.; y Gómez, M. L. N., «How long does it take to earn a higher education degree in Spain?», *Research in Higher Education*, 52, 1 (2011), pp. 63-80.

Ministerio de Educación, «La inversión por alumno del Ministerio de Educación en 2023 duplicará la de 2018», 23 de noviembre de 2022, <https://www.educacionyfp.gob.es/prensa/actualidad/2022/11/20221123-pgecongreso.html>.

—, «Series de gasto público en Educación», 2023, <https://www.educacionyfp.gob.es/servicios-al-ciudadano/estadisticas/economicas/gasto/series.html>.

Ministerio de Universidades, *Datos y cifras del sistema universitario español 2021/22*, Ministerio de Universidades, Madrid, 2022, <https://www.universidades.gob.es/wp-content/uploads/2022/11/Datos_y_Cifras_2021_22.pdf>.

Montalbán, J., «Becas universitarias, una propuesta de mejora», *El País*, 18 de septiembre de 2017, <https://elpais.com/elpais/2017/09/14/opinion/1505414824_054230.html>.

—, «Financiación universitaria: desafíos y soluciones potenciales», *Información Comercial Española, ICE: Revista de Economía*, 910 (2019), pp. 49-64.

—, «¿Por qué las becas universitarias llegan tarde? Soluciones para España», *Indicadores comentados sobre el estado del sistema educativo español*, Fundación Ramón Areces, 2020.

Murphy, R.; Scott-Clayton, J.; y Wyness, G., «The end of free college in England: Implications for enrolments, equity, and quality», *Economics of Education Review*, 71 (2019), pp. 7-22.

OCDE, *Education at a Glance 2019. OECD Indicators*, OECD Publishing, Francia, 2019.

—, *Education at a Glance 2022. OECD Indicators*, OECD Publishing, Francia, 2022.

Sanmartín, O., «España es el país que más tarda en pagar las becas universitarias», *El Mundo*, 28 de septiembre de 2020, <https://

www.elmundo.es/espana/2020/09/28/5f72346521efa095468b45bf.html>.
Save the Children, «Becas para que nadie se quede atrás>, 2018, <https://www.savethechildren.es/sites/default/files/imce/docs/becas_para_que_nadie_se_quede_atras.pdf>.

5. Retener, recuperar y atraer talento investigador a las universidades españolas

Azcárraga, J. A. de, «La universidad que viene: profesores por puntos», *El País*, 3 de marzo de 2011, <https://elpais.com/diario/2011/03/03/opinion/1299106811_850215.html>.
Candela, M.; y Mas-Colell, A., «1.000 millones para retener, atraer y recuperar talento investigador con fondos europeos: una propuesta concreta», EsadeEcPol, Policy Brief n.º 4, 26 de noviembre de 2020, <https://www.esade.edu/ecpol/es/publicaciones/talento-investigador-fondos-europeos/>.
European Tertiary Education Register (ETER), «Internationalisation of academic staff in European Higher Education», The ETER Project Analytical Report, 1, 2019.
Instituto Nacional de Estadística, «Estadística sobre actividades de I+D, año 2021. Datos definitivos», 24 de noviembre de 2022, <https://www.ine.es/prensa/imasd_2021.pdf>.
Ministerio de Universidades, «Estadística de personal de las universidades (EPU), curso 2021-2022», 15 de febrero de 2023, <https://www.universidades.gob.es/estadisticas-de-personal-de-las-universidades/>.
Ortega-Paino, E.; y Oliver, E., «RAICEX: A successful story of the Spanish scientific diaspora», *Frontiers in Research Metrics and Analytics*, 7 (2022), <https://doi.org/10.3389/frma.2022.905765>.

6. Formación y protección: medidas para aprovechar las transformaciones del futuro

Adecco, *Informe Infoempleo Adecco 2021: Oferta y demanda de empleo en España*, The Adecco Group, Madrid, 2021, <https://cdnazure.infoempleo.com/infoempleo/documentacion/Informe-infoempleo-adecco-2021.pdf>.
AIReF, *Evaluación del gasto público 2018. Proyecto 3 (PAE)*, Madrid, 2019, <https://www.airef.es/wp-content/uploads/2019/06/Estudio3-PAE/protegido_Proyecto_03.pdf>.

Card, D.; Kluve, J.; y Weber, A., «What works? A meta analysis of recent active labor market program evaluations», *Journal of the European Economic Association*, 16, 3 (2018), pp. 894-931, <https://doi.org/10.1093/jeea/jvx028>.

CEOE, *Libro blanco sobre el sistema de formación en el trabajo*, Confederación Española de Organizaciones Empresariales, Madrid, 2017, <https://www.ceoe.es/es/publicaciones/formacion/libro-blanco-sobre-el-sistema-de-formacion-en-el-trabajo>.

Foro Económico Mundial, *The future of jobs report 2023*, World Economic Forum, Suiza, 2023, <https://www3.weforum.org/docs/WEF_Future_of_Jobs_2023.pdf>.

García Díaz, M. A., «Algunos comentarios sobre el proyecto de ley de empleo», Fedea, Colección Apuntes n.º 2022-30, Madrid, 2022, <https://fedea.net/algunos-comentarios-sobre-el-proyecto-de-ley-de-empleo/>.

Infojobs y Esade, *Estado del mercado laboral en España*, Infojobs, Madrid, 2022, <https://nosotros.infojobs.net/wp-content/uploads/2022/03/Informe-Anual-InfoJobs-Esade-2021.pdf>.

ManpowerGroup, «The talent shortage», 2022, <https://go.manpowergroup.com/talent-shortage>.

OCDE, *OECD, Education at a glance 2022, OECD indicators*, OECD Publishing, Francia, 2022, <https://doi.org/10.1787/3197152b-en>.

—, *Getting skills right: Engaging low-skilled adults in learning*, OECD Publishing, Francia, 2019, <www.oecd.org/employment/emp/engaging-low-skilled-adults-2019.pdf>.

—, *OECD employment outlook 2021: Navigating the COVID-19 crisis and recovery*, OECD Publishing, Francia, 2021, <https://doi.org/10.1787/5a700c4b-en>.

Servicio Público de Empleo Estatal, «Informe del mercado de trabajo estatal. Datos de 2019», Ministerio de Trabajo y Economía Social, 2020, <https://www.sepe.es/SiteSepe/contenidos/que_es_el_sepe/publicaciones/pdf/pdf_mercado_trabajo/2020/imt2020_datos2019_estatal.pdf>.

7. Cómo descarbonizar de manera eficaz y justa

Banco de España, *Informe anual 2021. La economía española ante el reto climático*, BCE, Madrid, 2021.

Bernardo, V.; Fageda, X.; y Flores-Fillol, R., «Pollution and congestion in urban areas: The effects of low emission zones», *Economics of Transportation*, 26-27 (2021), 100221, <https://doi.org/10.1016/j.ecotra.2021.100221>.

Chaves, J. P., *et al.*, «An assessment of the European electricity market reform options and a pragmatic proposal», Instituto de Investigación Tecnológica, Madrid, 2023, <https://www.iit.comillas.edu/documentacion/workingpaper/IIT-23-035WP/An_assessment_of_the_European_electricity_market_reform_options_and_a_pragmatic_proposal.pdf>.

Comité de personas expertas, *Libro Blanco sobre la reforma tributaria*, Instituto de Estudios Fiscales, Ministerio de Hacienda y Función Pública, Madrid, 2022.

Declercq, D., *et al.*, *Estrategias para la descarbonización del transporte terrestre en España. Un análisis de escenarios*, Economics for Energy, Vigo, 2021.

Directorate-Genera for Internal Policies, «Boosting building renovation. What potential and value for Europe?», Parlamento Europeo, Bélgica, 2016.

Economics for Energy, *Pobreza energética en España. Análisis económico y propuestas de actuación*, Vigo, 2014.

Economidou, M.; Todeschi, V.; y Bertoldi, P., «Accelerating energy renovation investments in buildings», EUR 29890 EN, Publications Office of the European Union, Luxemburgo, 2019, <https://publications.jrc.ec.europa.eu/repository/handle/JRC117816>.

Fageda, X.; Flores-Fillol, R.; y Theilen, B., «Price versus quantity measures to deal with pollution and congestion in urban areas: A political economy approach», *Journal of Environmental Economics and Management*, 115 (2022), 102719, <https://doi.org/10.1016/j.jeem.2022.102719>.

Gago, A.; Labeaga, J. M.; y López-Otero, V., «Cómo utilizar la fiscalidad energético-ambiental para una transición ecológica justa en España: una propuesta enfocada a los carburantes», EsadeEcPol, Brief n.º 11, mayo de 2021.

Linares, P., «Una modesta propuesta para mejorar el mecanismo de ajuste de carbono en frontera», EsadeEcPol, Insight n.º 40, junio de 2022.

Martínez, A.; Collado, N.; y Galindo, J., «A quién llegan los bonos energéticos: un análisis por nivel de renta y tipos de familia», EsadeEcPol, Insight n.º 47, marzo de 2023.

Meckling, J., *et al.*, «Energy innovation funding and institutions in major economies», *Nature Energy*, 7, 9 (2022), pp. 876-885, <https://doi.org/10.1038/s41560-022-01117-3>.

Ministerio de Transportes, Movilidad y Agenda Urbana, «Estrategia de rehabilitación a largo plazo para la rehabilitación energética en el sector de la edificación en España», 2020.

Neuhoff, K., *et al.*, «Building blocks for a climate-neutral European industrial sector: Policies to create markets for climate-friendly materials to boost EU global competitiveness and jobs», *Climate Strategies*, octubre de 2019, <https://climatestrategies.org/publication/buildingblocks/>.

Peña, J. I.; Rodríguez, R.; y Mayoral, S., «Cannibalization, depredation, and market remuneration of power plants», *Energy Policy*, 167 (2022), 113086, <https://doi.org/10.1016/j.enpol.2022.113086>.

Roldán, A., *et al.*, «Reformas, gobernanza y capital humano. Las grandes debilidades del Plan de Recuperación», EsadeEcPol, Brief n.º 9 abril 2021.

Schittekatte, T.; y Batlle, C., «Calls of an electricity market reform in the EU: Don't shoot the messenger», MIT Center for Energy and Environmental Policy Research, 2023, <https://ceepr.mit.edu/wp-content/uploads/2023/02/MIT-CEEPR-RC-2023-02.pdf>.

Sweatman, P., «Cómo la rehabilitación de edificios puede ayudar a la independencia energética y a la descarbonización de España», EsadeEcPol, Insight n.º 35, mayo de 2022.

8. Reformas fiscales para reducir la desigualdad e impulsar un crecimiento inclusivo

Aghion, P.; Caroli, E.; y García-Peñalosa, C., «Inequality and economic growth: the perspective of the new growth theories», *Journal of Economic Literature*, 37, 4 (1999), pp. 1615-1660.

Agrawal, D. R.; Foremny, D.; y Martínez-Toledano, C., «Wealth tax mobility and tax coordination», *SSRN*, 2020, <http://dx.doi.org/10.2139/ssrn.3676031>.

Alesina, A.; y Rodrik, D., «Distributive politics and economic growth», *The Quarterly Journal of Economics*, 109, 2 (1994), pp. 465-490.

Artola, M.; Bauluz, L.; y Martínez-Toledano, C., «Wealth in Spain 1900-2017 A country of two lands», *The Economic Journal*, 131, 633 (2021), pp. 129-155.

Ayala, L.; y Cantó, O., «The driving forces of rising inequality in Spain: Is there more to it than a deep worsening of low-income households living standards?», en *Inequality and inclusive growth in rich countries: shared challenges and contrasting fortunes*, pp. 250-295, Oxford University Press, Reino Unido, 2018, <https://doi.org/10.1093/oso/9780198807032.003.0010>.

Blanchet, T.; y Martínez-Toledano, C., «Wealth inequality dynamics in Europe and the United States: Understanding the determinants», *Journal of Monetary Economics*, 133 (2023), pp. 25-43.

Comité de personas expertas, *Libro Blanco sobre la reforma tributaria*,

Instituto de Estudios Fiscales, Ministerio de Hacienda y Función Pública, Madrid, 2022.

Corak, M., «Income inequality, equality of opportunity, and intergenerational mobility», *Journal of Economic Perspectives*, 27, 3 (2013), pp. 79-102.

Haggard, S.; y Kaufman, R. R., «Inequality and regime change: Democratic transitions and the stability of democratic rule», *American Political Science Review*, 106, 3 (2012), pp. 495-516.

Houle, C., «Inequality and democracy: Why inequality harms consolidation but does not affect democratization», *World Politics*, 61, 4 (2009), pp. 589-622.

Jaravel, X., «Inflation inequality: Measurement, causes, and policy implications», *Annual Review of Economics*, 13 (2021), pp. 599-629.

Marqués, I., *La movilidad social en España*, Libros de la Catarata, Madrid, 2015.

Martínez-Toledano, C., «House price cycles, wealth inequality and portfolio reshuffling», 2023.

Milanovic, B.; y Van der Weide, R., «Inequality is bad for growth of the poor (but not for that of the rich)», *The World Bank Economic Review*, 32, 3 (2018), pp. 507-530.

Perotti, R., «Growth, income distribution, and democracy: What the data say», *Journal of Economic Growth*, 1, 2 (1996), pp. 149-187.

Persson, T.; y Tabellini, G., «ls inequality harmful for growth», *American Economic Review*, 84, 3 (1994), pp. 600-621.

Segú, M., «The impact of taxing vacancy on housing markets: Evidence from France», *Journal of Public Economics*, 185 (2020), 104079.

9. Retos futuros del mercado de trabajo en España

Conde-Ruiz, I.; Jansen, M.; y Lahera, J., «¿Cómo regular el teletrabajo?», Fedea, Colección Apuntes n.º 2022-16, Madrid, 2022a.

—, «El teletrabajo tras la pandemia», *El País*, 14 de julio de 2022b, <https://elpais.com/economia/2022-07-14/el-teletrabajo-tras-la-pandemia.html>.

Conde-Ruiz, I.; y Lahera, J., «Contra la dualidad laboral, Fedea, Policy Papers n.º 2021/07, 2021b.

—, «Mejorar la reforma laboral: una propuesta viable», EsadeEcPol, Policy Brief n.º 7, 2021a.

—, «Jubilación flexible y compatible», Fedea, Policy Papers n.º 2023-01, Madrid, 2023a.

—, «Por una jubilación flexible y compatible con el salario», *El País*, 1 de febrero de 2023b, <https://elpais.com/economia/2023-02-01/por-una-jubilacion-flexible-y-compatible-con-el-salario.html>.

Lahera, J., «¿Hacia la semana laboral de cuatro días?», *Cinco Días,* 27 de diciembre de 2022, <https://cincodias.elpais.com/cincodias/2022/12/23/opinion/1671809308_739372.html>.

Sala Franco, T.; y Lahera, J., *La transformación del tiempo de trabajo. ¿Hacia la jornada laboral semanal de 4 días?*, Tirant lo Blanch, Valencia, 2022.

10. ¿Qué más podemos hacer para reducir la brecha de género en el mercado laboral?

Andersen, S. C.; Humlum, M. K.; y Nandrup, A. B., «Increasing instruction time in school does increase learning», *Proceedings of the National Academy of Sciences*, 113, 27 (2016), pp. 7481-7484.

Anghel, B.; y Conde-Ruiz, J. I., «Brechas salariales de género ajustadas en España: 2002-2018», Fedea, Estudios sobre la Economía Española n.º 2023/06, 2023.

Bastian, J., «The rise of working mothers and the 1975 Earned Income Tax Credit», *American Economic Journal: Economic Policy*, 12, 3 (2020), pp. 44-75.

Bastian, J.; y Lochner, L., «The EITC and maternal time use: More time working and less time with kids?», NBER, Working Paper n.º 27717, 2020.

Beede, D. N., *et al.*, «Women in STEM: A gender gap to innovation», Economics and Statistics Administration Issue Brief n.º 04-11, 2011.

Bellei, C., «Does lengthening the school day increase students' academic achievement? Results from a natural experiment in Chile», *Economics of Education Review*, 28, 5 (2009), pp. 629-640.

Berthelon, M.; Kruger, D. I.; y Oyarzun, M. A., «The effects of longer school days on mothers' labor force participation», IZA Discussion Paper n.º 9212, 2015, <https://docs.iza.org/dp9212.pdf>.

Bertrand, M., «Coase lecture — The glass ceiling», *Economica*, 85 (2018), pp. 205-231, <https://doi.org/10.1111/ecca.12264>.

Bertrand, M.; Goldin, C.; y Katz, L. F., «Dynamics of the gender gap for young professionals in the financial and corporate sectors», *American Economic Journal: Applied Economics*, 2, 3 (2010), pp. 228-55.

Bettendorf, L. J. H.; Jongen, E. L. W.; y Muller, P., «Childcare subsidies and labour supply — Evidence from a large Dutch reform», *Labour Economics*, 36 (2015), pp. 112-123.

Bian, L.; Leslie, S. J.; y Cimpian, A., «Gender stereotypes about intellectual ability emerge early and influence children's interests», *Science*, 355, 6323 (2017), pp. 389-391.

Bick, A., «The quantitative role of child care for female labor force participation and fertility», *Journal of the European Economic Association*, 14, 3 (2016), pp. 639-668.

Breda, T., *et al.*, «How effective are female role models in steering girls towards STEM? Evidence from French high schools», *The Economic Journal*, 133, 653 (2023), pp. 1773-1809.

De Quinto, A.; Hospido, L.; y Sanz, C., «The child penalty in Spain», Banco de España, Documentos ocasionales n.º 2017, julio de 2020.

European Economic and Social Committee, «Opinion of the European Economic and Social Committee on 'Challenges of teleworking: organisation of working time, work-life balance and the right to disconnect'», SOC/660-EESC-2020-05278, 2020, <https://www.eesc.europa.eu/en/our-work/opinions-information-reports/opinions/challenges-teleworking-organization-working-time-work-life-balance-and-right-disconnect>.

Farré, L., *et al.*, «Changing gender norms across generations: Evidence from a paternity leave reform», BSE, Working Paper n.º 1310, 2022.

Farré, L.; y González, L., «Does paternity leave reduce fertility?», *Journal of Public Economics*, 172, C (2019), pp. 52-66.

Felfe, C.; Lechner, M.; y Thiemann, P., «After-school care and parents' labor supply», *Labour Economics*, 42 (2016), pp. 64-75.

Fernández-Kranz, D.; y Rodríguez-Planas, N., «Too family friendly? The consequences of parent part-time working rights», *Journal of Public Economics*, 197 (2021), 104407, <https://doi.org/10.1016/j.jpubeco.2021.104407>.

Ferrer, A., *Donde todo empieza. Educación infantil de 0 a 3 años para igualar oportunidades*, Save the Children España, 2019, <https://www.savethechildren.es/sites/default/files/imce/donde_todo_empieza_0.pdf>.

Ferrero, M.; Gortazar, L.; y Martínez, Á., «Jornada escolar continua: Cómo la pandemia está acelerando un modelo social y educativo regresivo», EsadeEcPol, Brief n.º 26, mayo de 2022.

Gambaro, L.; Marcus, J.; y Peter, F., «School entry, afternoon care, and mothers' labour supply», *Empirical Economics*, 57 (2019), pp. 769-803.

Givord, P.; y Marbot, C., «Does the cost of child care affect female labor market participation? An evaluation of a French reform of childcare subsidies», *Labour Economics*, 36 (2015), pp. 99-111.

Goldin, C., «A grand gender convergence: Its last chapter», *American Economic Review*, 104, 4 (2014), pp. 1091-1119.

González, L., «The effect of a universal child benefit on conceptions, abortions, and early maternal labor supply», *American Economic Journal: Economic Policy*, 5, 3 (2013), pp. 160-188.

González, L.; Zoabi, H., «Does paternity leave promote gender equality within households?, CESifo, Working Paper n.º 9430, 2021.

González-Pérez, S.; Mateos de Cabo, R.; y Sáinz, M., «Girls in STEM: Is it a female role-model thing?», *Frontiers in Psychology*, 11 (2020), 2204.

Haeck, C.; Lefebvre, P.; y Merrigan, P., «Canadian evidence on ten years of universal preschool policies: The good and the bad», *Labour Economics*, 36, C (2015), pp. 137-157.

Hoynes, H.; Miller, D.; y Simon, D., «Income, the Earned Income Tax Credit, and infant health», *American Economic Journal: Economic Policy*, 7, 1 (2015), pp. 172-211.

Jiang, X., «Women in STEM: Ability, preference, and value», *Labour Economics*, 70, C (2021), <https://econpapers.repec.org/article/eeelabeco/v_3a70_3ay_3a2021_3ai_3ac_3as0927537121000269.htm>.

Kahn, S.; y Ginther, D., «Women and STEM», National Bureau of Economic Research, Working Paper n.º 23525, 2017.

Kleven, H., *et al.*, «Child penalties across countries: Evidence and explanations», *AEA Papers and Proceedings*, 109 (2019), pp. 122-126.

—, «Do family policies reduce gender inequality? Evidence from 60 years of policy experimentation», NBER, Working Paper n.º 28082, 2020.

Magda, I.; Kiełczewska, A.; Brandt, N., «The effects of large universal child benefits on female labour supply» *IZA Journal of Labor Policy*, 10, 1 (2020).

Mas, A.; y Pallais, A., «Valuing alternative work arrangements», *American Economic Review*, 107, 12 (2017), pp. 3722-59.

Müller, K.; y Wrohlich, K., «Does subsidized care for toddlers increase maternal labor supply? Evidence from a large-scale expansion of early childcare», *Labour Economics*, 62, C (2020).

Nollenberger, N.; y Rodríguez-Planas, N., «Full-time universal childcare in a context of low maternal employment: Quasi-experimental evidence from Spain», *Labour Economics*, 36, C (2015), pp. 124-136.

OCDE, «Graph 1.3 — «Enrolment rates in early childhood education and primary education, by age (2014)», en: *Starting strong 2017: key OECD indicators on early childhood education and care*, OECD Publishing, Francia, 2017, <https://doi.org/10.1787/9789264276116-graph3-en>.

—, «How does access to early childhood education services affect the participation of women in the labour market?», *Education Indicators in Focus*, 59, OECD Publishing, Francia, <https://doi.org/10.1787/232211ca-en>.

Olivetti, C.; y Petrongolo, B., «The evolution of gender gaps in industrialized countries», *Annual Review of Economics*, 8 (2016), pp. 405-434.

Petrongolo, B.; y Ronchi, M., «Gender gaps and the structure of local labor markets», *Labour Economics*, 64 (2020), 101819.

Shirley, P., «First-time mothers and the labor market effects of the Earned Income Tax Credit», *IZA Journal of Labor Policy*, 10, 1 (2020).

Shure, N., «School hours and maternal labour supply: A natural experiment from Germany», Department of Quantitative Social Science, Working Paper n.º 16-13, 2016.

Wiswall, M.; y Zafar, B., «Preference for the workplace, investment in human capital, and gender», *The Quarterly Journal of Economics*, 133, 1 (2018), pp. 457-507.

11. Una propuesta para la reforma del sistema español de pensiones

Ayuso, J.; Jimeno, J. F.; y Villanueva, E., «The effects of the introduction of tax incentives on retirement saving», *Journal of Spanish Economic Association*, 10, 3-4 (2019), pp. 211-249.

De la Fuente, A., «Los efectos presupuestarios de la reforma de pensiones de 2021-23: i) Las medidas del Real Decreto-ley 2/2023», Fedea, Estudios sobre la Economía Española n.º 2023-09, Madrid, abril de 2023.

García-Díaz, M. A., «La reforma del sistema público de pensiones de 2022 y 2023. Contenido y posibles efectos», Fedea, Estudios sobre la Economía Española n.º 2023-08, Madrid, marzo de 2023.

Gómez-García, M.; y Villanueva, E., «El efecto de los planes de pensiones de empresa sobre el ahorro privado de los hogares», *Boletín Económico*, Banco de España, 2022.

Moraga, M.; y Ramos, R., «Una estimación del rendimiento financiero del sistema de pensiones», *Boletín Económico*, Banco de España, 2020.

OCDE, «Pensions at a Glance», OECD Publishing, Francia, 2021.

Unespa, «Memoria social del seguro: Una visión de la gestión del seguro. desde una perspectiva ambiental, social y de gobernanza», Madrid, 2021, <https://www.unespa.es/main-files/uploads/2022/07/Memoria-Social-del-Seguro-2021-FINAL-Pagina-individual.pdf>.

12. Propuestas para reducir la presión asistencial sobre la atención primaria

Añel Rodríguez, R. M.; y Astier Peña, P., «Longitudinalidad en atención primaria: un factor protector de la salud», *Revista Clínica de Medicina de Familia*, 15, 2 (2022), pp. 75-76, <https://doi.org/10.55783/rcmf.150202>.

Baker R., *et al.*, «Primary medical care continuity and patient mortality: a systematic review», *British Journal of General Practice*, 70, 698 (2020), e600-e611, <https://doi.org/10.3399/bjgp20X712289>.

Banco de España, «Presentación de la Encuesta de Competencias Financieras (ECF) 2016: principales resultados», Madrid, 2018, <https://www.bde.es/wbe/es/estadisticas/temas/encuestas-hogares-individuos/encuesta-competencias-financieras/ecf-2016.html>.

Barber, P.; y López-Valcárcel, B. G., «Informe Oferta. Necesidad de especialistas médicos 2021-2035», EcoSalud, Universidad de Las Palmas de Gran Canaria, 2022, <https://www.sanidad.gob.es/areas/profesionesSanitarias/profesiones/necesidadEspecialistas/docs/2022Estudio_Oferta_Necesidad_Especialistas_Medicos_2021_2035V3.pdf>.

Barker, I.; Steventon, A.; y Deeny S. R. «Association between continuity of care in general practice and hospital admissions for ambulatory care sensitive conditions: cross sectional study of routinely collected, person level data», *BMJ*, 2017, 356:j84, <https://doi.org/10.1136/bmj.j84>.

Centro de Investigaciones Sociológicas, «Barómetro sanitario 2023 (primera oleada)», 2023, <https://www.cis.es/cis/export/sites/default/-Archivos/Marginales/3380_3399/3397/es3397mar-.pdf>.

Cobreros, L.; y Sunyer, C., «El deterioro de la atención primaria: factores que explican la presión asistencial y propuestas para reducirla», EsadeEcPol, Policy Brief n.º 39, 2023, <https://www.esade.edu/ecpol/es/publicaciones/el-deterioro-de-la-atencion-primaria-factores-que-explican-la-presion-asistencial-y-propuestas-para-reducirla/>.

Kringos, D. S., *et al.*, «Building primary care in a changing Europe», World Health Organization, Regional Office for Europe, 2015, <https://apps.who.int/iris/handle/10665/154350>.

Lamata Cotanda, F., «Atención primaria en España: logros y desafíos», *Revista Clínica de Medicina de Familia*, 10, 3 (2017), pp. 164-167, <https://scielo.isciii.es/scielo.php?script=sci_arttext&pid=S1699-695X2017000300164>.

López-Valcárcel, B.; y Simó, J., «Situación de la atención primaria española» [vídeo], 30 de noviembre de 2022, <https://encuentroysolidaridad.net/situacion-de-la-atencion-primaria-espanola/>.

Ministerio de Sanidad, «Plan de Acción de Atención Primaria 2022-2023. Marco Estratégico de Atención Primaria y Comunitaria», 2021, <https://www.sanidad.gob.es/profesionales/excelencia/docs/Plan_de_Accion_de_Atencion_Primaria.pdf>.

—, *Adaptación de la atención primaria a las necesidades actuales de la población española. Fase 2: Informe sobre el análisis de la situación actual de la atención primaria en España*, Gobierno de España, RFS REFORM/SC2021/058, AARC/Consortium, Madrid, 2023, <https://www.sanidad.gob.es/organizacion/sns/planCalidadSNS/excelencia/map/proyectoAPC/docs/Adapting_PA_Informe.pdf>.

Ministerio de Sanidad, Consumo y Bienestar Social, «Health care systems in the European Union countries: Health characteristics and indicators 2019», Secretaría General de Sanidad y Consumo, Madrid, 2019, <https://www.sanidad.gob.es/estadEstudios/estadisticas/docs/presentacion_en.pdf>.

OCDE, *Health at a glance 2021. OECD Statistics*, OECD Publishing, Francia, 2021, <https://www.oecd.org/health/health-at-a-glance>.

—, *Health at a glance 2021. OECD Statistics*, OECD Publishing, Francia, 2023, <https://stats.oecd.org/Index.aspx?DataSetCode=SHA#>.

Sandvik, H., *et al.*, «Continuity in general practice as predictor of mortality, acute hospitalisation, and use of out-of-hours care: a registry-based observational study in Norway», *British Journal of General Practice*, 72, 715 (2022), e84-e90, <https://doi.org/10.3399/BJGP.2021.0340>.

13. Reformas sensatas para una vivienda accesible

Akin, O., *et al.*, «The real estate and credit bubble: evidence from Spain», *SERIEs*, 5 (2014), pp. 223-243, <https://doi.org/10.1007/s13209-014-0115-9>.

Carozzi, F.; Hilber, C. A. L.; y Yu, X., «On the economic impacts of mortgage credit expansion policies: evidence from help to buy», CEP, Discussion Paper n.º 1681, 2020.

Collado, N.; Galindo, J.; y Martínez, A., «¿Servirá la nueva Ley de vivienda para mejorar el alquiler en España?», EsadeEcPol, Insight n.º 32, octubre de 2021.

Diamond, R.; y Moretti, E., «Where is standard of living the highest?

Local prices and the geography of consumption», NBER, Working Paper n.º 29533, 2023.

Eriksen, M. D.; y Ross, A., «Housing vouchers and the price of rental housing», *American Economic Journal: Economic Policy*, 7, 3 (2015), pp. 154-176.

Galindo, J., *et al.*, «Lo que servirá y lo que no de la nueva política de vivienda para mejorar el acceso al alquiler», EsadeEcPol, Policy Reaction, abril de 2023, <https://www.esade.edu/ecpol/es/publicaciones/lo-que-servira-y-lo-que-no-de-la-nueva-politica-de-vivienda-para-mejorar-el-acceso-al-alquiler/>.

García Montalvo, J.; Monràs, J.; y Raya, J. M., «Los efectos de la limitación de precios de los alquileres en Cataluña», EsadeEcPol, Policy Insight n.º 44, febrero de 2023.

López García, M. A., «Vivienda y política pública: objetivos e instrumentos», Fedea, Working Paper n.º 2019-07, 2019, <https://documentos.fedea.net/pubs/dt/2019/dt2019-07.pdf>.

Monràs, J.; y García Montalvo, J., «The effect of second generation rent controls: New evidence from Catalonia», Universitat Pompeu Fabra, Department of Economics and Business, Economics Working Paper Series, Working Paper n.º 1836, 2022, <https://econ-papers.upf.edu/papers/1836.pdf>.

Epílogo. Cómo ampliar el espacio político para las reformas navegando la polarización

Ayala, L.; y Cantó, O., «Ciclo económico, clases medias y políticas públicas», en Ayala, L; y Ruiz-Huerta, J. (dir.), *Tercer informe sobre la desigualdad en España*, Fundación Alternativas, Madrid, 2018.

Hernández, E.; Anduiza, E.; y Rico, G., «Affective polarization and the salience of elections», *Electoral Studies*, 69 (2021).

Iversen, T.; y Soskice, D., *Democracy and prosperity: Reinventing capitalism through a turbulent century*, Princeton University Press, Estados Unidos, 2019.

León, S., *et al.*, «Radiografía de las divisiones y consensos de la sociedad española en torno al cambio climático», EsadeEcPol, Insight n.º 39, 2022.

León, S.; y Garmendia, A., «Polarización y convivencia en España 2021. El papel de lo territorial», ICIP-EsadeEcPol, 2022.

Mason, L., *Uncivil agreement: How politics became our identity*, Chicago University Press, Estados Unidos, 2016.

Miller, L., «Polarización en España: más divididos por ideología e identidad que por políticas públicas», EsadeEcPol, Insight n.º 18, 2020.

Miller, L., *Polarizados. La política que nos divide*, Deusto, Barcelona, 2023.

Orriols, L., «La polarización afectiva en España: bloques ideológicos enfrentados», EsadeEcPol, Insight n.º 28, 2021.

Orriols, L.; y León, S., «Looking for affective polarisation in Spain: PSOE and Podemos from conflict to coalition», *South European Society and Politics*, 25, 3-4, (2021), pp. 351, 379.

Simón, P., «The multiple Spanish elections of April and May 2019: The impact of territorial and left-right polarisation», *South European Society and Politics*, 25, 3-4, (2020), pp. 441-474.

Torcal, M., *De votantes a hooligans*, Catarata, Madrid, 2023.

Torcal, M.; y Christmann, P., «Political culture in Spain in the twenty-first century: Symptoms of a crisis of representation», en Muro, D.; e Lago, I., eds., *The Oxford Handbook of Spanish Politics*, Oxford University Press, Reino Unido, 2020.